XIANGCUN ZHENXING DE SHENGLIJUN

乡村振兴的生力军

——全国百名新型职业农民创业兴业事迹

向朝阳 · 主编

中国农业出版社
北京

编写人员名单

主　　编：向朝阳

执行主编：李　波　张广卿　文承辉

副 主 编：纪绍勤　魏亚萍

参编人员：郭艳青　胡　越　刘　凯　李　君
　　　　　窦庆晨　张　亚

前　言

党的十九大提出实施乡村振兴战略。乡村振兴，产业是重点，人才是关键。习近平总书记强调，要就地培养更多爱农业、懂技术、善经营的新型职业农民。新型职业农民是建设现代农业的主要力量，是实施乡村振兴战略的重要人才支撑。

经过近几年全国各级农业农村部门的不断努力，目前新型职业农民队伍已初具规模，总量超过 1 500 万人。他们中有的是能创新、敢创业的“新农”，积极将互联网等新要素引入农业，成为农业转型升级的新力量，引领现代农业发展方向；有的是想务农、有经验的“老农”，通过接受综合素质和技术技能培训，转变观念提升技能，成为新型农业经营主体的骨干力量，有力支撑粮食稳产增产；有的是高学历、有情怀的“知农”，他们在职业培育中加速成长，成为农业后继者，推动农业可持续发展。

为了促进新型职业农民队伍进一步发展壮大，在实施乡村振兴战略中发挥更大的作用，农业农村部科技教育司和中央农业广播电视学校在充分挖掘各地新型职业农民的基础上，遴选出 100 名综合素质高、产业发展好、带动能力强的新型职业农民，将他们的创业兴业事迹汇编成册。希望此书的出版能为社会各界更加深入地了解新型职业农民，在全社会营造支持新型职业农民发展的良好氛围作出积极贡献。

本书在编写过程中，得到了各省农业厅科教处和农业广播电视学校的大力支持，在此一并致以诚挚的谢意！

由于水平所限，不当之处在所难免，欢迎广大读者提出宝贵意见和建议。

编　者

2018年4月

目　　录

内蒙古

黑龙江

上海

江苏

浙江

安徽

福建

江西

湖北

湖南

广东

广西

海南

四川

贵州

云南

重庆

陕西

甘肃

青海

宁夏

新疆

新疆兵团

黑龙江农垦

广东农垦

大连

青岛

人物导读　崔维国，男，1967 年 3 月出生，北京市昌平区人，大专学历，现任北京鑫城缘果品专业合作社理事长。通过参加学习，掌握先进种植技术，更新发展理念，不断开拓创新，合作社已经成为集观光旅游、科普教育、休闲度假诸多功能于一体的农业企业。他本人也获得全国农民专业合作社优秀人物等多项称号。

小草莓成就大事业

——北京市/昌平区/崔维国

以创业为基础，带动草莓产业发展

崔维国是地地道道的农民，2002 年响应政府号召开始种植草莓，2008 年他所在的兴寿镇各个村庄都建设了草莓种植小区，草莓生产初具规模，随之问题也不断显现。问题一：草莓生产面积暴增，草莓的销售成了难题。问题二：随着北京都市农业的发展，京郊采摘旅游业也迅速发展，为迎合采摘业的发展我们不仅要获得高产还要生产出优质、绿色安全的草莓，这对农户生产技术水平提出了更高的要求，生产技术创新迫在眉睫。问题三：都市现代农业的发展意味着农业不只是生产，还要与三产充分融合才行。小农经济下怎样实现一产和三产的融合发展？农户们需要样板。针对这样的问题，崔维国认为只有联合起来，才能有大发展。2008 年，崔维国带领村中其他草莓种植户一起成立了北京鑫城缘果品专业合作社。合作社的成立旨在组织广大社员一起进行生产技术创新，打造统一品牌、扩宽销售渠道，探索一产、三产融合发展模式带动草莓产业发展。通过不断地探索发展，崔维国所创办和经营的北京鑫城缘果品专业合作社发展成为一家集果品种植、优质草莓种苗繁育、观光采摘、餐饮休闲度假、农业科技展示等项目于一体的农民股份制专业合作社，“鑫城缘”亦是合作社商标。全社共有优质果园 1 500 亩*，其中草

* 亩为非法定计量单位，1 亩=1/15 公顷。

莓日光温室705亩。合作社建有一处示范基地，基地占地166亩，具备观光、采摘、垂钓、体验、操作、展示、科普、教育、餐饮、休闲、度假、娱乐、会议等诸多功能。2014年鑫城缘果品专业合作社被确立为国家级农民专业合作社示范社，2015年鑫城缘获得百个农产品品牌奖。

以创新为动力，打造草莓产业发展新亮点

“向草莓要高效益，就是要把好技术关，创新草莓生产技术，达到提质增效。”为此，崔维国为合作社制定了技术创新目标。2008年派专人参加了相关部门组织的赴西班牙草莓研修团，学习西班牙草莓种植管理技术，回国后及时向社员传授无公害种植技术及理念。与此同时联合各部门开展技术创新与示范，组织社员进行培训学习。通过多年努力，在北京市农业技术推广站、北京市土肥工作站、昌平区农业技术推广站、昌平区土肥站等单位的指导和帮助下，合作社进一步进行了规范化草莓种苗的生产，向专业化、规模化发展，利用春秋大棚进行遮雨式育苗、立架基质育苗，每年为全区草莓种植户提供优质种苗300万株。在园区开展了有机肥培肥地力、测土配方施肥、草莓园综合节水、草莓水肥一体化等技术示范。草莓葡萄间作、草莓蔬菜轮作等种植示范。逐步形成北京市合作社组织中具有一定特色的农技推广科技示范展示基地。近年来，通过与科研院所、推广部门及国内外企业的合作，合作社在种苗繁育、土壤处理、病虫害防治、抑制连作障碍、标准化管理等方面走在了全国的前列，形成了明显的科技优势，先后制定了技术标准、管理标准和工作标准，有效地完善了标准化体系、技术服务体系、生产体系、产业化开发体系等，规范了生产和管理，提高了草莓的质量和产品的市场竞争力，促进草莓产业向“优质、安全、高产、高效、健康、生态”的方向发展。同时，合作社还对其他产业带来了积极的影响。通过创新型企业建设，合作社与高校建立了良好的联系，2012年被确立为甘肃农业职业技术学院教学实践基地，2014年被确立为中国农业大学教学实践基地。通过教学实践基地的建立，更多的教授和大学生参与到技术创新的队伍中来，为草莓产业的创新发展注入新鲜血液。

以创优为保障，促进一、二、三产融合发展

2012年，崔维国赴台湾参加草莓研修班。通过参观台湾地区的草

莓主要种植区，与草莓生产、包装、加工、营销行业的代表进行交流，崔维国感受到了自己企业在产业链延伸方面与台湾同行的差距，确定了企业接下来的发展目标。通过学习，对照自己企业现状，崔维国发现，现在草莓生产技术在不断创新，立体栽培、间套作技术、无公害生产技术已经成熟应用，但我们与台湾地区农场的差距体现在产业链延伸上。台湾的农场不光生产草莓，还能将草莓做成草莓酒、草莓酥、草莓酱、草莓汁、草莓蛋卷等产品，这些草莓产品琳琅满目，吸引了大批消费者。为此，崔维国确定了一、二、三产融合发展的目标，在现有先进技术的基础上，延伸草莓产业链，引入草莓体验式加工设备，让消费者不仅可以采摘草莓还可以亲自将草莓做成草莓汁、草莓酱、草莓酥等。采摘是一种体验，加工也是一种体验，让传统农业发展为体验农业。崔维国还对园区基础设施进行打造，设置农事乐园、动物乐园、科普长廊，开发农业科普教育相关体验式课堂，将传统农业打造为科普农业。除了体验农业和科普农业的打造，崔维国的合作社内建有餐厅、宾馆、会议中心，将一产与三产融合发展，打造休闲农业。通过努力，崔维国将合作社打造成为集观光、采摘、垂钓、体验、展示、科普、教育、餐饮、休闲、会议等诸多功能于一体的农业企业。

回顾自己的创业之路，崔维国最大的心得就是创新引领发展、思路决定出路。让农民兄弟共同致富，让农业创新发展，是崔维国一直的目标，今后他会带着社员在农业的道路上走下去。

本篇撰稿人：北京市昌平区种植业服务中心　田炜炜

人物导读 张秀霞，天津市宝坻区民盛种养合作社理事长，一名土生土长的农家女，远近闻名的种养大户、独当一面的合作社带头人。从兴办小型饲料加工厂，到建立肉鸡养殖小区；从创办天津市宝坻区民盛养鸡专业合作社，到种养结合打造绿色蔬菜品牌，先后带动近百户农户脱贫致富。获得国家级、市级、区级荣誉10余项，2014年被评为“全国十佳农民”。

新时期的致富带头人

——天津市/宝坻区/张秀霞

十年艰辛，闻鸡起舞，她循着致富梦想之光，走上了职业农民的康庄大道，成为当地远近闻名的科技示范户和致富带头人。

张秀霞出生在天津市宝坻区新开口镇后六口村，是一个地地道道的农民，但却不是一个安于现状的普通农民，总要给自己找点“新鲜”的课题。

抢抓商机，养鸡淘来“第一桶金”

20世纪90年代初，张秀霞和爱人一道办起了一个小型饲料厂，生意做得红火，一年纯收入20多万元。因为生意上的缘故，她常常要去天津大成集团购买原料，在那里她大开眼界。这个公司是一个肉鸡生产、销售一体化公司，令她心动的是，该公司经营的肉鸡产品，是在“供雏-防疫-供饲料-回收”一条龙的运作条件下生产的，每个养殖场就是公司的一个生产车间，产品是经过严格检验的绿色食品，有着稳定可靠的市场保障。在听说宝坻还没有该公司的养鸡合同户时，张秀霞意识到这是一个商机。经过认真的市场调查后，一个念头在她脑海里逐渐成形了，养鸡！

让她没想到的是，她的这一想法却遭到了全家人的一致反对，理由是风险太大。可凭着那股想干的事必须要干成的劲头，在 1998 年盛夏时节，她首次引进 3 000 只鸡雏。经过努力和付出，终于换来了回报，42 天后，第一批肉鸡出栏，净赚了 7 000 多元。这是 1998 年的 7 月，她淘到了“第一桶金”。

艰难创业，从单干到建立合作社

初试成功的喜悦，更激发了张秀霞进一步扩大养殖规模的决心。在镇领导的大力支持下，她在信用社争取到 8 万元贷款，在村闲置地上盖起了 26 间鸡舍，打出了“天津市宝坻区凯霞肉鸡养殖小区”的牌子。

随着养殖小区规模的不断扩大，她的脑子里萌生出新的想法，要成为宝坻区的养鸡户龙头。想到就要做到，她参加了养鸡户培训，又买了一批有关家禽养殖方面的书籍，如饥似渴地汲取书中的养分。随后，她只身一人来到宝坻城区，在繁华地段租了一间小房，挂上“天津市宝坻区民盛养鸡专业合作社”的牌子，可还是无人问津。她想，坐等不行，得上门去发展！为此，张秀霞买了辆摩托车，挨村挨户地跑，不管是严冬还是酷暑，不管是狂风还是暴雨。公路上，留下她奔忙的身影；乡间小道上，留下摩托车深深的辙印。

经过一年的辛苦努力，终于迎来了十二三户农民，成为她的第一批养鸡合同户，共引进了 3 万多只鸡雏。她往返于镇政府、信用社、村委会和公司之间，为养鸡户跑贷款、建鸡舍、安装设备、引进雏鸡、购买饲料药品、制订养殖计划，还要对他们进行全面的培训。经过了近 1 个半月的打拼，首批养殖户成品鸡成功出栏，为这些养鸡户带来了良好的经济效益。消息不胫而走，顿时传遍十里八乡。乡亲们主动找上门来求她给帮忙引路，饲养肉鸡的人越来越多，合作社的规模也迅速扩大。

2008 年，张秀霞建成了一个占地 200 亩的现代化养鸡场——天津市宝坻区凯霞养殖示范区，该示范区被列为 2008 年天津 20 项民心工程之一。她建设了示范型和带动型两种鸡室，全部采用现代化的养殖技术，自动料线、饮水、除粪等现代化装置，还建有一个沼气池，使示范区成为一个生态养殖小区，吸引了更多的养殖户参与进来。截至目前，已经发展会员 300 余户，每户年收入 10 万元左右，安置各类就业人员 1 368 人。

接受挑战，种养结合打造绿色蔬菜品牌

2008年开始，张秀霞看到了设施农业的发展前景，在大新设施农业园内承包了70余个蔬菜大棚。起初，她对温室大棚种植毫不熟悉，最初的两年，种菜让她损失了十几万元。一向不服输的她又开始了新的探索。她请专家来培训，到外地参观考察，买书本自己钻研，一切又是从头做起。张秀霞又拿出当年发展养鸡专业户的干劲，一个个区县，一家家企业推销她的蔬菜，请一些企事业团体来基地参观、品尝她的蔬菜。终于她的蔬菜逐渐被老百姓接受，订单越来越多。

张秀霞觉得卖菜也是有大学问的，要研究市场，要走品牌战略。于是，她把蔬菜产品注册了“御泽”牌商标，并把17个品种蔬菜进行了无公害认证。她又投资了700万元建成了占地2 000平方米的蔬菜保鲜库，这样可以用储藏蔬菜的方法巧打时间差，提高蔬菜利润。

5年间她扩建、改建280多个大棚，为了让这片放心蔬菜基地生产出既安全又有营养的“绿色”蔬菜，她把养鸡场资源和蔬菜种植结合起来，将400万只鸡的鸡粪经过发酵处理后，全部运进蔬菜大棚，让有机农家肥成为蔬菜的食物。还新增不少现代化设备，保障生产出的蔬菜更加安全放心。

回馈社会，致富不忘众乡亲

为了带动乡亲致富，张秀霞定期聘请天津农学院和农科院的专家们举办肉鸡养殖技术知识讲座。与此同时，她还为养殖户提供资金扶持，每新签一户，她都要垫付出2/3的成本，为的是让养鸡户能放心安全顺利饲养。霍各庄镇哈喇庄村农民侯红旗，在她的指导下精心饲养，2 000只肉鸡全部成活，侯红旗净赚7 000多元，仅用一年时间就脱了贫。现在，他每年纯收入都在10万元以上，也早已是当地小有名气的养鸡大户了，并且带动了周边乡亲们走上了致富道路。这些年来，由她扶持发展起来的像侯红旗这样的养鸡户达近百户。

多年来，她定期慰问贫困农户，送去慰问金，每年固定扶贫基金。同时，在她的养殖场及蔬菜大棚车间长期聘用残障人员，使他们能够有所依靠。

她朴实、善良、坚定、果敢。多年来，她取得了多项荣誉：2005年获得天津市“十五”立功先进个人荣誉称号；2005年12月被评为肉鸡养殖状元；2006年2月被评为第五届天津市十大杰出青年农民；2006年2月在全国农村妇女“双学双比”竞赛活动中，成绩显著，被授予全国“双学双比”女能手荣誉称号；2006年4月获得天津青年五四奖章称号；2007年2月获得天津市“三八”红旗手荣誉称号；2007年4月获得二〇〇六年度天津市劳动模范荣誉称号；2008年3月获得全国三八红旗手荣誉称号；2011年11月被评为区政协第三届委员会优秀政协委员；2013年4月获得宝坻区五一劳动奖章荣誉称号；2013年4月获得宝坻区职业技能标兵荣誉称号；2013年12月获得2012年度全国百强农产品经纪人综合排名第81名等。2010年经过中华全国供销合作总社职业技能鉴定指导中心培训，她取得了农产品经纪人的中级技能，2012年她又光荣地当选为中国工会十六大代表，现任宝坻区政协常委，多家媒体都报道过她的事迹。

本篇撰稿人：天津市农业委员会科教处　王　萱

人物导读 王永辉，河北省唐山市丰南区大齐各庄镇大长春村村主任。2014 年，王永辉通过考察学习从山东引进新品种，发展棚室桃种植，并创建雪丰果蔬种植专业合作社，现拥有社员 125 人。从棚室高标准建设、种植新技术应用，到绿色认证品牌创建，在王永辉及合作社带动下，本村及周边乡镇村民走上了致富路。

念好合作社的“三字经”

——河北省/唐山市/王永辉

谈起鲜桃，一般来说，上市时间为七八月份，其他时间少有现摘现卖。然而，在唐山市丰南区大齐各庄镇大长春村，4 月初，这里的桃树已开花坐果；春暖花开之时，鲜桃上市。当然，这也不是什么秘密，能够提前 3 个月时间上市，并不是一般的露地桃，而是利用温室大棚种植。在这里，260 亩的土地上，坐落着 42 个棚室，全部种植各类鲜桃，这在唐山市也是首屈一指。

2016 年，在桃树还没有达到盛果期的情况下，大长春村销售鲜桃 6 万斤*，销售收入近百万元。2017 年在扩大规模的基础上，预计产量能够达到 20 万斤，预计销售收入 350 万元左右。

大长春村，这样一个名不见经传的小村庄，怎么走上了种桃致富路？这要从 2013 年说起，也就是该村村主任王永辉上任的第二年。

“新”字当头闯出路

王永辉肯学习，多次参加各种农民培训，通过书籍、网络、电视等多条渠道提高自身专业水平。2015 年，他积极参加丰南区新型职业农民培训，系统学习了设施农业生产相关知识，15 天的理论和实践让他

* 斤为非法定计量单位，1 斤=0.5 千克。

着实开阔了眼界，深深地懂得了科技的力量。在与他的接触当中，可以明显感觉到，他是一个有激情、有能力、有韧劲的人。自从当选村主任之后，他就按捺不住自己心中构思已久的计划：他要带领村民，甚至周围的农民朋友们一同致富。为了实现这个目标，他到山东等地开启了考察之旅。

经过一年多的考察和市场分析，他仔细思量，决定要在村子里建设一个棚室桃种植基地，这也正好使他在学校所学的果树专业派上了用场。他觉得无论在哪个行业，尤其是农业，不在“新”字上下功夫，是没有出路的。所以，他始终将“新”作为发展的理念，誓要拓展出一条新路子。他表示，棚室桃种植，在全国来讲已经不是新鲜事，然而在丰南来讲，还鲜有规模种植。如果能够形成规模，前景一定十分广阔。2014 年，他一期建设了 100 亩棚室。在经营过程中，他始终坚持利用新品种、新技术来打开新市场。在普通品种春雪和油桃的基础上，他从山东引进了新品种“黄金一号”。这个品种在市面上需求量很大，但由于各种条件的限制，种植较少。王永辉说，这种桃含糖量高，可以达到15%左右。在成熟时，呈鲜黄色，接近金色，故称“黄金一号”，在市场上很受欢迎。然而，由于该品种对气候和土质的要求较为苛刻，所以在全国范围内种植的很少。而大齐各庄镇大长春村的土地以及气候正好符合要求，非常幸运地获得了这个“宝贝”。

有了市场需求的新品种，是种植的第一步，也就是找准了产品定位。然而，如何才能将桃树种好，结出硕果，又得下另外一番功夫。无论是在棚室建设，还是肥料使用上，他都精益求精，利用新技术、新办法，保证种植质量。同时，王永辉从打算做这一行开始时就在心中默默定下规矩，一定要按照绿色种植标准种植，坚决不种“农药果”，不做坑人事。因此，他聘请业内高级专家，量身订制建设较为先进的棚室，采用领先材料，以达到最好的采光、温度控制等效果。此外，王永辉种桃与别人最大的不同点是肥料的使用，他的桃树，都是用的“私人订制肥”。他聘请桃树种植专家来到棚区，精密测算土壤各类元素含量，准确把握土壤墒情，再采用测土配方技术，结合气候等因素，为桃树配置出一套独一无二的肥料。这样一来，土壤缺啥就补啥，有的放矢补充短缺要素，避免了乱用肥料而效果甚微的现象。同时，王永辉投资 60 多万元，为每个棚室都安装了自动控温系统。通过感应器，时刻监测棚室内温度、湿度等参考数值，当偏离预设数值时，棚室自动控制风口会进行调节。这样，不仅节省了人力劳动，还使棚室内的温度检测更加准确，温度调节更加及时。

无论是棚室高标准建设、测土配方施肥还是自动控温系统，这些新技术的应用，都为桃树的健康成长提供了坚实的保障。

“实”字当头保销路

在棚室桃种植上，通过新品种、新技术，加之管理得当，种植上已经步入了正轨，桃子在市场上也得到了初步认可。可是，如何才能更进一步打开市场，建立一个稳定的销售渠道，仍然是摆在合作社眼前的一个大问题。王永辉当然知道，流通环节对于整个棚室桃种植的重要性，所以他想尽办法，提高销售能力，他的办法就是拿出实招子。

第一，就是产品质量。说到底，产品质量是基础，只有好的产品，才有好的出路。虽然说，合作社都是按照绿色标准种植，可是市场看不到，消费者不可能到大棚里看。所以，就要拿出“证据”，这个“证据”就是绿色认证。这块招牌就是让消费者放心的最有力“证据”。目前合作社已经拿到了关于桃的绿色认证。

第二，就是知名度。王永辉知道，要想产品卖得好，产品就要有知名度，要依靠品牌力量。要不然，无论质量多好的桃子都会淹没在市场当中，体现不出优势。所以，他在2016年桃子得到市场认可的基础上，乘胜追击，注册了自己的品牌——“雪丰水蜜桃”。他想进一步巩固市场对自己的认可，让市场记住“雪丰”牌子，进而培养一批忠诚度高的客户和消费者。

第三，就是储存环节。合作社新建了恒温保鲜库，储存量能够达到400吨。之所以要建起保鲜库，是因为鲜桃如果不能及时发货，难以储存。王永辉举了个例子，现在主要市场是京津以及南方市场。在南方市场销售时，由于特殊天气或者市场调节，很多时候，新鲜采摘的桃子不能第一时间运往市场，过去没有保鲜库的时候，就难以保证质量。所以，必须建设保鲜库，以应对特殊原因造成的产品储存问题。

绿色认证使桃子质量有了质量说服力，品牌使桃子有了市场影响力，保鲜库使桃子有了销售持久力。每一招都是实招子，都是硬招子。

“带”字当头促民富

2014 年，王永辉组织建立了雪丰果蔬种植专业合作社。发展至今，已经拥有社员 125 人。这些社员很大一部分都是村内普通农民，有的以土地入股的形式加入合作社，有的以资金入股形式加入，形式多样，社员可以根据自身实际情况进行自由选择。这样一来，可以吸收更多的农民进入合作社，共同享有发展成果。同时，村民还可以在合作社的桃生产基地打工，又赚了一笔工资。根据销售收入来测算，每亩土地用来种植棚室桃的收益比起种植一般大田作物，可以增收 1 万元左右。这对于普通农民来讲，收益十分可观。

虽然通过合作社，农民得到了真正的实惠。可是谈到建立合作社的初衷时，王永辉并没有觉得自己做了什么大事，显得轻描淡写。他说，只是单纯地想帮助家乡的乡亲们多赚点钱，改善一下生活。他并没有把这件事情说得多么值得炫耀，而是实实在在。他表示，担任了村主任，给了他动力和激情，也给了他帮助乡亲们致富的决心。既然当了村干部，就要为村子做点实事，要不然就不当了，话语简单而实在。

现如今，不仅是本村的很多村民加入了合作社，连周围其他村子甚至其他乡镇的老百姓都看到了棚室桃的发展前景，也看到了王永辉的决心和能力，纷纷加入了合作社。王永辉说，现在越来越多的人加入了合作社，自己的压力突然增大了，干不好真是对不起乡亲们。所以，他现在几乎把所有的精力都放在了合作社上，不是在棚室劳作，就是在分析市场、联系客户，要不然就是在学习先进的种植技术。他虽然忙得团团转，可他说，忙点累点没关系，老百姓多挣点钱就行了。总之一句话，种好桃子，带着乡亲们致富。

本篇撰稿人：河北省今日丰南报社　陈　鹏

人物导读 连瑞，男，一个与土地打了一辈子交道的农民，2016年通过参加职业农民培训学习了知识，解放了思想，拓宽了思路，开始新创业，创办了“鸿彩家庭农场”，以科技为依托，以市场为导向，建设优质小麦标准化生产基地，发展绿色农业和品牌农业。

老农民的新创业

——河北省/临漳县/连瑞

“农业稳则天下安”。河北临漳是农业大县、产粮大县，2016年单产达到1 073.7千克、总产61万吨，被列为全国粮食整建制推进高产创建试点县。2016年底，在这个农业大县的一次职业农民培训上，“农业供给侧改革”这个名词和一个一辈子与土地打交道的农民发生了关联。这个老农民就是临漳县南东坊镇前小庄村村民——连瑞，看他如何在学习中接受新知识、新事物，重新定义农民的新含义，开始自己的新创业。

一次培训改变人生轨迹

说到连瑞，在临漳县南东坊镇前小庄小有名气，一个50多岁的汉子，一位地地道道的农民，从未离开过生他养他的那块热土。2002年，在土地承包还不太火热的年代，他与同村童鸿彩、郭臣承包了南东坊4个村200亩土地，经过土地平整，打井办电，修路铺设防渗管道，种植小麦、玉米等作物。十多年的耕种，并没有让他们从中获利多少，传统的种植模式也让他们感受到了辛苦和落后。

“时代不同了，不能再用农耕的方式生产了，必须改变我们的老种植模式。”连瑞时刻苦苦思索出路。2016年10月8日，临漳县农广校*

* 本书中农广校为农业广播电视学校的简称。

组织新型职业农民培训，求知若渴的连瑞积极报名参加，正是这次小小的培训班改变了他的人生轨迹。

通过新型职业农民培训，连瑞了解了国家新型职业农民培育工程的有关政策，学习了农业各方面的先进技术，不仅和省、市、县农业专家建立了沟通帮扶机制，增进了感情，而且在思想和技术上有了质的提高。他深刻认识到，南东坊镇多年来有种植小麦、玉米的传统和历史，凭借独特的土质和环境优势，生产的玉米色泽鲜黄明亮，颗粒饱满，营养丰富，堪称天然生态绿色食品。但是，由于近年来小麦大面积的病虫害问题导致产量较低、加上缺乏统一组织和市场品牌等原因，严重影响了村民种植粮食作物的积极性，种植面积逐年下降。

连瑞通过临漳县农广校组织的外出学习机会，去寿光参观学习之后，进一步解放了思想，拓宽了思路，他认识到，加快农业供给侧改革才能改变农业的命运，不断更新农业知识才能适应农业发展的需要。对自己而言，加快转变观念才能改变命运。

一次大胆的尝试开始新创业

农业供给侧改革的路在何方？这对一个农民来说是模糊的，路也是漫长的。可是，有一股子钻劲的连瑞坚信，既然国家有政策，就会惠及群众。为了今后更好地发展适度规模经营，扩大规模效益，外出参观回来后，连瑞就注册成立了“鸿彩家庭农场”。

家庭农场是一项新生事物，没有现成的模式可循，只能在实践中规范、提高中发展。家庭农场创建初期，连瑞组织成员认真学习关于家庭农场的政策，结合自身实际，从内部管理入手，初步建立了家庭农场的运行机制。用他的话说，“要实现三步走”：一是构建了家庭农场管理结构。家庭农场设立了理事会，由 3 人组成，其中理事长和副理事长各 1 人，另设执行监事 1 人，负责家庭农场的经营管理和监督。为了便于管理，家庭农场内设技术服务部、农资供应部、市场销售部和财务室；为了便于运作，实行理事会领导下的部门经理负责制，明确工作任务和责任，根据部门业绩年终进行考核奖惩。二是建立了农场运行的保障机制。他聘请法律顾问和财务顾问，研究制定了家庭农场的章程和财务制度、工作制度等各项制度，在工作中认真执行，不断修改完善。三是制定了家庭农场的发展规划。在生产经营上坚持以科技为依托，以市场为导向，以带动农民致富为宗旨，建设优质小麦标准化生产基地，发展绿色农业和品牌农业。小小的三步走措施，让连瑞的“鸿彩家庭农场”在实践中大放异彩。

一个观念的转变推动新发展

从国家政策中尝到甜头的连瑞，更加坚定了“科技兴农”的思路，积极引导农民靠家庭农场组织、靠科技脱贫致富。他相信农业要想创造高收益，就必须改革，靠科技、靠良种、靠科学管理。

现在的连瑞，经常邀请县农业专家进行技术指导。他不仅学会了农作物测土配方施肥、药剂拌种、足墒播种、精心整地、播后镇压、春草秋治、看苗施肥、看苗浇水等一系列新型农业技术，而且在作物的灌溉方式上，他还投资购置了喷灌设备，采取了节水灌溉的先进模式。一是与科研院校“拉关系”，提高家庭农场的影响力。家庭农场与河南省农业科学院等科研院校及县农业、科技部门建立了合作关系，计划合作共建农业科研示范基地，先后引进了国内外农业新品种、新技术、新成果，通过试验示范，推广成效明显。二是组织员工“走出去”，激发农场员工的创新力。农场先后组织员工中的科技示范户到临漳县称勾镇、河南安阳、山东寿光等周边县市参观学习，开阔视野，更新观念，不断接受现代农业的理念和知识。三是开展社会化服务，提升家庭农场的凝聚力。鸿彩家庭农场从示范推广做起，建设优质谷子标准化生产示范基地，在品种、技术、农资及产品储存销售等环节上，对贫困户进行系列化服务，并给予一定的资金扶持。

在发展的路子上，连瑞计划与山东寿光商户联系，开展“订单式”农业生产，根据客户需求实施洋葱、胡萝卜、尖椒、谷子的种植，订单供需，保证收益。利用成立的“鸿彩家庭农场”计划联系十至二十户群众搞优质谷子种植，注册自己的品牌包装，初步定为“鬼谷子优质无公害小米”，真正实现“订单＋品牌”的种植、销售模式，实现农户与市场的有效对接，实现农业的高效发展。

本篇撰稿人：河北省临漳县农广校　任平伟

人物导读 吴瑞国，男，河北省围场满族蒙古族自治县龙头山乡顺鑫果蔬专业合作社带头人。他组建了承德祥顺现代农业开发有限公司，以现代农业新技术、新品种发展休闲农业，采取公司＋基地＋农户方式有效带动周边农民致富。同时，他致力于将公司生态园区打造成新型职业农民培育教学实训基地，以带动更多农民致富。

在木兰大地上播种希望

——河北省/围场满族蒙古族自治县/吴瑞国

为发展顺鑫果蔬种植专业合作社、为打造现代农业生态园区、为建立新型职业农民教学实训基地、为创办现代农业开发有限公司，他走遍围场龙头山乡的沟沟梁梁、村村峁峁，他风里来、雨里去忙碌在木兰大地这片热土上，他把满腔的热情投入到挚爱的事业中，他把朴实的形象定格在当地农民的心中。他就是吴瑞国，新型职业农民的好典型、龙头山乡顺鑫果蔬专业合作社的带头人。

青春无悔投身农业

吴瑞国生在农村，长在农村，深深地眷恋着养育他的这片贫瘠的土地，深深地热爱着那些淳朴的农民。由于家境贫困，他上学不多，小小年纪就出去打工，这使他深深地认识到知识的重要性。一边在外打工一边学习，有头脑有能力的他，1998 年用 4 年打工挣的钱，自己开店卖起了电动车，这一干就是 8 年。靠着积累的资金，2006 年他又开起了石膏厂，干得有声有色。虽然在外打拼，但他仍然时常关注家乡的农业发展，他知道农业这片热土才是他施展才华的天地。

吴瑞国用多年积攒的 100 万元资金，在龙头山乡建起了“顺鑫果蔬种植专业合作社”“承德祥顺现代农业开发有限公司”，由于资金短缺，他与别人合股经营。从此，他将满腔的热血和赤诚投身在农业生产上，哪怕风雨兼程也执著前行；从此，他将自己的青春年华奉献给挚爱的农业，即使付出超常的艰辛也无怨无悔。身在农村他深知农民种田的艰辛，长在农村他深知农民的贫穷，拼搏在基层他深知农民的渴求，因此他愿意辛苦打拼为乡亲趟出一条致富路。

先进技术武装农业园区

吴瑞国的“承德祥顺现代农业开发有限公司”位于围场县龙头山乡小锥子山村，自然风景优美，环境清幽，空气清新，距县城中心区 10 公里。

公司自组建以来，吴瑞国先后多次参加县农广校组织的培训和新型职业农民培育工程，曾到山东、河南、辽宁等地考察，学习先进技术及生产经营理念。他认识到，在新扩城市、城镇化地带的周边地区搞都市现代农业将大有作为。据此，公司确定着力打造“生态、绿色、有机、高端、休闲”的现代农业生产休闲模式，强力发展有机绿色农业。

吴瑞国的现代农业园区规划总面积 500 亩，预计总投资 1.2 亿元，分四期建设，整体规划建成“一区三基地”，将建成集农业科技示范、新型职业农民培育、科普教育、果蔬生产、观光采摘于一体的农业观光园。目前，基础设施已经具备作为新型职业农民培育教学实训基地的条件，是县政府认定的新型职业农民培育教学实训基地。

现代农业园区以现代农业新技术、新品种引进、示范、推广与创新为基础，充分发挥现代高科技农业生产的示范效应。园区的科技亮点随处可见：建成 26 个“鸳鸯棚”发展设施农业，这在全国也属新模式。即南北朝向、明棚向南、暗棚向北、明棚内跨 8.4 米生产蔬菜、暗棚内跨 5 米生产食用菌、用轻体砖和水泥砖砌成空心墙体、内填珍珠岩、透明覆盖物使用聚氯乙烯耐老化防雾滴功能膜、防寒覆盖物使用多功能复合保温棉被、机械卷帘，共 26 个蔬菜温室、26 个食用菌温室。这种鸳鸯棚有利于提高土地利用率，还可保暖提温。

墙上安装换气孔，暗棚里的菌类生长时会产生大量的二氧化碳，消耗大量氧气，当二氧化碳过高时，会抑制菌类的生长，产生畸形菌。明棚种植如西红柿、茄子、辣椒、豆角、西葫芦、甜瓜等，这些植物对于二氧化碳的需求量高，通过棚内换气孔上位换气调节热量、湿度、氧气，下位换气调节食用菌区与蔬菜区的二氧化碳浓度，实现能量与气体物质互补，这种种植方式，会同时适应暗棚食用菌和明棚蔬菜的生理特性。

蔬菜大棚栽培引用生态型无土栽培技术，使废物得到循环利用，采用微喷滴灌技术，既省水，又能有效地为植物生长提供所需水分。黄板诱杀技术，绿色环保，成本低，有效减少虫口密度，不造成农药残留和抗虫抗药性。棚内放风、增光增温全部安装了自动化设施。

鸳鸯棚里，引进的蔬菜新品种硕丰9号黄瓜、茄子、辣椒、西红柿等，收入都非常可观。随着生产设施的逐步完善及生产的正常化，草莓、蓝莓等高端产品也将陆续上市，将常年为旅游度假的客人提供观光采摘服务，这将为城市市民拓展更大的休闲娱乐空间。

休闲农业大有可为

在休闲观光农业这一新兴产业发展中，吴瑞国敢想敢做，依托县旅游资源这个大环境，建成集生态观光采摘、休闲旅游度假为主线的现代农业发展模式，以现代农业新技术、新品种示范、推广与创新为基础，以都市现代农业及有机绿色休闲农业的发展理念为指导，力求将园区建成设施一流、技术领先、产品高端、辐射力强的农业示范基地。采取“公司＋基地＋农户”方式进行运营，辐射周边地区，带动农民加入，形成“种养加、产供销、贸工农”一体化的经营格局。他正在努力使园区向“农业科技培训的学校、农业科技成果转化的平台、城市市民高档农产品的基地、城镇居民度假休闲的乐园”这个方向发展，计划用三到五年时间，将公司园区建设成承德市高标准现代农业示范基地。公司建成运营后，预计年销售收入将达到4 000万元，安排周边150～300人就业。这是展现在他面前的一幅宏伟蓝图。

一步一个脚印地把产业做好，把企业做强做大，发挥新型职业农民的作用，带领乡亲们走上致富路，这就是吴瑞国的心愿。

本篇撰稿人：河北省围场满族蒙古族农牧局　古江红

人物导读 冯立田，男，46岁，河北省玉田县陈家铺乡西冯家铺村人，集强农民专业合作社董事长。他牵头创办了以粮食生产为主，集蔬菜种植、加工销售于一体的集强农民专业合作社，大规模土地流转和规模化经营，全面推行标准化生产，全程提供社会化服务，引导社员农户依靠科技实现增收。集强合作社发展为当地最大的合作社，成为"国家级农民专业合作社示范社""国家级科技特派员创业基地"等。冯立田荣获"全国十佳农民""全国农村创业创新优秀带头人""全国种粮大户"等荣誉称号。

做现代农业的潮流领跑者

——河北省/玉田县/冯立田

"创新合作模式，圆社员增收梦"这是玉田县集强农民专业合作社董事长冯立田的心愿，也是他创办合作社之初对社员的郑重承诺。多年来，他以行动践行着自己的承诺，带领合作社一班人，大规模土地流转和规模化经营，全面推行标准化生产，将合作社产品推向市场，实现农业增产、农民增收，真正圆了社员致富梦。

推进土地流转，标准化生产实现规模效益

46岁的冯立田，是玉田县陈家铺乡西冯家铺村人，曾经担任唐山益农种业有限公司经理。在益农种业经营管理期间，他深切地认识到种子在农业生产中的重要作用，新品种的试验、示范和推广需要大量的土地，更需要标准化生产、集约化经营。

2008年，冯立田牵头创办了由种田大户、科技种田能手、农业生产资料经营者、农产品经纪人等参加的以粮食生产为主，集蔬菜种植、加工销售于一体的集强农民专业合作社，冯立田任合作社董事长。

合作社成立后，采取土地入股、合作社或社员承租、委托经营、合

作经营等 4 种方式，开始大规模土地流转和规模化经营。目前集中流转土地 1.5 万亩，其中董事长冯立田一人流转土地 2 980 亩，跨越陈家铺、虹桥等 5 个乡镇 18 个村，相继建立示范试验和标准化生产基地 6 个。

为提高农产品的质量和市场竞争力，合作社全面推行标准化生产，采用“六统一分”的经营方式，即统一提供生产资料、统一无公害生产操作规程、统一供种、统一技术服务、统一使用“麻山碧玉”品牌商标、统一联系销售或订单销售。涵盖所有流转的土地，推动了玉田县粮食产业的健康、快速发展。合作社通过统一采购，减少生产成本，统一生产和销售，减少流通费用，稳定农产品的价格，提高农产品的竞争力，从根本上解决了农产品“卖难”问题，增加了农民的收入。

提高科技服务能力，全方位服务助农增收

在新型职业农民培育学习及与农民深度接触的过程中，冯立田发现现有农村土地零、散、乱，没有很好的经营管理模式，农民经营理念落后、信息获取渠道不通畅，生产经营技术陈旧，所有上述因素制约了农村经济的发展。为此，冯立田依托唐山益农种业有限责任公司、唐山中康农业生产资料公司两大社员单位，完善了培训中心、信息网络中心、农业技术部、产品配送站和农资供应部，从产前信息、农资服务、产品农机及技术管理服务，到产后产品销售服务，全面实现了集团化、系列化服务。2014 年底，合作社建成玉田县集强社会化服务网络信息平台，并购置 100 台电脑，发放到全县各个乡镇，下设村级服务站，使每个村都有服务点，对技术员及周边农民进行培训，提高科技服务能力。2015 年 7 月，公司联合北京一家电子商务公司开发“农合”手机 APP，借助“农合”这款手机应用程序，不仅实现了“互联网＋服务”，还实现了“互联网＋技术”和“互联网＋销售”。“互联网＋技术”指的是农民如果出现不能解决的技术问题，只要掏出手机拍张照片或录一段视频，传到平台上，坐诊专家会根据发送的图片和视频，把脉诊断、开方配药，并及时传回农户的手机。而“互联网＋销售”，是把农民的商品挂到服务平台上去，农户生产的农产品也会被上传到这个互联网平台上。足不出户，农户就能将农产品远销各地。

此外，合作社与中国农业大学、河北农业大学、河北科技师范学院

等高校保持良好的合作关系，常年聘请河北农业大学副校长、蔬菜专家申书兴和小麦专家李雁鸣、玉米专家崔彦宏等多名专家学者到基地指导生产，积极为农户提供产前、产中、产后服务。通过几年的努力，先后引进试验示范新品种60余个，新技术20余项。大白菜半高垄栽培技术、大豆高产品种稀植高产栽培技术等20余项先进技术在全县大面积推广。2015年，合作社陆续开展了全国最大的黄腐酸有机肥料使用技术培训、小麦新品种对外推介、农药使用技术培训等活动，通过与农企、农校合作模式，实现全方位服务助农，引导社员农户依靠科技实现增收。

整合资源创新服务，加快向现代农业跨越

为增强服务实力，合作社不断加强完善基础设施建设和现代农机装备购置，建有现代农业科技示范场、粮食烘干及现代化存储库、农产品保鲜气调库、高标准智能连栋温室等现代化农业设施，建立了智能物联网控制中心和农业社会化服务网络信息平台，购置了遥控植保机、自走式卷盘式喷灌机、深松整地联合作业机、自走式旱田作物喷杆喷雾机、风送式远程高效喷雾机、小麦（玉米）联合收割机、智能秸秆打捆机等现代化农机装备。合作社相继组建了农机作业队、植保专业化服务队两个专业化服务队伍，全面推行土壤深松、精量播种、配方施肥、病虫害综合防治以及机械化收获等先进技术。

几年来，合作社采用合同订单式服务，从最初的一家一户单病虫承包防治，到整村、整镇按作物从耕、种、收、秸秆回收利用、病虫害统防统治到烘干销售的全程社会化服务，年托管土地复种面积10.2万亩，不仅收费标准低，农户满意度高，且从未发生过服务质量安全事故，经托管的地块连续多年创全县小麦、玉米高产纪录。合作社平均每亩种子、化肥、农药、农膜等生产资料成本降低50～150元，农机服务降低20～30元，小麦平均亩增产30～50千克，玉米平均亩增产50～80千克，年亩增收250元以上。

经过几年的探索实践，合作社逐渐发展成为当地最大的合作社。“国家级农民专业合作社示范社”“国家级科技特派员创业基地”“全国百强农作物病虫害专业化统防统治服务组织”“省级新型合作社试点单位”……这些重量级的头衔让集强合作社成为远近闻名的“明星社”，赢得了当地农民一致认可。然而一家独大的局面并不是冯立田想要的，“合作社服务范

围越大，就越要向全程机械化的方向发展，对大中型、多功能、高性能的农机需求也越来越大，但要将全部收益投入到新机具购置的话，就会严重压缩合作社利润。如果能将服务组织、农机、农资企业等各类资源整合，在土地上实现规模化经营，在农机上实现互通有无，在农资上实现互惠共赢，一定可以增产增收。”冯立田心里一直这样盘算着。

2016 年 5 月 20 日，集强合作社大胆创新服务方式，与其他兄弟合作社联手，从全程机械化作业服务的植保环节入手，与河北威远、北京丰茂、山东华盛、山东永佳、桂林集琦、西安正平六家国内知名大型农药、药械企业强强联合，成功签订了“河北省农药使用量零增长行动——主要农作物全程防控实验示范基地合作协议”。合作社与企业优势互补，公司用药剂、药械作为股份加入合作社，共同打造高工效绿色植保服务联盟。

在多年的工作中，冯立田尝到了农村工作的艰辛，但当他看到企业经济稳步增长，社员生活日益富裕，心里便充满了欣慰。他说：“虽然一辈子都与农村、与土地打交道，但我无怨无悔。今后，我会加倍努力，带领更多的乡亲们致富。”冯立田言出必行，他的成绩也有目共睹：2011 年被唐山市委市政府评为土地集中流转先进个人；2012 年被农业部评为“全国种粮大户”“唐山市十大杰出农民”；2013 年荣获“全国农业技术推广贡献奖”“河北省优秀农村青年拔尖人才”“河北省农村青年致富带头人”；2014 年合作社被农业部评为“国家级农民专业合作社示范社”“全国百强农作物病虫害专业化统防统治服务组织”。2016 年以来冯立田荣获“全国十佳农民”“全国农村创业创新优秀带头人”“全国农牧渔业丰收奖——农业技术推广贡献奖”“全国种粮大户”等荣誉奖项。

最近，冯立田又在忙着给合作社的农田上保险。因为土地面积大，保险公司结合国家政策，保费由一亩地 20 元降到了 4 元。不仅如此，大面积的土地也使合作社能够享受银行贷款优惠。涉农金融服务成为他关注的又一个新领域。“而且，我们已经掌握了这么多农户的信息——大数据也是钱。”冯立田说来信心满满。如今，这位“全国十佳农民”不仅要紧跟潮流，更要做现代农业的潮流领跑者！

本篇撰稿人：河北省玉田县农广校　范亚兴

人物导读 冯建宁，中宁农业合作社负责人。2008年，冯建宁回乡创业，他积极联系相关部门，建设引水上垣工程，满足村民生活用水和果园的灌溉需求；他爱学习、爱钻研，发明的“核桃树防护贴”荣获国家专利，并自掏腰包加工生产专利产品，免费发放给农民使用；他带领村民转变农业生产方式，让农业更环保、更可持续，并运用农业“互联网+”，共同走上了脱贫致富之路。

在核桃园里圆梦的“山里娃”

——山西省/临汾市/冯建宁

手握笔杆与手握锄头，是两种截然不同的生活方式，一文一武，一静一动，冯建宁为这样的生活转变而乐此不疲。

作为一名农家子弟，上大学、进城市本是令村里人羡慕的选择，但他偏偏选择了放弃。就在别人的不理解中，30岁的冯建宁在家乡干出了自己的一番事业——成为一名新型职业农民。如今，冯建宁正用“新型农业的路子”带领社员和更多的村民走在脱贫攻坚的路上。

放弃城市工作，回乡守护核桃园

冯建宁是农民的儿子，早在2005年，冯建宁的父亲承包了大宁县太古乡坦达村100余亩闲置土地种植核桃苗，还零散地种一些西瓜、玉米以维持全家六口人的生计。2008年，冯建宁大学毕业后已在省城有了一份让人羡慕的工作，但在一次回乡途中见到的核桃园荒凉景象深深地触动了这个农村长大的小伙子。园子里杂草比人高，核桃树像是营养不良、没人管理的孩子，老人已无力再打理园子。冯建宁坐在核桃园子里待了整整一天，毅然决定回乡守护核桃园，带动更多的农民致富。

回乡创业的他牵头组建了中宁农业合作社。起初，在冯建宁看来，只要自己为园子尽心拼力就一定能收获成功。他在核桃园里忍着寂寞、顶着压力，放眼自家承包的核桃园，在没水、没电的恶劣条件下，凭借着“现学现卖”农业技能，坚信着“人定胜天”的信念，以传统模式艰难维系着自家核桃园的经营。2012 年春，寒流来袭、天遇大旱，核桃园的产量急剧下滑。那一刻，冯建宁才从骨子里深刻意识到农业生产基本要素的重要性。于是，他积极联系相关部门，在 2015 年，由合作社牵头县水利局实施的引水上垣工程已全部竣工，该项目的实施能实现全村生活用水和 1 000 亩果园的灌溉需求，确保春浇、冬浇顺利进行。为了让合作社成员全部实现果园灌溉，在冯建宁的努力下，合作社再牵头水利局对引水上垣工程实行二级提水项目。目前，项目正在建设中。该水利项目一旦完成将实现合作社 2 400 亩苹果园灌溉全覆盖。与此同时，合作社还牵头完成了核桃园所在自然村新开坪的电路改造。电路改造的实施对农业走上科技化道路提供了有力支撑。值得庆祝的是，2015 年从县城通往太古乡的拓宽道路建设也全部竣工，宽平的柏油马路的建成被当地百姓誉为“太古乡通向世界的桥梁”，如今，水、电、路事关农业生产发展的基本要素已不再是困扰村民的难题。

爱学习爱琢磨，千方百计提效益

2014 年、2015 年，冯建宁连续两次参加新型职业农民培育项目，2015 年还参加了现代青年农场主培训。通过学习，他进一步开阔了视野，开始尝试种养结合的生态农业模式。他在核桃农场中因地制宜建设护栏与鸡舍。既实现林下绿色养殖，又满足农田有机肥料的需求，既减少环境污染，又节约肥水资源，实现了资源优化配置，形成了专业化经营种养结合的家庭农场。这种生态可持续的生产模式，实现了农、林、水、草合理的农田布局，增加了有机肥的投入量，减少了无机肥及农药的施用量，最终达到“经济、生态、社会”效益的高度统一。

冯建宁是一个爱琢磨的年轻人，在经营自家农场和发展合作社期间，冯建宁发现每年收获核桃时，松鼠对核桃有严重侵袭的行为。为此，他下足了功夫，研究发明了一种预防松鼠侵袭核桃果实的装置，并荣获国家专利，命名为“核桃树防护贴”。为了让社员都能享受到这一专利，他自掏腰包 5 万元加工生产专利产品，免费发放给社员使用。

2015 年 11 月，冯建宁作为全省新型职业农民代表并带着自己发明的专利产品“核桃树防护贴”参加了中国第四届农业博览会。几年间，冯建宁走遍了大江南北，哪里有新技术他就去学、哪里有行之有效的农业发展路子他就去问。冯建宁最常说的一句话："学习是发展之本，在新型职业农民的发展路途中，唯有不断地学习，结合区域特色与实际情况，因地制宜，打造特色化农业，方能使农业发展实现效益的最大化。"

农业"互联网＋"运营，让农民足不出户

2016 年，冯建宁参加了全国现代青年农场主高级研修班。通过学习，他了解到全方位依托"互联网＋"的方式进行网络销售。如何从真正意义上将农业销售由网络平台延伸至农村，让农民足不出户就将农副产品销售至全国乃至全世界，这是每一位新型职业农民必须要思考、更是首要解决的问题。

为此，冯建宁以当地农业发展主导为依托，打造以苹果、核桃为主的电商服务平台，建立微信公众号"草窝儿"。他以绿色、有机、无公害为销售卖点，以独具特色的胶泥地红薯、口感独家的高原苹果等稀有农产品为亮点，销售农产品。让消费者真切感受到原汁原味、乡土风情十足的"山里农品"。

目前，合作社盛产、主销的苹果、核桃通过互联网销售至全国各地甚至远销海外。改变传统化的销售模式，减少了中间商的销售差价，让老百姓得到实惠的同时，也让种植者本身实现了效益的最大化。以农场主产的核桃为例，每年通过微信销售到全国各地的核桃就有 2 万余斤，收益 30 余万元，比传统销售模式获益增多 20％。

如今，冯建宁正带领合作社社员，实现"新型职业农民"的转化。在冯建宁看来，农业的发展路径是，一味地埋头苦干出不了成绩，唯有不断地学习与摸索，才能把握当地农业地域特色，因地制宜实现更好更准确的发展。

本篇撰稿人：山西省临汾日报　祁　欣

人物导读 张克峰，平定县夏阳高效农业合作社负责人。2014 年，张克峰参加了新型职业农民培育项目后，经过刻苦钻研，从一名农业技术“门外汉”成长为“专家型”新型职业农民。他发挥了自己的辐射带动作用，带领当地农民共同致富，创办的合作社由最初的 10 户发展到了 52 户，辐射带动周边农户 100 余户，帮扶精准扶贫 9 户。

从门外汉到“土专家”

——山西省/平定县/张克峰

早春时节，天气乍暖还寒。平定县张庄镇夏庄村的夏阳高效农业合作社蔬菜大棚内春暖花开、绿意盎然。鲜艳的玫瑰花竞相绽放，花丛中点缀着洁白的菜花和绿油油的菜叶。“去年参加县里组织的新型职业农民培训，到西安考察时发现那里的一盆鲜花卖 30 块钱，我就琢磨着引进些鲜花。”合作社负责人张克峰笑着说。

年逾五旬的张克峰是土生土长的夏庄村人，爱学习的他从一个蔬菜种植的门外汉成为远近闻名的“土专家”。附近的菜农遇到种植难题，会向老张咨询；有人想建大棚，也会邀请老张现场指导。

一次次失败点燃学习热情

“吃一堑就要长一智，就要学些知识。”张克峰这样总结自己的成长经历。

2009 年，张克峰成立了夏阳高效农业合作社，合作社成立之初，走了不少弯路。第一年种蔬菜时，张克峰什么都不懂。附近村里有一家农户种植蔬菜，他常常去那个农户的菜地里观察。看到他们在整理土地，他回来就整理土地。过几天，看到人家在施肥，他也赶紧回家施肥。当他看到人家在撒种子时，他也买来菜籽撒到地里。后来，那个农户家的地里长出了菠菜苗，张克峰家的地里却长出了白菜苗。原来，张克峰买到的是大白菜种子。

由于不懂技术，张克峰吃了不少苦头。有一年，张克峰将一片荒地整理好后，发现地里杂草丛生，无法种植蔬菜，便购买了除草剂。第一次使用除草剂，张克峰看不明白说明书，结果配药不当，打了除草剂后地里寸草不生，菜苗也没长出来。就是在一次次失败中，张克峰认识到了农业科技的重要性，决心系统学技术、学管理，给自己充电。

懂科技才能种好菜

2014 年平定县实施新型职业农民培育工程以后，他积极报名，踊跃参加。培训班上，他是问问题最多的学员，也是大家公认最爱动脑筋、最勤奋的学员。结合教师的讲解，他还购买了很多蔬菜种植方面的书，摆满了合作社的书柜。大棚里有了病虫害，张克峰翻着书查资料，寻找农技人员指导，咨询培训授课专家寻求绿色防控办法。在平定县，很多人知道张克峰种植蔬菜水肥管理跟得上，蔬菜质量好、口感好，产量也高。“为什么好吃？不施化肥和农药，管理跟得上。底肥上的是有机肥，有机肥的特点就是持续给肥，而且全营养。防病虫害全部采用蓝板、黄板、灭菌灯、灭虫灯等趋性不同的物理防治手段。”现在说起种菜的诀窍，张克峰头头是道，“这都是新型职业农民培育让我学习到的”。

老张有几个本子，《销售记录》《田间农事操作记录》，哪天哪个棚什么时候下菜、浇水、开灭菌灯（灭虫灯）都认真详细记录。为了严格控制蔬菜质量，张克峰在合作社安装了蔬菜农药残留检验机。每次大批量销售蔬菜时，张克峰都要检验一下农药残留。“吃的东西不是开玩笑，必须严格按标准操作，不打折扣。”老张说。他种植的蔬菜产量高、品质优良。每逢周末，许多市民驱车到张克峰的蔬菜基地内采摘。

爱琢磨才能干成事

“师傅引进门，修行在个人”，张克峰说“新型职业农民培训老师讲的一定要活学活用，多琢磨琢磨”。

张克峰最喜欢参加新型职业农民培训组织的学习观摩。每次参观，他都会边学习边琢磨。有一次，张克峰到阳曲县观摩学习，路上他看到寿阳县农民种植的卷心菜每千克1毛钱都没人收，好多烂在地里后，就在心里盘算了起来。返回的路上，他和同车的学员说，明年种卷心菜肯定挣钱。大家都觉得老张是异想天开。第二年，张克峰种植了20多亩卷心菜，结果当年卷心菜的收购价格最低为每千克1.6元，最高达到2元。学员们知道这件事后，纷纷对张克峰竖起了大拇指。他说："这没啥了不起，这就是老师讲的市场规律和市场需求"。

张克峰按照专家老师的指导，将学到的知识用于生产实践，小到整地、选种、通风放帘的时间掌握，大到茬口安排、蔬菜嫁接，老张都耐着性子细细琢磨。现在，张克峰最拿手的是安排蔬菜种植茬口，在种植鲜花的大棚内，玫瑰花旁种植的是菜花。张克峰说，以前他常常是一种菜全部摘完，将土地重新整理后，再种别的菜。后来，他发现这样种植蔬菜，土地得不到高效利用。于是，张克峰就琢磨起了如何安排茬口。经过多次试验，他终于找到了科学合理的方法。如今，蔬菜大棚内的西红柿还没有全部摘完，张克峰就安排工人在地里播撒黄瓜种子。等西红柿全部下架后，黄瓜苗已经长出来，将西红柿清理干净后，就能给黄瓜搭架了。这样，张克峰家种植的黄瓜上市时间比别人家能早一个月。

两年来，张克峰先后引进了许多现代化机械，但有时购买来的机械并不适合当地使用，他便琢磨着自己制造。为解决人工打垄、费工费力的问题，他自己造出一台适合蔬菜种植的起垄机，用这台起垄机一天就干完了以前十几个人要干好几天才能完成的工作。平定县农业和科技部门已计划帮助张克峰申请起垄机专利。2017年，张克峰计划自己改造一台覆膜机。他说，自己改造过的机械，用起来才方便。

通过新型职业农民培育，张克峰已从一名"门外汉"转变成为一名爱学习、爱钻研、爱创新的"专家型"新型职业农民，并发挥着自己的辐射带动作用，带领当地农民共同致富。他创办的合作社也由最初的10户发展到了52户，种植日光温室10多亩，大田蔬菜100多亩，辐射带动周边农户100余户，帮扶精准扶贫9户。"现代科技、农业知识、科学管理"是他今后农业发展之路上的风向标，他将通过科技素质、管理能力的进一步提高带动村民共同致富。

本篇撰稿人：山西省农业厅科教处　吕　莉

人物导读 程子昂，加拿大阿色巴斯卡大学工商管理学士，回国后创办了网络科技公司，从事企业品牌推广和宣传。2016年，成立了山西老田老土农业科技有限公司，正式与晋中林果丰种养专业合作社组成了“互联网公司＋农民合作社”的发展模式，合作社负责生产和管理，公司负责市场营销和品牌打造，推进农业分工细化，帮助贫困地区脱贫致富。

为传统农业插上网络翅膀

——山西省/晋中市/程子昂

晋中，在这传承万年的农耕文明腹地，在农业转型发展的大潮中，一批意气风发的朝气青年，秉承古老朴实的晋农本色，融合现代商业经营思维，成长为崭新的职业农民，谱写着新的农史篇章，程子昂就是他们当中的典型代表。

互联网＋农业，走上创新之路

2011年，程子昂取得加拿大阿色巴斯卡大学工商管理学士学位后回国，和一群海归伙伴创办了网络科技公司，从事企业品牌推广和宣传。2015年，成为百度糯米、蚂蚁金服等国内知名企业山西地区城市服务商。同年，在北方地区数千个城市服务商当中，取得了前三名的销售业绩，被阿里巴巴表彰为“蚂蚁雄兵团”。

程子昂的父亲于2011年创办了晋中林果丰专业合作社，从事核桃种植、品种选育、苗木推广。和大多数年轻人一样，一开始程子昂并不愿意从事农业，认为在这个领域，没有办法施展团队的才能，他父亲劝说多次，也没能打动这帮年轻人。

2014年，林果丰合作社经营遇到问题。随着生产规模的不断扩大，合作社产区内核桃树、枣树等各类水果、浆果进入丰产期，但却面临滞销的压力。

“打虎亲兄弟，上阵父子兵”，看着父亲紧皱的眉头，程子昂决定加入合作社，走上农业这条道路。可喜的是，其团队成员也被动员起来，一支崭新的青年农民队伍，就这样组建起来。

该怎么干？真正到了农业层面，这帮“雄兵团”一下子成了“熊兵团”，尤其在农业知识方面，更是两眼一抹黑。他们在农产品推广和销售时，没少吃“闭门羹”，别说业绩能搞多好，连基本收入都成了问题。

这一下可急坏了程子昂，大伙更是大眼瞪小眼，一时间没有了方向。很多成员，都有些质疑跨界搞农业这个决定，团队瞬间充斥着各种负面情绪。

“农业是一个值得你搞一生的行业！”程子昂的父亲，经常这样对他说。

“是啊，值得搞一生，得先知道怎么搞才行！”程子昂总是这样回应。

为了突破专业知识难关，程子昂的父亲亲自上阵培训大家，但这种“师傅带徒弟”的形式深度有余、广度不足，而且和年轻人的学习方式很不容易对接。正在这时，榆次区农委和北田镇及时邀请程子昂和他的伙伴们参加新型职业农民培训，门类齐全、深入浅出的培训课程，大大丰富了这帮年轻人对农业的认知。程子昂后来这样说，干农业，不单要了解市场、了解产品，更重要的还得广泛了解农业的方方面面，咱们这个培训班，确实太有必要了。

打造全新销售模式，带活当地核桃产业

“我们的团队做农业，一定要做传统农民做不了的事情，要发挥我们的长处，才能弥补农业发展的短板，大家要把自己精通的领域，巧妙运用在农业当中。”程子昂经常和团队成员这样讲。

一帮颇为精通互联网的小伙子，自然搞农业也离不开互联网思维。“谁说卖农产品的，就非要靠卖货挣钱”，这个观点，可是让人大跌眼镜，不过在互联网时代，这不是不可能。

年轻人，果然有年轻人的特色，程子昂和伙伴们搞起来一个“驴友团”，走到哪里，都有校友、网友帮忙，一边考察市场，一边做网络分享。他们先后走访内蒙古、北京、上海、重庆、江苏、浙江、湖北等

地，国内与澳门、台湾，国外与德国当地的经销商建立起了合作通道。

团队的小伙子们兴奋地说："一边玩，一边铺渠道，一边吸粉，一边赚钱，这种好差事，去哪里找。"是啊，玩出了自己的道道，自然觉得轻松自然了。

2015 年底，在不到两个月时间里，合作社及社员产品销售一空，业绩达到 1 020 万元。2016 年，他们的业绩突破 3 000 万元。更重要的是，他们无偿帮助很多农户解决销售难的问题，正如他们说的："卖农产品的，就非要靠卖货挣钱吗!"

有了他们全新销售模式的助力，结合科学的生产管理，合作社每亩核桃收入达到 8 000 元，远远超过全区平均水平，带动了周边区域核桃产业的健康发展，合作社也实现快速扩张。2015 年在林果丰合作社的牵头下，村民创办了晋中林沃丰联合社，社员单位达到 48 家，共同经营土地面积达到 4 万余亩，涉及农户达到 2 600 余户，大大带动了当地农户增收。此外，合作社还在榆社、左权等贫困地区发展核桃种植区 5 000 余亩，并提供全程技术服务，帮助贫困地区脱贫致富。

培育新型职业农民，把农业革命进行到底

"说起未来，一定还是优化产业结构，尝试更多不可能"，他们计划铺设智慧农业设备，升级自有互联网平台，从可视逐步升级到可控，完成智能化管理，构建一个新的生产体系，实现"大数据"农业。此外，他们根据合作社大部分是生鲜产品的现状，筹备开展"同城农业"，计划以"6 小时生鲜到家"为发展基础，以"绿色新鲜为主题"打开同城市场。

扶农助农是合作社和公司的重要职责，新年度，他们计划帮助更多合作社和农户重新定位产品，制定产品策略，增加收入。而且，还继续坚持无偿销售，把团队利润放在电子产品、服务产品和媒体产品上面，实现多方共赢，打造更为广阔的发展空间。

为了建立长效机制、提高团队凝聚力，程子昂不断尝试新型经营机制。2016 年，程子昂成立了山西老田老土农业科技有限公司，正式与晋中林果丰种养专业合作社组成了"互联网公司＋农民合作社"的发展模式。合作社负责生产和管理，公司负责市场营销和品牌打造，各自发挥专业优势，推进农业分工细化。

随后，程子昂把股权结构进行重新分配，团队每一个成员，通过合作社和公司的培养和考核，都可以享受到公司股权。每一个青年成员独立创业，都可以得到合作社和公司的支持和帮助。而这些新模式的尝试和探索，还是源于程子昂通过新型职业农民培训，才让他有了这样的启发："我们的团队，应该发扬互帮互助、合作共赢的精神！"

2016 年秋收后，又一批新型职业农民培训班在榆次区各处开班授课，程子昂和他的团队再次参加了培训。与以往不同的是，这次程子昂是作为区农委聘请的"电子商务专家"来给农户授课。

实现由学员向"小专家"的转变，一开始还有人担忧，"这么个小青年，知道些什么?"但是，几场精彩的课程下来，大伙儿不禁对这个胖墩墩的小伙刮目相看。很多农户对闻所未闻的新理念、新思维、新做法兴趣浓厚。一时间，程子昂收到多个部门的邀请，参与了多次新型职业农民培训讲课，一下子成了小有名气的程老师。会后，很多农户找他继续了解新模式，开始尝试开网店、做直播，有的还考虑引进智能农业设备，大伙忙得不亦乐乎。程子昂就像新型职业农民培育播下的一粒种子，成长、成熟，播撒出更多的新型职业农民，带动了榆次区农业在转型跨越发展的道路上腾飞。

本篇撰稿人：山西省晋中市农业委员会　张海龙

人物导读 刘建晋，原平市林同种植专业合作社理事长。2010年，回乡创立了种植专业合作社，带动农民发展规模经营增加收益。后投资建设2 000平方米大晒台和300平方米学习培训场所，成为专业合作社和食葵产业发展创业基地，大力发展农机社会化服务。2016年，合作社的入社农户达到了110户，经营耕地3 000余亩，直接带动200余户村民受益，家庭人均增收4 300元，间接拉动周边1 000余农户迈上新型现代化农业发展之路。

不忘初心　做新时代新农人

——山西省/原平市/刘建晋

一个2 000多平方米的大型硬化晒粮台，像一面镜子，聚焦了原平市解村乡圪妥村林同种植专业合作社的创业故事。晾晒场上，七、八位农民手挥塑制大板锹忙碌着，或将葵花盘儿不断喂入脱粒机的“大口”，或将淘汰出的碎葵片儿装入车内运走……一位年轻的小伙子边和大伙忙碌着边说：“这是我们合作社去年新建的创业基地，包括办公与培训场所……”他就是原平市林同种植专业合作社理事长刘建晋，一位回乡创业的80后小伙。

情系故土，回乡创业

从小在农村土生土长的他，亲身感受了父辈们在农村生活生产中的艰辛与不易。父辈们常常对他说，一定要勤奋读书，走出这贫瘠的小山村。脱离“面朝黄土背朝天”的生活模式是父辈对他最大的希望。于是，他的脑海里形成了远走高飞才能脱贫致富的想法。大专毕业后，他当过记者、做过生意、搞过工程……刘建晋在成长，他的社会阅历不断丰富，但他却越来越依恋和思念家乡的故土，他意识到自己要做的不应该是背弃和逃离那块生他养他的热土，反之，他应该用这些年的所学去改变和建设家乡。让家乡变美、让父老乡亲们都过上富足安康的生活成为他最大的责任和心愿。随着中央和地方政府对“三农”问题持续关注、对农村农业的投入逐年加大，刘建晋决定返回家乡，并于2010年成立了山西省原平市林同种植专业合作社。

合作社成立之初只有5个小组成员，以玉米种植为主。但单一的种植结构和生产模式使合作社成员收入与普通农户无异。特别是4年后，面对玉米市场价格滑坡、种地效益甚微的严峻考验，合作社运营发展面临前所未有的困难。刘建晋千方百计寻找种植增效的突破口，他们试种过谷子，效益不够乐观；试过白萝卜制种，收入尚可，但面积大了侍弄不过来。前行的道路必定充满荆棘与坎坷，刘建晋没有气馁。2015年，他参加了山西省现代青年农场主培训，他坚持每天听课，认真做笔记，并充分利用职业农民教育这个平台，与多名专家教授建立了良好的合作关系。这次培训让他彻底转变了发展观念，他得到了三点启示：一是不能盲目生产，必须要围绕市场需求调整种植生产结构，通过市场分析做生产决策；二是要运用良种、良法和大力推广机械化、标准化种植模式，提高农产品品质；三是要通过对农户提供种子、收购和栽培技术全程指导的方式扩大规模，带动农民发展规模经营增加收益。

培训结束后，刘建晋瞄准了老师推荐介绍的油料作物——向日葵。他先后三次带领合作社成员到邻县及内蒙古等地参观，选中了特种食葵SH363，并跟内蒙古三瑞农科总公司达成了引种推广的协议。他自己以每亩500元的土地流转价，集中规划两大片共150亩农田，带头试种。同时，他请教食葵种植技术人员结合新型职业农民培训，开展技术服务，印发千余份食葵种植技术资料，用几个月时间广泛动员宣传。辛苦不负有心人，2015—2016年，他不仅在本乡种了1 000亩食葵，还在苏龙口等六七个乡镇推广了2 000亩食葵。他将课堂所学到的农业技术应用到生产实践当中，不断摸索总结经验，得到老百姓的认可和信任。2016年，原平市林同种植专业合作社的入社农户达到了110户，合作社注册资金达到421万元，经营耕地达到3 000余亩。

为耕者谋利，为食者健康

把自己“绑”在七乡镇农民3 000亩食葵种植“战车”上的刘建晋，投资12万余元，买了食葵专用播种机、脱粒机、大型筛选机等现代化农机具，大大提高了生产效率。同时，他将更多的时间和精力投入到种植区农民的技术服务上。他说："技术是关键，只有采用标准化生产和全程控制措施才能提升农产品安全水平和市场竞争力，同时也能满足人们对安全优质品牌农产品的消费需求。"从6月份机播技术环节，到葵花长到40厘米时的培土管理，到蕾期的施肥浇水，到授粉期的操作，以及吸引蜂群配合授粉，再到收获时的插盘晾晒，防止脱皮，每一步他都要开上自己的小车带上几个技术员四处奔波、现场指导。半年下来，那一片片漫山遍野金灿灿的食葵大田，成为当地诱人的风景线，也是对他辛勤创业的最佳回报。

2015年以来，刘建晋投资建设的2 000平方米大晒台和300平方米学习培训场所，成为林同种植专业合作社和食葵产业发展的创业基地。11月进入食葵收打收购季节，只见这里车来车往，机声隆隆，脱粒筛选，葵籽满场，又化作食葵标袋成墙的丰收景象。尽管头年试种，仍取得喜人的收获。大部分种植户亩均产量达380～400斤以上，最高的达到500斤，最低的也有350多斤。按最低收购价4元计算，平均每亩产值1 600多元，除去投入的种子、肥料和灌溉费用，纯收入1 200多元，比种植玉米增收3倍左右。

授人以渔，服务农民

种植食葵的成果还不是林同种植专业合作社的全部，这两年，刘建晋大力发展农机社会化服务。社里15户农民投资的农机队，发展到5台大型拖拉机、4台精量播种机、3台玉米收割机和机耕、旋耕、运输、整秆还田等各种农机具，年年在全乡农机化作业上大显身手。去年全市机械化整秆还田作业中，又成为一支特别能战斗的机耕队，高质量超额完成了解村乡和大牛店镇2万亩任务。

刘建晋觉得如果每个社员都能掌握先进种植技术，能够摸准市场的脉搏，那么他们也就都成长为真正的职业农民，林同种植专业合作社这个大家庭致富小康梦定会早日实现。为拓宽经营渠道，2016年春季伊始，刘建晋组织林同种植专业合作社社员外出参观学习，考察市场，探索引进新型种植项目。在2017年干旱无雨的严峻形势下，合作社种植的500余亩丘陵旱地谷子，依然取得了可喜的丰硕成绩，较往年种植玉米每亩增收300元。同时，合作社年初引进的白萝卜籽1＃、小粒黄也喜获丰收，与其他同类型地块相比，显著增收增效超过30%。他还带领林同种植专业合作社的社员们开辟了蔬菜新品种种植试验模块30个，探索实践蔬菜新品种在本地气候环境下的生存成长状态，为合作社农户的大面积种植提供成熟的栽培技术和田间管理经验。合作社还积极探索种养相结合的生态循环农业模式，推广“猪-沼-蔬菜”的新型农业可持续发展之路，将养猪产生的污水、粪便经过沼气池发酵，变废为宝，成了优质的有机肥料，为各种农业种植项目提供了生产资源。

刘建晋这样的青年农场主以实际行动践行农业供给侧结构性改革，他紧紧围绕市场需求努力发展现代农业，突破地块零散、不能连片耕作的弊端，实现种植规模化、资源集约化、农业机械化，降本增效，提高每亩单产产值的同时也获得了丰厚的利润回报。2016年林同种植专业合作社农产品、农机服务、养殖、加工等相关产业全年累计销售收入突破570万元，实现利润60余万元，直接带动200余户村民受益，增产增效，家庭人均增收4 300元。间接拉动周边1 000余农户迈上新型现代化农业发展之路。

刘建晋秉着一份赤子游归的心情，在带领乡亲们创业致富的道路上奋进。“与全体社员共谋发展大计，做新时代的新农人”，这就是他——一位新型职业农民的中国梦。

本篇撰稿人：山西省农业厅科教处　张　绚

人物导读 雷丽，女，内蒙古包头市固阳县银号镇南营子村人，她返乡创业开办了“后山雷丽农副产品”直营店，实体销售与网络营销两手抓，将地道的乡土特色产品销往全国各地。她带动农户、贫困户、合作社、龙头企业搞好绿色农牧副产品的生产、加工、销售、服务，让顾客放心消费，让农民安心致富。

艰苦创业 放飞梦想

——内蒙古自治区/固阳县/雷丽

莜面、荞面、红皮小麦面、猪肉、羊肉……这些家乡特色的农产品正通过雷丽的店铺源源不断销往全国各地，不但城里人口口相传对她的产品一致好评，而且更多农户特别是贫困户通过她的平台解决了农产品销售困难的问题。

返乡创业，经营家乡特色农产品

雷丽生长在内蒙古包头市固阳县银号镇南营子村，高中毕业后她一直打工，从事过销售工作，学过家电维修。在商场做导购期间，一次一个上了岁数的同事对她说：“你正年轻，出去干点属于自己的事业，别在这里和我们一样浪费时间了……”同事不经意的一句话，让她的心思活泛起来，有了自己创业的念头。

一个偶然的机会，朋友托她带一桶家乡的胡油，自此以后，不断有朋友托她带家乡的莜面、荞面、红皮小麦面、猪肉、羊肉……朋友对老家农产品的一致好评，口口相传，让她心里乐开了花，豁然开朗，未来的市场原来在这里！

2013年初，她筹划成立了合作社，并开起了“后山雷丽农副产品”直营店，至今网络销售第五个年头，实体店销售第四个年头，诚实经营和地道的乡土特色产品吻合了市场的需求，销售不断扩大。从起初的没有店面，到25平方米的小店再到100平方米的店铺，并且目前有10家铺货店面，直营店设备不断更新升级。产品品种从开始的猪肉、羊肉、白面、莜面、荞面、胡油等百十多个农副产品，到不断开发挖掘大后山农副特产品，并引进部分异地特产，满足各层次客户的需求，直营店的业绩稳步上升。

不断学习，整合资源加强合作做大做强

为了做大做强，雷丽参加各种培训班，不断学习，给自己充电。2015年，雷丽参加了固阳县农广校新型职业农民培育学习培训，学习了农产品市场营销、农民专业合作社运营与管理、电商等课程。她受益匪浅，得到了启发，并利用农广校新型职业农民培育学员微信平台，形成了供货、销售网络，农民学员生产的优质农畜产品，通过“后山雷丽农副产品”直营店销向市场。目前，她已与包头固阳县各乡镇农户、贫困户及合作社等达成长期合作伙伴，促进了地方产业发展并带动部分城乡剩余劳动力就业，解决部分贫困户销售农产品困难的问题，实现了经济效益、社会效益的双丰收。目前，农产品已经远销全国各地，得到客户的好评。

在农广校学习期间，雷丽认识了很多新朋友，其中有种养大户、合作社、龙头企业等各种有利资源，也了解了农户、贫困户、合作社实际存在的问题，通过学习沟通交流及实地考察，开始了规模化生产销售的升级。

鼓足干劲，扩大销售打造精品农牧产品品牌

通过学习，雷丽信心倍增，鼓足干劲，规划未来，继续扩大实体店面及网络的销售，加速发展品牌的建设与推广，加大推广宣传力度。2017年力争铺货店面逐渐发展成连锁店，启动农牧副产品生产道具展示、产品展示、直营店、店中店（可以现场品尝）、体验店（现场加工）、微店、网店、电子商务现场办公、现场打包发货，逐步发展品牌化、形象化、系统化、正规化、合法化、透明化。2017年目标实现销售收入300万元。今后要逐步开展基地游，城乡互通，带动城里朋友多去乡下基地游玩，实地体验乡村生活，鼓励孩子多动手，培养勤劳致富

的主观意识。

立足于大后山特色产品，带动农户、贫困户、合作社、龙头企业搞好绿色农牧副产品的生产、加工、销售、服务。实现让顾客开心消费，让农民开心生产，让团队开心销售，把后山的好东西带进城，让城里人都吃得放心。

经营地道的原始味道农家放心产品，打造一流的有地方特色的“后山雷丽”精品农牧产品品牌，雷丽将整合大后山农牧资源打造新时代农产品销售平台，同时建设一个优秀的农产品经纪人队伍。

本篇撰稿人：雷　丽

人物导读 王志勇，大学毕业后回乡带头成立了喀喇沁旗惠民蔬菜农民专业合作社，辐射服务种植户3 000多户，直接带动1 200多户农户增收。在他的带动下，王爷府供销合作社于2014年被评为“全区十强基层供销合作社”，他个人也先后荣获“2013年赤峰市第二届青年优秀创业奖”“2013年喀喇沁旗青年创业致富标兵”“内蒙古自治区2014年农村牧区实用人才带头人示范培训班优秀班干部”等殊荣。

青春无悔　谱写助农新篇

——内蒙古自治区/喀喇沁旗/王志勇

他，32岁的农村青年，从一个怀揣梦想的懵懂小子，到一个懂技术、会管理的企业带头人；从一个没有社会经验刚走出大学校门的学生，到一个善于学习、敢于创新的业界精英；从一个对农业完全陌生的门外汉，到一个说种植、谈发展的职业农民，平凡的王志勇用几年的经历完成了角色转变、成就了非凡的事业、实现了人生的价值，诠释出一段不寻常的农业创业之旅。

走出校门，艰难创业

王志勇，1985年出生在赤峰市喀喇沁旗王爷府镇黑山沟村，这是一个偏僻的小山村。2009年，他于长春工业大学法学专业毕业。这时候的他，踌躇满志，想把自己的青春回馈给生他养他的家乡。

他义无反顾地回到了农村。2009年，正值国家金融政策放宽的背景下，他有机会顺利入股中昊小额贷款公司。

在单独负责一片区域后，他不忘乡里，根据农民贷款需求实际，简化了手续、加快了贷款发放速度、放宽了贷款条件，保证了农耕时节农户的春播资金需求。

在长期接触农业、农村、农民的过程中，他始终难以割舍“在农业上有所作为、改变农村面貌、帮助农民实现再增收”的情怀，而且这种情怀变得愈发强烈。在几年来的中央 1 号文件发展现代农业的号召下及强农惠农政策的引领下，在旗农牧业局领导的关怀和技术人员的大力支持下，他于 2010 年带头成立了喀喇沁旗惠民蔬菜农民专业合作社。合作社通过统一规划、统一种植、统一管理、统一销售的模式，发展蔬菜基地 5 000 亩，同时为农户统一提供种子、化肥，统一育苗，统一田间管理，统一回收。在合作社的帮助下，菜农每亩地纯收入达到 3 000 多元。这一年，他这个农村小青年，因为不凡的工作业绩，得到了很多上级单位的关注，也收获了乡亲们的信任和称赞。

2013 年，王志勇有机会参加了“阳光工程”新型职业农民创业培训班。通过培训学习，他了解了国家的阳光工程项目开始向着新型职业农民培育工程转型，对有关政策和创业知识进行了学习。通过学习，王志勇的个人综合素质和农业生产经营水平得到大幅提高，不仅和旗里的农业专家建立了沟通帮扶机制，增进了感情，而且大大增强了其继续深耕农业、进行二次创业的信心。

2013 年，在全镇大力发展硬果西红柿之机，他发现百姓种植的品种单一，管理松散，收益参差不齐，本地区的硬果西红柿远销全国各地，却打着山东寿光的品牌。那个时候，他就暗下决心：一定要将自己种植的蔬菜，贴上自己的标签，打出自己的品牌！

他自己承包土地，建起了 100 亩设施农业大棚，并经常邀请旗农业专家进行技术指导，他不仅学会了农作物测土配方施肥、精心整地、看苗施肥、看苗浇水等一系列新型农业技术，而且在作物的灌溉方式上，还投资购置了喷灌设备。节水灌溉的先进模式，使得管理更加科学，操作更加便捷。在农业部门的大力支持下，当年，他所投资建设的设施农业小区，不仅收回了投资成本，还实现了盈利。这种科学种田和管理的方式，颠覆了周边地区种植户的陈旧理念，促进了当地产业园区管理与种植的全面提档升级。在这期间，他先后任职喀喇沁旗中昊小额贷款公司王爷府分社董事长、喀喇沁旗王爷府供销合作社主任。

他，一个名不见经传的毛头小伙子，在不断地摸索学习中，从一个农业门外汉，成长为说起种植技术头头是道的职业农民。

回馈乡里，助农致富

创业成功之后，他再要追求的目标就只有一个：为全镇的硬果西红柿产业发展闯出一条新路，带领全镇的硬果西红柿种植向规模化发展，向品牌化发展。

他以这100亩的大棚作为试验田种植新品种，找到了适合当地种植的好品种，解决了一系列农民种植过程中的问题。2014年，他又针对本地育苗厂少、农民去外地育苗成本高的实际情况，在试验田内试验冷棚育苗技术，解决百姓育苗困难问题。仅此一项，他每年就为种植户节省资金52万元。他以100亩的设施农业大棚试验田为起点，以喀喇沁旗农民惠民蔬菜专业合作社为依托，开展育苗、种植、田间管理、后期收购、具有独立品牌、签订购销合同一条龙生产经营服务，他引导整个王爷府地区的硬果西红柿种植向合作农业模式发展，从此让种植户有了稳定的收入。

经过几年发展，喀喇沁旗惠民蔬菜农民专业合作社拥有100亩园区基地，100多座蔬菜大棚，6座温室育苗暖棚，面积近10 000平方米。单个周期育苗能力为260万株，可供1 500多亩地蔬菜大棚种植，辐射服务种植户3 000多户，直接带动1 200多户农户增收。

完善自身，提升水平

2015年王志勇作为新型职业农民培育对象进入课堂继续学习。通过学习，王志勇思想又有了新的变化。2015年、2016年他创办的合作社承担了喀喇沁旗西红柿文化节参观基地任务，与山东瑞泽公司、上海乾德种业、河南农科院、先正达种子公司、山东金种子农业发展有限公司达成合作意向，种植新品种、试验新品种、展示新品种西红柿达到40多个品种，受到参观嘉宾一致好评。

合作社与北京瑞信龙科技有限公司、中国农业大学合作进行测土配方施肥工作的推广，并从河南柏裕植物免疫科技有限公司引进植物疫苗，使种植技术进一步得到提高。目前，喀喇沁旗农民惠民蔬菜专业合作社正在申请自己的品牌，合作社将以注册品牌为纽带，将区域内的菜农联合起来，用统一品牌、统一标准、统一技术、统一营销的发展思路，共同去开拓市场、创品牌，以达到以质量创品牌，以品牌推动生产的目的。王志勇笑着说，距离自己的梦想又近了一步。

在合作社实现发展壮大的同时，王志勇把合作社的发展与周边农村经济有效地结合在一起，通过合作社的不断发展壮大带动了周边农村经济的发展。近年来，他带领合作社采用“合作社＋农户＋基地”的经营模式，与当地农户签订农产品购销合同，积极支持农户发展硬果西红柿规模化种植，对资金暂时有困难的农户，采取担保抵押的形式，为其提供种子、种苗发展种植，保价与农户签订收购合同。事实证明，他采用的这种模式是推动当地农村经济、带动农户致富的一个极好的方法。合作社从开始的“合作社＋农户＋基地”的简单合作模式，发展为逐步整合其他同类型合作社，组建联合社。通过成立联合社，当地硬果西红柿的市场价格话语权掌握在了自己人手里，不再出现价低坑农的情况发生。合作社利用现有的条件和优势，为农户提供种植信息服务，为当地农户提供大量的种植技术信息、农产品供求信息、相关政策法规，增强了合作社与农户间的沟通，为当地农户产前、产中、产后提供服务。同时，合作社还为广大的农户提供种子、种苗的供应，种植技术指导，农产品销售信息等各项服务。

在王志勇的带领下，惠农蔬菜专业合作社的发展之路越走越远。王志勇的工作成绩也得到了当地政府的充分肯定和社会各界的称颂。2010年7月，王志勇光荣地加入中国共产党。在他的领导下王爷府供销合作社于2014年被评为“全区十强基层供销合作社”，他个人也先后荣获“2013年赤峰市第二届青年优秀创业奖”“2013年喀喇沁旗青年创业致富标兵”“内蒙古自治区2014年农村牧区实用人才带头人示范培训班优秀班干部”等殊荣。

本篇撰稿人：内蒙古自治区喀喇沁旗王爷府镇　王丽宏

人物导读 春梅，女，中共党员，依靠勤劳致富从小规模养殖发展为家庭牧场，依靠不断学习转变观念从传统饲养发展为专业化、规范化养殖。她致富不忘乡亲，无偿帮助周边养殖户，带动牧民一起走上致富道路。2016 年，春梅获得“全国十佳农民”荣誉称号。

带头勤劳致富的好党员

——内蒙古自治区/通辽市/春梅

提起春梅这个有 18 年党龄的女同志，全苏木都会竖起大拇指。内蒙古通辽市农民春梅，可以说是一位依靠政策加勤奋造就的好党员，她热爱家乡，扎根牧区，靠自己的一双手建立起了小有规模的家庭牧场。目前已经发展到有繁殖母牛 100 多头，形成了良性循环不断发展的经营势头，带动了周边牧民一起勤劳致富。

艰苦拼搏，兴办家庭牧场

1993 年高中毕业的春梅，由于家庭经济原因不得不放弃读大学的机会返乡务农。从那时起她就暗下决心，不向命运低头，要用自己所学的知识在农村打造出一个勤劳致富的新天地。结婚后，她背负着沉重的家庭债务和丈夫一起从事小规模的养殖活动，依靠坚定的信念和精打细算，克服无数次的失败和挫折，经过十多年的艰苦拼搏基本还清了沉重的高息民间借款，还奠定了自己的养殖基础。到 2011 年，已经发展到有羊 110 只，牛 15 头，还有猪、鸡等。

党的农村牧区政策坚定了春梅扎根牧区养殖梦想，春梅开始和丈夫一起利用原有的简易牧铺，又流转了村民 650 亩牧业用地，建立起了小规模家庭牧场雏形。在最初的日子里，春梅和丈夫把孩子送到寄宿学校读书，在荒郊野外安营扎寨，过起了没邻居、没电、没自来水、没有任何娱乐生活、手机信号也很差的寂寞生活。常常是“油灯伴图书，三餐伴牛羊”，这也给她刻苦学习提供了充足的时间。

春梅深深地感受到传统的经营管理模式严重制约着生产发展，她开始用知识武装自己，利用自己高中毕业的文化基础自学养殖知识，虚心向专业教师请教，积极主动地参加各种形式的培训班。对于农业部农村劳动力培训阳光工程项目和新型职业农牧民培育项目的实施和启动，春梅第一个报名参加，先后到旗、市、市外等地参加理论学习和实地培训。通过参观学习，她感受到自己和一个新型职业牧民和现代农场主的要求还有相当的差距。从 2013 年到 2016 年，她参加了新型职业农民培育和现代青年农场主培训班，克服交通不便的困难，从没有旷过一堂课，课上课下虚心向教师学习，克服语言障碍，积极参与互动教学；到典型示范点参加现场教学，更加虚心请教，不放过各种学习机会。她还把韩润英、李方平等优秀老师请到自己的农场做现场指导，请专家做规划，使得经营活动少走弯路。在新型职业农民培育和现代青年农场主培训班里，春梅每次都是优秀学员。春梅还自学了家畜改良、疫病防控、饲料配比、母牛犊牛管理等技术，成为一名当地小有名气的养殖能手。在她的带动下，文化水平不高的丈夫通过勤学苦练，也成为一名村级家畜改良员。

转变观念，开展专业化、规范化养殖

通过学习，春梅不但学到了养殖科技知识，更重要的是转变了经营理念，从思想观念上有了突破性的转变。

春梅改变了旧的“小而全”的养殖习惯，转变为专项养殖。经过专家的指导，结合自己农场的实际情况，春梅大胆地淘汰了非品种牛和羊等项目，保留并扩充了西门塔尔基础母牛作为主要养殖项目。开展西门塔尔基础母牛专项饲养，经过两年多的努力，最多时西门塔尔牛存栏达到 136 头，母牛繁殖成活率达到 100%，成为当地很有名气的养殖高手。

春梅是个边学边改、勇于实践的人。她积极响应政府关于禁牧的有关规定，坚决杜绝放牧，利用种植青贮饲料、秸秆处理、配合饲料的方法，全部实行舍饲。近几年中，她每年青贮饲料的种植面积都在 50 亩以上。通过实践得到了效果，不仅牛的营养得到了改善，饲养成本也大幅度降低，每头牛的年饲养效益达到了 5 000 元。

春梅是一个爱干净的女人，她的生活环境虽然简朴但干净有序。对牛舍也是一样，在专家的指导下，她将圈舍进行合理的改造，科学的区划，不同类别的群体单独管理，改变了过去群养群放大杂烩局面。通过单独圈舍饲养改善了卫生条件，使个体和群体都良性发展，减少了疫病发生。

致富不忘乡亲，带动一方养殖业发展

春梅的成功经验在当地广为流传。在花胡硕苏木产业屯嘎查的养殖户，很多都受到过春梅的帮助，特别是在改良方面，她常年无偿帮助的养殖户就数不胜数。例如，村民苏道毕力格养殖成效一直不好，春梅和丈夫就经常到他家上门指导，近三年间把他家的牛当成自己家的牛一样看待，牛的繁殖很快，目前已经达到 26 头，并进入了良性发展的轨道。

春梅的牧场每年都雇用当地的牧民帮忙，她不但给的工资高，生活和学习也都安排得很好。她在自家简陋的住处设立了图书室供工人们学习，她和丈夫还把自己知道的知识和技能无偿地、毫不保留地传授给工人，当地乡亲们都愿意去她家做工。

春梅得到了群众的赞许，也得到了组织的信任。2015 年春梅被选举为产业嘎查的支部委员。2016 年，春梅获得“全国十佳农民”荣誉称号。获奖后的春梅深情地说，其实我就是一个普通的农民的孩子，命运不给我上大学的机会，让我留在了农村，我就应该像父辈一样热爱农村、改造农村、建设农村。是党的农村政策让我参加新型职业农牧民培育这个好项目，让我重新学到了多年来想学的知识，给我表现和发展的空间，使我在依靠科学勤劳致富的队伍里，领先向前迈了一小步。我所取得的成绩要归功于党的农村政策，我只是众多受益者之一；作为有 18 年党龄的党员，在自己致富的同时能够给别人一点帮助，这是每名党员都应该做到的。我还要继续带好头，办好养殖合作社，让党的农村政策继续开花结果，努力带动一个产业，帮富一方乡亲。

本篇撰稿人：内蒙古自治区通辽市农广校　宋德泉

内蒙古自治区科左中旗农广校　唐　华

人物导读　葛红东，哈尔滨市阿城区天一农民专业合作社联合社理事长、哈尔滨天一生态农副产品有限公司总经理和哈尔滨市农民创业就业发展促进会常务副会长兼秘书长。2008 年，返乡创业生产黏豆包，2016 年在天猫商城开通了“笨磨坊”品牌旗舰店。被评为黑龙江省农民创业之星、黑龙江省轻工业（食品）优秀企业家、全国百强农产品经纪人和哈尔滨市人大代表，被阿城农广校返聘为授课老师。曾荣获黑龙江省农民工创业创新标兵、黑龙江省劳动模范、哈尔滨市劳动模范和优秀共产党员等荣誉称号。

黑土地上的农民创业之星

——黑龙江省/哈尔滨市/葛红东

备尝艰辛，趟出创新创业新路子

葛红东出生在一个普普通通的农民家庭。1989 年学习家电修理，后历经坎坷，走上了一条自主创业之路。在通信行业迅猛发展的年代，由家电维修转到通讯器材经营，他在这一行业摸爬滚打赚到了人生的第一桶金。

在大家以为他会在这个行业一直顺风顺水走下去的时候，他却选择了一个几代人都没做起来的行业，返乡创业做黏豆包。2008 年他用自己的积蓄和借来的钱盖起了厂房，买了设备，聘请了生产和销售人员，当年生产 10 万斤黏豆包，可拿到市场上却根本卖不出去。他的黏豆包销售价格比别人的高。他坚信“路在人走，事在人为”，通过总结找差距，增强生产管控，终于生产出了适销对路的响当当的产品。

随着市场份额的不断攀升，企业又增加了研发经费，加速了产品的升级换代，还为新产品新工艺申请了专利、注册了商标。1999 年，亚沟镇被中国农学会特产经济委员会授予“中国黏豆包第一镇”殊荣。2013 年，该公司亚沟黏豆包制作技艺被列为黑龙江省级非物质文化遗产，同年该公司的“笨磨坊”牌系列产品被评为黑龙江省名牌产品和黑龙江省著名商标。他终于找到了梦寐以求的创业之路。

活学活用，开辟产品销售新渠道

2015年国家培育新型职业农民的政策给葛红东的创业历程带来了重大转变。他参加了阿城区农广校首届新型职业农民培训班。通过学习，葛红东眼界大开，了解了农产品电子商务，掌握了创业兴业新技巧。葛红东决心改变企业的经营理念，采取“走出去”和“请进来”相结合的办法打造学习型公司。“请进来”就是公司在招商引资的同时也做好招商引智，吸收人才充实到公司的经营中来，积极与农业院校及科研院所合作，用科技提升产业，如公司生产的黑蒜加工项目是和省农科院大庆分院合作的，小小的大蒜经过深加工不但保留了应有的营养成分而且附加值也增加了几倍。“走出去”就是去北、上、广、深等大城市学习先进的经营和管理理念以及先进的食品深加工技术。建立学习型公司，就是把公司打造成学习型的企业，让员工学习专业知识，通过学习让员工成为有思想、有专业技能的新型职业农民。

通过学习农产品电子商务，葛红东深刻体会到电子商务的简便、快捷、低成本、辐射面广等优势。他马上行动起来，2012年就为自己的公司建立了网站，并开通了淘宝店。2016年在天猫商城开通了“笨磨坊”品牌旗舰店。他建立了三个层面的“十百千”销售网络。在哈尔滨市繁华地段建立了十个产品直销店，为哈尔滨市居民提供优质新鲜的绿色特色产品。建立了百个社区流动售货点，进入哈尔滨市一百个社区进行固定时间、固定地点销售，实行产品销售社区全覆盖，让市民在家门口就可以买到阿城的绿色特色食品。建立了千个仓买超市销售网点。支持鼓励联合社成员通过多种途径实现农超对接，使联合社产品占据省内外各超市、仓买的货架。同时支持鼓励公司员工积极发展微商，做移动端线上销售，实现线上线下有机结合，同城异地快速配送，做大做强阿城农业品牌。

目前，公司销售的农副产品实现二维码可追溯，保障了各地客户放心食用公司产品。仅一年时间，通过网络订单实现销售额210万元。客户人群辐射全国各地，产品远销日本、韩国等地。

葛红东在新型职业农民培训班结业后很快被阿城农广校返聘为教

师。他用亲身经历为学员讲解自己的创业历程、企业的现状和创业感悟。他在哈尔滨市 9 区 9 县巡回宣讲如何艰辛创业。积极组织成员社的从业人员参加创业培训，举办农民创业培训班 3 期，培训农民创业带头人 296 人。对基地种植户开展技术培训 100 班次、受训人数达 3 000 多人，开展科普学习讲座 20 多次。发放宣传画册 5 000 余册。同时，他将自己公司的基地、加工车间等作为阿城区农广校和东北农业大学的教学实践基地。

合作共赢，致富不忘众乡亲

本着合作共赢的理念，葛红东的天一公司采取了“公司＋合作社＋基地＋农户”的经营模式，奉行发展地方经济、传承文化遗产、抱团取暖风险共担、走共同富裕之路的原则，携起手来共同创业。他联合全区 41 家不同特色的种养殖专业合作社，成立了天一联合社，各专业合作社取长补短，实现信息互通、资源共享。天一联合社成立后辐射 14 个镇街，带动 10 000 多农户共同参与壮大阿城特色农产品。2013 年 3 月 15 日在中央电视台第七频道致富经栏目播出的《别拿豆包不当干粮》节目，就是对天一公司和葛红东的宣传与介绍。目前，天一联合社拥有农副产品 130 个品种，具有绿色食品认证、有机认证、名牌产品 28 个，为全区绿色食品生产企业和 267 家合作社搭建起了资源共享、优势互补、强强联合、共拓市场的平台。

“勤勤恳恳做事、踏踏实实做人”，这是葛红东的做人准则。多年来，葛红东帮助了贫困的婆婆看好病、资助了贫困大学生圆了大学梦。2015 年葛红东带领公司员工出动铲车几十次整修果园村的道路，还帮助 20 家农户建起了果蔬大棚，帮助两家农户建起了养鸡场，并和他们一起推销生产的蔬菜和鸡蛋。如今的果园村已告别了贫穷，共同走上了富裕之路。

随着美丽乡村建设和休闲农业的发展，葛红东带领公司按照资源产品化、市场差异化、运营规模化、服务组织化的理念来打造休闲农业，建设美丽乡村。公司建设了绿色果蔬采摘大棚、特色餐饮区、住宿区、农产品示范观光区、金源民俗文化艺术园区、农村淘宝电子商务工作室等现代农业园区，打造了一张响亮的阿城区新名片。满足了城乡居民走进自然、认识农业、体验农趣、陶冶情操、休闲娱乐的需要，把农业生产区变成城乡居民亲近自然、享受田园生活的风景区，把农村民俗变成弘扬民族文化、传承金源文化的艺术精品，并拓宽了农民就业增收渠道，提高了农业综合效益。把农业发展与休闲娱乐结合起来，带动当地农产品、服务业、交通运输、建筑、文化等相关产业的全面发展。

他是农民的儿子，近20年来的艰苦创业之路，使他从平淡中走出困境，从迷茫中寻找出路，千回百转时党给他指明了方向，是改革开放使他开阔了眼界。“雄关漫道真如铁，而今迈步从头越”，这就是他的豪迈和对创业梦想的不懈追求！如今，葛红东经过多年的历练，已经成为集种养加、产供销技能于一体的新型职业农民。作为一名优秀的共产党员，他用自己最朴实平凡的行动讴歌新时代共产党员的灵魂，树立着共产党员的光辉形象！

本篇撰稿人：葛红东

人物导读 李新滨，哈尔滨益助果蔬种植股份有限公司董事长。从城市知识女性到农村创业者，从一名普通职员到创立“益助”品牌。短短6年时间，李新滨带领她的团队经历了重重困难，使益助公司完成了园区设施建设、生产技术创新、品牌创建、市场开拓等目标。2016年，益助公司全年销售收入达3 280万元，预计2017年销售收入在5 000万元左右。

匠心种蔬菜　诚心做品牌

——黑龙江省/哈尔滨市/李新滨

创立益助，让更多孩子受益

李新滨出生于军人家庭，大学毕业，曾从事金融行业。2011年，她辞去令人向往的工作，离开优雅舒适的大城市环境。在当年大家对绿色蔬菜的观念还不够成熟时，她毅然决定投资上千万元建立蔬菜生产基地。

“我所做的一切都是为了我的女儿，为了和她一样的孩子们！”李新滨说，她的女儿在10岁时被诊断为“生长激素缺乏症”，医生给出的治疗方案中，除药物治疗外，最重要的是在日常生活的三餐中，不能吃含有任何添加剂的食物，特别是不能吃带有催熟剂的蔬菜和水果。李新滨说：“治疗期前后共3年，我亲眼目睹了很多跟我女儿年龄相仿的8～9岁孩子患上‘性早熟’和‘生长激素缺乏症’后给家人带来经济上、精神上的双重压力和痛苦。”

李新滨萌生了一个新的想法，考虑是否可以创建一个实体，种植放心菜，把健康和希望送给身边的人。从此，这个想法在她的大脑里挥之不去，“益助”萌芽在李新滨强大的母爱里。

从小生活在城市的李新滨，没到过农村，没接触过农民，可创办益助公司初期，她最需要打交道的就是农民。但让她不能理解的是来自农民口中的一句话：“又来一个骗钱的，还骗咱们农民的地。”

听到农民的这种议论，李新滨很委屈，明明是双赢的项目为何被人如此怀疑和否定？农民的不理解、不配合是李新滨投资农业遭受的第一个诚信危机。面对这种情况，她决心一定要拿出诚意消除农民的顾虑。

当年，双城区公正镇的地租金每亩只有480元左右，为了让农民心里踏实，企业最终确定租金为前3年每亩630元，后14年每亩710元。李新滨说：“2011年春节前把17年的土地款总计431万元以现金的方式，实实在在地交到25户农民手中，户均拿到17万元土地款，农民之前的怀疑和不友好的目光转变了。为了让这些淳朴的农民真正相信我，除了付地租款，我还向出租土地的农民郑重承诺，农民失地不失业，优先聘用他们为企业员工，这样农民就可以得到土地租金和打工收入两份收益”。

园区从建设到生产，6年间共雇用当地农民4 400余人次，支付农民工资700余万元，李新滨履行了自己的承诺。

环保有机，坚守绿色之路

据了解，益助基地400亩的生产用地始终采取施用腐熟3年以上的农家肥，经过努力，完成了绿色有机生产环境的土壤改良。生长期采用人工除草、膜下滴灌；病虫害防治以预防为主，以“生态防治、物理防治、生物防治”为手段，做到化学农药、化学添加剂“零使用”。目前，公司种植60余个产品，其中有26个产品已通过绿色食品认证，是目前黑龙江省蔬菜种植业中获得绿色认证品种最多、最全的企业，也是该省首家获得“全国优秀蔬菜生产商”称号的企业。李新滨介绍，基地产品多次接受国家、省、市各级检测部门的抽检，累计5大类23个品种近200次，合格率达100%。基地还建立了田间管理、生产记录、检验检测、产地准出和自检等各项制度。产品在生产过程中，严格执行各项规章制度，实现了地产产品全过程有人监管、每个品种均有生产记录，产品采收上市前有检测、上市销售有产地证明。

李新滨把益助生产基地的生产重点规划为春提前、秋延后和过冬生产，对于棚室内温室环境、土壤水分、空气温湿度等要求更高。李新滨说：“我们使用了物联网监控技术，棚室病虫害发生频率迅速下降，各类药品的投入也大幅减少。基地实现了‘水肥一体化’、防虫网和粘虫板全覆盖。通过对农业物联网、移动互联网、智能硬件的完美结合，真正将益助基地与终端消费者之间的所有环节透明化，实现了与消费者无障碍沟通。”

优质蔬菜生产出来了，下一步就是“卖菜”环节了。为了让高品质蔬菜卖得好，李新滨和团队不断研究和创新销售模式，形成以“安全优质放心”果蔬产品为卖点，采取直营店发展会员制、以销定产实行订单种植的复合销售模式。每一季都会给会员提供详细的生产清单，会员可提前一天预定需要购买的果蔬品种和数量，基地会在第二天清晨按照清单进行采摘，通过制冷处理后，直接配送到会员家中，真正实现了从基地到餐桌的蔬菜直供。

另外，还采取了在高端商超设专柜、集团大客户团购为补充的复合销售模式。目前，益助会员千余人，商超 4 家、团购 15 家，预计年销售收入可达 5 000 万元左右。

授人以渔，传递工匠精神

“现在企业的百十名员工都是益助大家庭中的一员，无论是益助公司还是我个人所获得的荣誉和取得的经济效益都是益助全体员工的！特别是在基地一线辛苦工作的员工。”李新滨说。

“授人以鱼不如授人以渔”，李新滨认为，要让他们在工作中得到锻炼、获得尊重、实现梦想。因此，她非常重视人才的培养，像“办学校一样办企业”。公司积极支持员工在自身业务上的再深造，不仅从时间上支持，更对学有所成的员工给予培训费的报销。益助基地还培养出了自己的生产技术组长、大型机械司机、农用机械维修人员等，使当地的农民除了会种地、会种菜之外，还掌握了一门技术。

由于企业里 50％是女工，所以，李新滨以自身经历告诉身边的女员工：“你们上班不只是为挣钱，更重要的是学习，学好本职业务、学习为人处世，只有这样，你才会更好地成为家庭中的另一半，成为孩子人生路上的良师益友。一个人成不成功，要看你影响了多少人，给予多少人以帮助，得到了多少尊敬和认可。”

人才阶梯式的储备保证了益助能把菜种得更好，企业做得更大、品牌更响！公司先后被国家认定为园艺作物标准园、冬季果菜试验生产基地、优质高效绿色蔬菜生产基地、农产品质量安全标准化示范基地。同时，益助公司还被评为黑龙江省农业产业化重点龙头企业、省著名商标和哈尔滨名牌。

2017年是农业部确定的“农业品牌推进年”，每年的5月10日又是国务院设立的“中国品牌日”。李新滨与她的团队努力抓住这一难得机遇，一如既往地秉承“工匠”精神，坚持做有良心、负责任、回馈社会的德商，让更多消费者吃上安全、放心、健康的高品质蔬菜！

本篇撰稿人：李新滨

人物导读 鲁继新，宁安市新农韭菜专业合作社理事长。合作社成立10年来，已建成全国最大的有机韭菜种植基地。合作社专注于韭菜产业发展，吸纳了1万亩连片耕地，兴建了3 000多亩蔬菜棚室、2 900平方米的加工生产车间，以及专业交易、储存场地，带动渤海镇韭菜步入产业化发展阶段，力争打造成黑龙江省现代农业发展的样板区和东北最大的有机韭菜出口生产基地。

"韭"成金 让农民"钱"途广阔

——黑龙江省/宁安市/鲁继新

4月末，乍暖还寒，与别处热闹起来的备春耕景象不同，阳光下的宁安市渤海镇显得有些平静，但双庙村却别有一番热闹场景，村民们正在合作社韭菜加工车间帮忙检修韭菜切割机器。据宁安市新农韭菜专业合作社理事长鲁继新介绍，现在渤海镇收获的新鲜韭菜经过吹皮净化、切割成段、速冻处理后都被打捆成箱，上面标有统一的名字——"新淇祥"，被存放在冷藏室。而这批优质有机韭菜，将陆续进入韩国市场，每斤价格能达到6元以上。

杨相义是个种菜的"老把式"，从2014年开始，他在土地承包权不变的情况下，把14亩良田流转给了宁安市新农韭菜专业合作社。后来，又与合作社签订收购合同，通过"反租倒包"连片种植韭菜，年底还有销售分红。在村里，像他这样加入韭菜专业合作社的乡亲不在少数。

"反租倒包"，农民当起了"甩手掌柜"

对于双庙村的这种情况，农业专家给起了一个专业的名称——反租倒包。从2008年开始，反租倒包不仅潜移默化地改变着双庙村，还在改变着渤海镇农业种植结构，也给当地韭菜产业化发展注入了新的活力。

对于种植韭菜，渤海镇农民并不陌生，双庙子和西地是传统的蔬菜种植专业村，十年前，由于规模小，四五十户、几百亩地，没有固定的销售渠道，菜农吃了不少苦头。

“靠一家一户的小生产，村民富不起来。”宁安市新农韭菜专业合作社理事长鲁继新，道出了当地菜农的普遍心声。为了改变“菜贱伤农”的怪圈，在渤海镇党委的引导下，在种植户自发组建的韭菜生产协会基础上，新农韭菜专业合作社正式成立，实现了合作社和农户的双赢。对农民来说，在合作社的庇护下，不需再操心种植技术，订单销售有保障，也不需要承担新品种失败以及种了没人收的损失，种植“低成本”、销售“零风险”，是一笔稳赚不赔的买卖。

实践证明，“反租倒包，统一销售”的合作社模式，既解决了渤海镇土地连片、人手、资金问题，保证了相对充裕的市场供应，又保证了同一地区市场价格的相对稳定，避免了杀价烂市的恶性竞争。合作社还实行了二次分红，年终按销售量平均每斤 1 毛钱给社员返还销售环节的利润，入社农户当起了“甩手掌柜”。

从 2014 年开始，看到韭菜种植带来的巨大经济效益，龙泉、白庙子、西地等 10 多个村屯农户也纷纷加入合作社，投身韭菜基地建设。

“近年来，韭菜种植在吉林敦化、哈尔滨呼兰等地，如雨后春笋般‘生根发芽’，基地种植均达到万亩以上，规模均超过渤海镇。”鲁继新说。无论是产量、还是价格，渤海镇都不具备优势，随着土地的连片集中，渤海镇的韭菜产量呈现“几何级”增长态势，但规模的成倍增长也带来了新的问题——韭菜效益到底还有多少潜力可挖。

“内强筋骨”，探索产业化发展之路

据当地菜农介绍，韭菜在精耕细作下成活期能达到 20 年以上。韭菜产量的高低，完全取决于根系储藏养分的多少。菜农们都知道韭菜有“三年养根不动刀”一说。所以说种植韭菜一般前 3 年养根，基本没收益，从第 4 年开始才进入正常收割期。这里有一笔账，收获期一年收获两茬韭菜，每亩产量在 5 000～6 000 斤，亩效益在 1.2 万元左右，是周边种植水稻效益的 4 倍。

如果算上 2017 年，这已经是合作社成立的第 10 个年头，以渤海镇为依托，在东北地区建成全国最大的有机韭菜种植基地。对于合作社的发展，理事长鲁继新充满了自信。鲁继新的自信来源于不断被看好的韭菜市场，更来源于合作社特有的点“韭”成金术：一个是设施农业。智能育苗车间、高标准设施农业、物联网技术应用等突破了传统韭菜三年成才的传统，在保证质量的同时，大大缩短了韭菜成熟时间。另一个是产业化发展方式和精细化管理模式，让耕地倒排工期，合理安排茬口，速冻加工延长了保鲜期，巧打上市时间差，做到上市韭菜只赚不赔。

在鲁继新看来，设施农业解决了靠天吃饭的种植难题，而加工速冻生产线则解决了产品的市场问题。正是这两招点“韭”成金术让这里的农民种植韭菜“钱”途广阔。

西地村韭菜种植户孟祥峰说，以前自己种植的几十垧地，光人工成本每天就要花 1 000 多元。而如今，在韭菜收获的大忙时节，一个电话，一条短信，便能请来合作社购置的韭菜专业收割机，滚滚“铁流”直接将韭菜收割打捆。“以机代人”不仅提高了作业效率，而且降低了用工费用，在合作社迅速成为“香饽饽”。

“种地成本节约一大半，减少支出就是增收，加上冷链加工生产解决了淡季滞销的难题，菜农可多收一茬韭菜，每亩又增收了 2 500 元。”在鲁继新看来，新农韭菜专业合作社的发展离不开精细化管理，而设施化、机械化、工厂化已成为该合作社催动渤海韭菜产业增收致富的新动能。

从 2008 年成立至今，这家专注于韭菜产业发展的农民专业合作社已累计投资 2 000 多万元，吸纳了 1 万亩连片耕地，兴建了 3 000 多亩蔬菜棚室、2 900 平方米的加工生产车间，以及专业交易、储存场地，带动渤海镇韭菜步入产业化发展阶段。

品牌建设，“卖得好”倒逼“种得更好”

“今年春节前后，供应韩国市场的头刀韭菜，价格每斤达到 6 元以上。”鲁继新说，2015 年，一次去韩国购置农机的机遇，让合作社对接上了 CZ 与 NTN 韩国两大韭菜采购商。通过多次交流与考察，合作社韭菜产品的产量与品质，让韩国采购商萌生了合作发展的念头。当年，合作社与他们签订了 2 000 多吨的跨国大单，而韩国市场的实际需求量却远不止于此。

鲁继新说，2017 年合作社又从生产队和附近村屯流转了 4 000 多亩耕地，目前合作社经营的附近可用耕地已经接近饱和。那么，如何提升韭菜的身价和市场竞争力？从多年的市场经验看，合作社把目光瞄向了更为高端的绿色、有机食品市场。

为了达到统一质量要求，合作社强化服务，基地种植的韭菜全部使用生物有机肥。同时，根据韭菜跳跟生产的生理特性，采取年年覆盖熏蒸消毒营养土等措施，解决了年年疏根和防地疽虫害的难题，确保化肥和农药“零”投入。合作社自有品牌“新淇祥”获得了有机认证，在省内、吉林等地的代理商和直销店上架销售，市场销售价格高出同类产品50%以上，深受消费者追捧，甚至出现了同一区域多家竞争代理的局面。

可追溯的有机韭菜不但线下销售火爆，同时在该合作社网站实现了线上销售。老百姓都说，能够吃上“新淇祥”牌韭菜，是一件“高大上”的事。眼下，合作社引进了一批新的韭菜收割机和韭菜清洗设备，做净菜上市，目标是韭菜从超市买回家就能直接包饺子。同时打算做韭菜深加工产品，如韭菜饮料及保健品等。

“合作社还将继续延伸产业链条，开发韭菜产业文化观光及体验旅游项目。”谈到未来渤海韭菜产业的发展方向，鲁继新很有底气地说，下一步，合作社将探索韭菜产业的“接二连三”发展，开发一批现代服务业项目，把渤海镇这个韭菜生产基地提升一个档次，打造成黑龙江省现代农业发展的样板区和东北最大的有机韭菜出口生产基地。

本篇撰稿人：鲁继新

人物导读 金伟丰，男，上海腾达兔业专业合作社理事长。他用心搞养殖，从一间瓦房发展到 15 间标准化兔舍、年出笼兔子 10 万只。为解决养殖污染问题，他种养结合，兔场养殖、蚯蚓肥加工、稻米种植、稻田养鱼养虾，发展高效绿色循环农业。他不断扩展农业领域，打造品牌农业，用心做农业，精心做产品。

用心做农业

——上海市/奉贤区/金伟丰

20 年前的金伟丰，绝对不会想到，自己年少的时候对于农业的喜爱，到现在依旧热情不减。对于他来说，做农业并不是一次突发奇想，而是自己的主动选择。从发展特色养殖到循环农业，再到打造品牌农产品，金伟丰投入其中，乐在其中，也感受到自己肩负的责任，在农业领域他不断打破陈规、完善自己。

全身心投入兔业养殖

金伟丰初中毕业的时候，正巧有个做养殖的机会，他想试试看，却遭到了父亲的强烈反对。老一辈觉得，踏踏实实找个工作才是正经事，做养殖既不体面，也赚不到钱。面对家里的阻挠，哥哥站出来帮他说话，每个人都有自己合适的事情，既然弟弟想搞养殖，那就让他先试试吧。这一试，就一发不可收拾。

金伟丰本就是个执拗的人，做什么事情，就要做到最好。开始养殖后，他便全身心扑到了这个他完全不熟悉的领域，从一知半解开始，学习、实践……加之对于每个细节近乎偏执的苛刻，金伟丰逐渐成为了兔业专家。

金伟丰自行钻研，对兔舍进行了改造，用机器人去喂养兔子、打扫笼舍，并在兔舍中安装了很多摄像头，实时监控。这样一来，兔舍的高度洁净就有了保障。他研发的航空运输专用笼具使得多年来运到日本的5万只兔子中，仅有11只死亡。极低的死亡率征服了客户和海关，证明了中国养殖户的能力，也为他赢得了尊重。也正是这份精益求精的匠人精神和高标准的兔源质量，让腾达兔业就此走出了农村、走出了国门。只要是腾达的兔子，非但客户免检，连海关隔离期都可以减半，准许放行。

在兔场规模逐渐扩大的过程中，金伟丰始终坚持高度集成化。到现在，他的基地也仅有16个正式员工，虽然人少，却个个精干。金伟丰自己培养的这支年轻的一线队伍，能养兔子、能开农机，都是多面手。在他看来，这些“复合型人才”才是自己基地最珍贵的财富。

从一间破瓦房开始，如今金伟丰已经拥有15栋标准化兔舍，其中包括种兔房、试验隔离兔舍，共有15 000多个笼位，每年出笼兔子10万只。“我成长在这里，觉得自己有能力的时候，要为周边的乡亲们做点什么。”他单纯地觉得自己对于这里的土地有一份责任，除了自己养殖，他也带动了周边农户养兔，年销5万只。

种养结合发展高效循环农业

可金伟丰想做的，远远不止这些。

兔场所产生的兔粪、废水，被配套修建的污水处理系统处理达标之后，本可以排放，可金伟丰还是放不下心来，“我们这里环境特殊，紧靠着黄浦江。我从小在这里长大，对一草一木都有感情，现在既然做了农业，就要踏踏实实把土地养好”。

废水到底何去何从？正当他困惑不已的时候，金伟丰恰好参加了奉贤区农委举办的新型职业农民培训班。在这个平台上，他认识了许许多多和他一样用心做农业的人。通过专家的授课和学员的交流，金伟丰接收到了全新的观点，他立马决定通过种养结合解决这个问题。

他开辟了一大块田地，试种水稻，用150亩水稻田作为兔场的人工湿地，深度处理兔场废水，结果不但出水水质良好，庄稼也长得格外好。初步尝试获得成功，他逐渐把种植面积扩大到400亩，并听取了种植专家的建议，用兔粪养蚯蚓，深度发酵之后，再把蚯蚓肥施用在稻田里。正是一份做良心农业的承诺，让金伟丰种出了好大米。面对这项全新的事业，金伟丰也拿出了他养兔一样的钻研精神，拖拉机10部、穴播机 2 部、收割机 1 台……农机都是择优购买，烘干机房使用热风系统干燥，使得米质尽可能少受燃料污染影响。农忙的时候，金伟丰也主动把自己的农机设备借给周围的乡亲，尽自己所能帮助他们。

“种地不是越多越好，我就是想把这一块地做好，产品都做精做细。好不容易种出来的优质大米，我不想为了节约一点点的加工成本，而使它们的品质被埋没了。我们的稻谷从地里一收上来，便能制成商品米，规避了许多传统农业中露天晾晒、反复运输所带来的污染风险。”稻田收获以后，一部分的秸秆被加工成优质饲料，源源不断地反哺兔场，使得金伟丰的兔场一定程度上摆脱了传统养殖业对大量基础资源的依赖和消耗。

兔场养殖、蚯蚓肥加工、稻米种植，每一个环节优质高效又环环紧扣，稻田里还养鱼、养虾、养鸭，整个基地俨然是一个高效运作的绿色循环农业的范本。

精心做产品打造农业品牌

金伟丰笑着说，做农业是他的兴趣，更是使命。庄行的农产品价廉质优，却没有打出品牌，他一直觉得十分遗憾，“既然没有人愿意做，那就我来做。”庄行的羊肉，上海驰名，可是本地羊养殖成本高、数量少，当地老百姓没有真正享受到品牌的好处。金伟丰开始用养实验血清用兔的方法养羊，吃过他家羊肉的人，都说找到了小时候羊肉的味道。

金伟丰筹建养羊基地、申请屠宰许可、承包菜场摊位，也向乡亲们承诺，只要是好的羊肉，都可以在他这里屠宰、售卖，他来建品牌，做渠道，帮助乡亲们销售。

羊肉摊开业的第一天，就得到了市民们的追捧。说到底，用心做的农产品，都能用心品味出其中的不同，不需要广告就能收获一大批支持者。羊肉摊上，还寄售着金伟丰和周边农户辛辛苦苦种出的优质大米。往常，这些农产品因为没有销路、没有规模、没有平台，常常会被人忽略，默默无名。酒香也怕巷子深，金伟丰不计成本，就是固执地想要把它们展现给市民们看看：“我们自己种的大米，养的羊肉，这么香这么好，我们奉贤的农产品也能作出精品，作出名声”。

做农业很苦，农忙的时候，金伟丰每天天不亮就要去地里，与工人们一同工作，他在这片土地上投入的不仅是 20 年的汗水，更是对于这片土地最深沉的眷恋。金伟丰认为，自己还能够做得更好，能为这片土地做的还有更多。

做用心的农业，前期投入很多很多，后期的精力也很多很多。“如果想要赚快钱，那就不要选择农业。”农业是一份细水长流的事业，是一句对于脚下土地的承诺。金伟丰用心做农业，精心做产品，细心养土地，而这片土地也同样地温柔回馈于他。

金伟丰很清楚只有发挥出自己的特长，并把观光旅游和有机农产品结合起来，才能把关于土地的故事传播得更远。如今，心里的每一步计划，都在他的农业基地上有条不紊地进行着。“我把大米起名为群超，就是希望更多人加入我们，超越自己。家乡的每一寸土地，都等待着我们新一代农民去激活，注入新的活力。”

本篇撰稿人：上海市奉贤区农业委员会　朱诗逸

人物导读 李琳，女，上海昊禹果蔬种植合作社理事长。她放弃从事7年的小学教师工作，返乡创业务农。她帮助家人打造“古月胡”稻米品牌，实现销售收入过百万元。她流转土地创办合作社，种出高品质的西瓜销往全国，帮助周边农户解决卖难问题。她本色出演微电影《归巢》的女主角，演绎务农创业之路。她身体力行告诉更多有文化、有抱负、有能力的年轻人，农业是有奔头的产业，农民是体面的职业。

85后辣妈“弃文从农”寻梦记

——上海市/金山区/李琳

说起农民，可能很多人还是老印象：脸朝黄土背朝天、靠天吃饭挣钱辛苦。不过，随着社会的进步，市场经济的发展，越来越多有文化的青年人返乡“创业”，在农村这块广阔的热土上实现自己的梦想。

在上海市漕泾有一位85后辣妈李琳，从辛勤耕耘七尺讲台的教师到开荒种田扎根大地的农民，她勇敢作出选择，演绎了一个“弃文从农”的故事。她说，人生倘若有下辈子，我还想再当一个现代农民，情愿放弃人人羡慕的城市生活而回到农村奋斗。

梦　起

2007年大学毕业后，李琳在当地一所小学当起了教师，在神圣的七尺教坛上开始了她七年的教师生涯。能够在市区当老师，在家乡人眼里是要地位有地位，要学问有学问，令人“高山仰止，景行行止”。7年之间，她结婚怀孕生子，在平静的生活里过着安逸的小日子。

然而，家庭的变故让她的浪漫思想被彻底打破了。母亲在一次体检中查出了重病，不久婆婆在意外事故中去世。孩子谁照顾？家庭的重担谁来挑？一种朦朦胧胧的感觉在她身上滋生着：“我念了这么多年的书，生活还这么艰辛，再也不能这样活下去!”她意识到，人活一世，草木一秋，要活出个自由，要活出个自我，才是人生终极目的。

在新闻中听到国家大力鼓励大学生回乡创业，从小在田野间奔跑的那种自然舒适的感觉萦绕在心头，李琳毅然决定告别讲台，像鱼一样游向蓝色的大海，回家乡搞农业，她要留在家乡，留在家人的身边。

当她和家人说起这一想法时，家人都强烈反对。家里人觉得：一个女孩在市区轻松上班多好，为什么要回来搞农业，且农业投入大、回收慢、风险大，也太辛苦了。即使家人反对，但她初衷不改，开始了她的寻梦之旅。

2014 年，李琳走上了她的农创之路，意料之外却又情理之中。本是农家女，心有土地结。李琳从小在漕泾水库村长大，小时候就跟随家人下地干活，是个土生土长的农村女孩，继承了父辈吃苦耐劳的优良传统。而她的公公也是金山有名的种粮大户，承包了 1 000 多亩的稻田，是一家合作社的负责人。因为她有心从农，辞职之后，平日经常帮着公公忙前忙后，趁机在农场实地学习。她的家庭渊源让她从教师到职业农场主的职业经历就显得一切在情理之中了。

筑　梦

2015 年，李琳参加了上海市举办的新型职业农民培训班，更加坚定了她扎根农村、奋斗农业的决心。在培训班里，她结交到很多志同道合的同龄人，学到了很多专业知识，开阔了视野。

如何把培训班学习到的商业模式融入到农产品销售中去?第一次课程回去，李琳就运用所学商业模式帮助公公从一产深入到二产，并结合家庭姓氏和产品特色注册“谷月胡”品牌，主打胚芽米，并取名为“一颗会呼吸的大米”。没想到第一年销售额就超过了百万元，这让她更加有信心在农创路上走下去。随后，她又开始跟培训班做种业的同学研究，什么样的大米品种在经过零度保鲜仓库保存后，它的口感在第二年的五六月还能一如既往的好。经过了讨论研究试验，终于找到了新品种，并成功种植保存，现在“谷月胡”大米能一年四季销售，口感还相当的好。

圆　梦

随着农创事业的成功发展，李琳的名声在家乡农业行业中开始越来越响。她深知，个人和事业的成功来自社会，来自家乡与土地，也同样要回报社会，回报家乡与土地。2016 年，李琳回到自己的村里又承包了 120 亩地，成立了上海昊禹果蔬种植专业合作社，同年完成了“禹果园”的商标注册。

以爱之名，将农业进行到底。她说昊禹是儿子的名字，当时取名禹就是希望儿子能像大禹一样聪敏、勇敢、坚定，就如同做农业一样也需要这样的精神。之所以要创办禹果园是因为儿子特别爱吃水果，想着自家反正有地有工人，何不尝试给儿子种他爱吃的水果。所以，禹果园主打的就是儿子爱吃的西瓜，在金山最有名的西瓜就是“金山小皇冠”。她为了能种出品质优良的西瓜，天天捧着茶杯去拜访“金山种瓜大王”蔡金龙老先生，最后蔡老终于被这个犟姑娘给感动了，答应来给禹果园做种植顾问。

在大家的努力下，禹果园第一年的西瓜终于丰收了，不仅品相好，品质更好，连蔡老先生都夸说不容易。品质有了，李琳又开始在销售上想起了办法，看着瓜棚里装箱留下的大瓜，她想到了论个卖西瓜，而且这种销售方法只在微店运用。短短五天时间，地里留下的大西瓜统统卖了出去。除了这种销售方法，她还在包装上动起了脑子，因为她说好多客人都说小皇冠好吃，可是运输实在太困难，小皇冠可是出了名的脆。2017 年她跟唐科包装反复研究试验，终于找到了气柱体包装，第一个订单就是发往河南省濮阳市的，客人定了 10 箱，经过两天两夜终于到了客户手里，竟然一个都没破。接着她就把只发江浙沪取消了，2017 年，她的西瓜能发到全国，她说只要打开了销售之路，那么就能带动周边有销售困难的农户一起销售了。在农创路上，无疑，李琳是用心的、有想法的。

如今她的果园在漕泾也是搞得有声有色，李琳希望能有更多的年轻人到她的农场来体验生活，了解农业、爱上农业、投身农业！她本色出演了漕泾本地微电影《归巢》的女主角，演绎了她的农创之路。微电影一上映，家乡人一下就认出了这个“放下铁饭碗，捧上泥饭碗”的“疯”丫头。微电影的传播，李琳的理念也在逐渐影响着许多当地青年的择业观念。过去，年轻人宁肯打工都不肯当农民，许多青年为了脱离不当农民，拼命考大学，毕业后都想找一份轻松、体面、工资又高的工作。李琳农创事业的成功为当代大学生的择业观提供了很好的借鉴。

正如李琳所言：一个人的价值，不取决于他所处的位置，而取决于他努力的方向。总的来说，创业是艰苦的，坚持和毅力是创业成功必不可少的重要因素，只要一直朝着目标努力奋斗，就一定能实现梦想。李琳深知只有在自己土生土长的这片热土上才会有所作为，才能实现自己的人生价值。她也期待更多有文化、有抱负、有能力的年轻人回归农村创业，为家乡建设添砖加瓦的同时自身也走上发家致富的道路。只有这样，农业才能称得上是有奔头的产业，农民才能成为体面的职业。

“当一个现代农民自由自在，得利也得意。倘若人生有下辈子，我还要当一个农民呢……”这是李琳的心里话。

本篇撰稿人：上海市金山区漕泾镇文广中心　龚　兰

人物导读 董晓英，女，上海森洋果蔬农业合作社董事长。她辞去高速公路收费员的工作，从种植能手的父母手中接管流转的土地，创办“上海森洋果蔬专业合作社”。她动员丈夫也回家务农，夫妻二人探索农业规模化、标准化种植的家庭农场，坚定依靠农业科技，积极转变农业生产方式，提高生产效率，走上致富道路。森洋合作社已形成“合作社＋家庭农场”的发展模式，是上海市“示范家庭农场”、浦东新区达标合作社。

开启现代版“男耕女种”的女当家

——上海市/浦东新区/董晓英

她是地地道道的本地农家姑娘，身上既传承了老一代农民勤劳朴实的传统，又由于生逢浦东发展现代都市农业的大时代，浸润着科技农业的浪潮，她具有“新型职业农民”特有的睿智和开朗。在家庭农场里，她和丈夫运用农业科技，改变传统生产方式、提高生产效率，幸福地“男耕女种”。她就是上海森洋果蔬农业合作社董事长董晓英。

转变农业生产方式，走上现代版“男耕女种”致富路

整齐划一的标准化种植大棚一望无际；两边种植着景观树的水泥路笔直平坦；大棚内，一畦畦嫩绿的马兰头菜苗长势喜人，还有那青翠的花菜含苞待放……数九寒冬，在董晓英位于泥城镇公平 8 组的家庭农场里，洋溢的却是暖暖的春意。

又是一个丰收年。在董晓英经营的家庭农场里，除了 80 亩标准大棚，常年种植马兰头、花菜、芹菜等上海市民喜欢的日常蔬菜品种以外，还有 160 亩水稻田，主要种植国家粮食储备的常规稻，同时，也种植“南粳 46”、清香米等定位中高端市场、经济效益好的优质杂交稻。

值得一提的是，与浦东存在严重的土地碎片化现象相比，董晓英家

庭农场的土地广阔平整、连成一片。这不能不提到她的父母——一辈子从没有离开过土地的“农一代”夫妻打下的良好基础。“泥城素有种植经济作物的农业传统。常年务农、吃苦耐劳的父母最早在村里承包土地种植西甜瓜，是当地有名的种植能手。”她介绍说。

2010年前后，浦东农民合作社开始蓬勃发展。在与父母商议之后，董晓英辞掉了在高速公路收费站的工作，回家接父母的班，做起了“农二代”——从村里流转了230多亩土地，创办“上海淼洋果蔬专业合作社”。两年后，董晓英的丈夫在她的动员下也回家务农，由此开启夫妻二人探索农业规模化、标准化种植，现代版“男耕女种”的家庭农场致富路。

目前，淼洋合作社已形成“合作社＋家庭农场”的发展模式，带动农户80多户，是上海市“示范家庭农场”、浦东新区达标合作社。在政府农业专项资金的扶持下，通过技术改造建起了“水肥一体化灌溉”系统——由一个中心泵站和各个大棚管道相连，统一实现定时、定量的水分、肥料、农药自动浇灌和喷散，不仅节约劳动力，而且实现了大棚生产的集约化、自动化。

此外，淼洋合作社还建立起了一整套标准化的生产体系，致力于打造无公害蔬菜瓜果的“自由采摘农场”，是浦东新区达标合作社、上海市“示范家庭农场”。“这还得依靠国家农业政策好，使我们坚信现代农业的未来道路会越来越好、越走越宽。”董晓英激动地说。

“农二代”从头学起，提高农产品品质闯出销路

回首一路走来的农业创业路，董晓英这位身上流淌着老一代农民吃苦耐劳、朴实敦厚基因的“农民的女儿”“农二代”，没少洒汗水、流泪水、付出自己的心血。

“尽管我是地地道道的农村姑娘，从没离开过土地，可‘80后’的我却只看过父母种植，没有农业种植的实际操作经验”，董晓英介绍说，“然而，对农村、对土地与生俱来的感情使我下定了决心，既然选择回归农业就不怕任何困难，做好一名现代农业的新农民。”

“从头学起，说干就干”。董晓英给自己定制了严格的农事生产日程：每天早上5点必须到田头，亲自参与西甜瓜的育苗、除草、施肥、采摘等各个劳作环节。同时，她自学相关书籍，提高现代种植水平，积

极参加各类西甜瓜种植培训……“功夫不负有心人”，渐渐地，她不仅掌握了西甜瓜的种植技术，还“理论与实践相结合”，将学到的科技知识巧妙应用到实际生产中。为此，她家种出的西甜瓜不仅在浦东新区“优质瓜果评比活动”中多次获得好成绩，而且亩产值也由原来的1.5万元增加到2万元，纯利润在3 500元以上。

“单一、传统的农业种植已经满足不了城市居民追求健康、品质生活的需求。”为此，已经是“种植能手”“科技示范户”的董晓英，围绕农业供给侧改革，积极调整品种结构，不断提高农产品品质，打造无公害蔬菜瓜果品牌。

2011年初，董晓英开始尝试马兰头种植。“之所以选择马兰头，首先它是上海市民菜篮子的常客；其次，它易于种植，适应性广。尽管种植马兰头费人工，但好在市场反响不错，常常供不应求。但与往年相比，今年由于天气暖、种植户多、产量大，市场销售有些慢，价格也比往年低不少。”

如何丰产又丰收？农产品销售渠道依然是困扰董晓英发展家庭农场的大问题。

做类似企业、单位食堂菜蔬供应商这样的订单式生产不失为一个不错的途径，不仅可以根据客户需要来确定种植蔬菜的品种，而且还能固定销售渠道、降低市场风险，专心搞好生产环节，提高农产品品质。“刚谈妥了一家，未来这将是我们努力开拓销售渠道的方向。”董晓英介绍说。

如何找到大的客户？又如何让客户放心、愿意给你订单？关键要看家庭农场管理是否标准化、规范化，是否能确保产品品质，更关键的还要看作为经营管理者的农场主是否“靠谱”。正是基于对食品安全、市场品质要求的清醒认识，董晓英夫妻始终坚持每一个农业生产环节都亲力亲为，确保“不掉链”。

“金碑银碑不如口碑。”“由于农场刚起步，知道、了解的人还不多。下一步，我还是先面向大众、扎实做农业：种植大众化消费的蔬菜品种，继续发挥西甜瓜的种植优势，确保品质、打响品牌、夯实基础。”董晓英夫妻对未来的发展规划有着清晰、明确的共识。

农业创业路上，新型职业农民不孤单

身处上海发展现代都市农业的时代潮流，董晓英在生产实践中日益认识到，光有“农一代”吃苦勤奋的干劲还不够，还需要现代农业科技知识、畅通的市场信息渠道。因此，她在繁忙的工作之余不忘“充电”，积极参加各类农业技术培训班。

2014 年，董晓英报名参加了浦东农广校举办的“新型职业农民培训班”。“上课的都是一些农业领域的‘老法师’、老领导，他们的宝贵经验和现身说法，给了我很多的启发。我对现代农业生产经营，对如何做一名新型职业农民有了更全面的了解；同时，还结识了很多志同道合的好朋友，开阔了眼界、增长了见识。”两年多过去了，至今她仍感触良多。

“榜样的力量是无穷的。”在董晓英心目中，同在泥城镇，与森洋合作社相隔不远的上海“红刚”青扁豆生产专业合作社总经理，有“扁豆姑娘”之称的王黎娜，就是她心目中的好榜样。

“同是‘80 后’的‘农二代’、新型职业农民，我要学习她不留恋城市舒适的工作、生活环境，扎根土地，立志把现代农业事业发扬光大，带领大家共同致富的高尚情怀。不断学习，用农业科技知识创造未来，实现自己的人生价值。”董晓英激动地说。

“以前，我们只知道埋头苦干，比较闭塞。现在，发现有那么多同样奋斗在现代农业创业路上的‘农二代’相伴，感觉不再孤单。不仅对家庭农场未来的发展有了更清晰、长远的规划，而且对美好的明天充满了信心。”董晓英表示。

“接下来，我将在专家指导下，运用农业科学技术修复大棚土壤板结化”，董晓英介绍。由于大棚灌溉的土壤表层比较浅，久而久之，30 厘米以下的土壤一般都存在板结化的问题。土壤损害不仅不利于农作物生长，影响产量、品质，而且也不符合现代农业生态环保可持续发展理念。

董晓英，一位处在“创新、创业”新时代的新型职业农民，不仅将土地视作母亲，满怀感恩的情怀，牢记和传承老一辈农民勤劳朴实、乐于奉献、吃苦耐劳的传统美德，同时，与时俱进，坚定地走农业科技道路，积极转变农业方式，提高生产效率，谱写出浦东家庭农场现代版“男耕女种”的新篇章。

本篇撰稿人：上海市浦东时报记者　何维华

人物导读 乔占，85后，上海市浦东新区书院镇余姚村人，他辞去建造师的高薪工作，返乡务农发展成远近闻名的“马兰头大王”。他创新种植模式，提升马兰头产量和品质，大幅提高马兰头亩均产值；他带动周边农户种植马兰头，带领他们抱团闯市场，如今他们的马兰头在上海的市场占有率达到90%以上，江浙两省在80%左右。

敢于挑战的“马兰头大王”

——上海市/浦东新区/乔占

谁也不曾想到，一名构筑高楼大厦的建造师，从事农业不过数年，就成了远近闻名的“马兰头大王”。他种植的64亩马兰头获得了成功，原本亩产值只有6 000多元一下子提升到了2万多元。在他的带动下，170余户农户种植了马兰头4 000多亩，他们的马兰头在上海市场的占有率达到90%以上，江浙两省占有率在80%左右。

他，就是出生在上海浦东新区书院镇余姚村的乔占，一位不怕困难、敢于挑战的新型职业农民。

返乡创业，创新种植模式提升马兰头产量和品质

作为85后的乔占，2006年大专毕业后一直供职于一家建筑企业担任项目经理。之前，乔占始终认为种地是简单但非常辛苦的事，从心里他愿意把种地当做职业。2012年10月书院镇开始大规模土地流转，乔占在其父亲的引导下辞去了高薪的工作，回到村里跟父亲认真做起了新一代的农民。

有了父亲几十年的种地经验，乔占似乎也有了底气，在父亲的鼓励下，他一下子向村里申请了94亩土地，分别种植64亩马兰头和30亩西甜瓜，并轮茬种植水稻30亩；同时成立了上海庭娆果蔬专业合作社，

注册了“庭娆”牌商标。他还东拼西凑借钱投资了100多万元，新建大棚，购买拖拉机、马兰头收获机等40多台农业生产机械设备。

这时候的乔占，就像一个真正的农民考虑了很多，一来自己的父母年纪也大了，要为父母分担一些压力；二来听父亲说现在种田收益也不错，对农业事业充满了憧憬；第三也希望自己能干一番事业，而这种规模化的现代农业生产无疑是一个创业的好机会。于是，乔占彻底放弃了原有工作走进了农田。

俗话说隔行如隔山，原本以为种地就是挥挥锄头施施肥，乔占接触后才发现问题接踵而来，种地并非是想象中那么简单。

说起创业历程，乔占清晰地记得在2012年的时候，当时马兰头蔬菜没像现在这么多，而且都是露天种植的，一年只有春季收一茬。敢于接受新型种植模式的乔占，把马兰头移栽至大棚种植，原本也只希望提早一点销售和能让马兰头安全过冬，没想到移栽到大棚的马兰头竟然在冬天也能生长，这让原本亩产值只有6 000多元的马兰头一下子提升到了2万多元。当时的乔占欣喜若狂，第二年就把所有的土地盖上简易的大棚移栽了马兰头。接着，乔占就在如何能提高马兰头的产量及品质上做文章。他在河边、田野、路边不断寻找高产并适合大棚种植的马兰头，终于在几十种品种中找到了如今个头大、叶面肥厚的马兰头。试种取得成功，乔占就把种植技术和种苗推荐给了当地的村民。几年来，余姚村附近越来越多的农户。学习乔占的方法，利用这种模式把原本属于野菜的马兰头蔬菜种植在大棚中，获取了不错的经济收入，而乔占的种地能手名声也迅速传播开来。

勇闯市场，打开马兰头销售门路抢占江浙沪市场

乔占流转承包的土地从原有的几十亩增加到了几百亩，管理难度又增加了，如生产操作技术明显不够用、资金短缺等，当时家里花费的100多万元的投资，对于农村人来说是一笔不小的投入。还有农产品销售渠道不畅，成为乔占面前最大的难题。但困难没有吓倒乔占，反而激发起了他的挑战欲望。乔占一方面通过网络发布马兰头销售消息，另一方面走访江浙沪各大卖场、超市及农产品批发市场寻找销路。功夫不负有心人，通过不断地联系，再加上乔占生产的马兰头比市场上的品质要好又有稳定的产量，渐渐得到了市场的认可。

现在，乔占已经成了当地有名的马兰头大王了，跟在乔占后面的马兰头种植户也越来越多，在乔占家庭农场及合作社的带动下共有170余户农户，共计种植马兰头4 000多亩，涉及4个镇。常年到余姚村收购马兰头的经销商及各大超市订单也越来越多，余姚村的马兰头在长三角一带也小有名气了。在上海市场的占有率达90%以上，江浙两省占有率在80%左右。

作为马兰头种植大户的乔占，充分发挥领头羊的作用，在生产资料的采购和农产品销售上采取组织农户联动协作，不仅降低了采购成本，而且在销售中占据了一定地位。现在只要有商贩进入书院地区采购马兰头，当地农户基本上都等乔占同商贩谈好价格之后一起销售。

精深加工延伸产业链条，提供技术指导带富一方百姓

2014年的9月，乔占获得了浦东新区第一家家庭农场的认定证书——浦东新区书院镇乔占家庭农场。2015年7月，乔占正式创建了马兰头特色基地，新建了标准大棚、智能化设施及基础设施等。

马兰头的生产规模扩大了，但冬、春两季马兰头的收获产量较低，马兰头的销售稳定价格也高。然而到了四五月份马兰头进入了生产旺季，价格大幅下降甚至滞销。在2016年由农业部组织的上海青年农场主培训班上，乔占得到了灵感。于是，他从远景规划考虑购买了马兰头烘干流水线，制作马兰头干；在培训班后通过深加工推出了马兰头菜品及点心——即食马兰头、马兰头汤圆、马兰头青团、马兰头粽子等。培训班上的同学也帮乔占出谋划策，于是乔占的马兰头青团、马兰头粽子卖得非常红火，成了网红产品，订单源源不断，日夜加班，成了许多媒体、网站争相报道的对象。

现在马兰头成了余姚村的特色产业，来自各大超市卖场及商贩的订单也越来越多，要采购时必须提前预约。“余姚村的马兰头一眼就能认出来，这有什么特殊的记号?”个头大、叶片厚、颜色深、卖相好，不易发黄——这是采购商们的一致评价。

马兰头是一次种植、多年多茬连续采收的作物，不过乔占自我要求很高。马兰头是浅根作物，因此，农场里面实行每年轮茬，种植水稻或西甜瓜、玉米等，通过深根作物来充分吸收肥料，起到土壤养分平衡的作用。虽然马兰头是多年生作物，但人工种植后，一年之后最好全部换

掉，重新扦插马兰头的根茎，才能保证第二年的产品质量；水肥管理得当，才能减少病虫害，使之“身强体壮”。

随着乔占家庭农场的成功运作，吸引了越来越多的本村富余劳动力，甚至是外镇富余劳动力来到合作社务农，最多时可达到70多人。

为了掌握更多的现代农业耕作技术、经营管理技术，也为了乔占家庭农场的荣誉，乔占报名参加了浦东新区新型职业农民培训，进一步拓宽了对现代农业的认识，提高了市场营销能力。乔占也坚信：随着管理水平的不断提高，先进经验的不断学习应用，乔占家庭农场的发展前景将越来越美好。

作为一名家庭农场主和新型职业农民，乔占表示，在今后家庭农场逐步壮大的过程中，要向父亲那样不断学习、潜心研究和推广实用技术，寻找致富真经。更要发挥典型带头作用，形成示范标杆，要为农户提供统一的技术，积极指导和帮助农民群众，带富一方百姓。

本篇撰稿人：上海市庭娆果蔬专业合作社　康　佳

人物导读 倪林娟，女，上海享农果蔬专业合作社理事长。她放弃外企工作，回到崇明岛流转土地发展农业，带动周边农户种西红柿致富。她推崇“CSA”模式（社区支持农业），发展农业旅游。她利用电商平台打造“妈妈的田头菜”，吸引大量农村残疾人就业。她发展农村民宿养老，让更多城里老人享受到自然生态。享农果蔬专业合作社成为上海市级示范合作社、上海市级蔬菜标准园、上海市农民田间学校。倪林娟也是田间学校的校长，她的田间学校培养了200多名残疾学员。

让更多人享受农业的快乐

——上海市/崇明区/倪林娟

从对农业一窍不通，到用创新思维经营农业，上海享农果蔬专业合作社的创始人倪林娟说，正如“享农”名字的寓意，希望能够让更多的人享受和分享农业的快乐。倪林娟始终在践行着自己的初衷，用爱经营农业，让农业成为一个承载和传承爱的事业。

返乡创业，社区直销打开销售门路

倪林娟是一个地地道道农民的孩子，也是村里第一个考上大学的孩子。2001年，她从上海东华大学服装设计系毕业，顺利留在了市区的外企工作。然而，2010年她却跨界进入了农业，最初的原因很简单，她只是想给自己的孩子和更多的孩子们一份舌尖上的安全。她看到了国家非常重视农业，认定这就是一个商机，毅然决然地决定返乡，回到崇明岛流转土地，组建合作社取名“享农”，她希望能够享受和分享农业的快乐。

倪林娟觉得自己是快乐的，可是家人却是反对的：好不容易跳出农村怎么又回来了？做农业太辛苦也不体面。开始因为倪林娟是农业的门外汉，不懂茬口的安排，人家种青菜她也跟着种青菜，农产品滞销了。

正好这年倪林娟参加上海新型职业农民培训，在老师们的指导和同学们探讨后，她思路大变。她尝试进入上海的高档社区进行基地直供，主打从田间到餐桌的理念。她冲在第一线，称重、收钱，还把锅直接支在了现场，教大家崇明菜的搭配方法、营养价值以及食品安全等。没想到，这样的销售方式非常受大家的追捧，连周边的小饭店都来社区采购了。到目前一共有 20 个直供点，社区直销不仅解决了“享农”的滞销问题，还在社区直销中连续三年创下了每年 400 多万元的销售额。

通过几轮新型职业农民和两年的青年农场主培训，特别是参加农业部的青年农场主高级研修后，倪林娟总说她收获最大的是创新了观念，她运用培训中学到的商业模式对基地梳理、创新、设计，用爱心贯穿运营、管理、销售的模式。“享农”是上海为数不多有西红柿绿色认证的，主打小时候的西红柿味道，全年 27 个西红柿品种，12 种颜色，就一个西红柿的单品类在 2016 年就创下了 1 000 万元的销售额，占了总销售额 2 000 万元的 50%。倪林娟带动了崇明岛上其他的合作社一起种植西红柿，她也带动周边 435 个农户增收，给他们订单、教他们技术、帮她们销售，进行着产前、产中、产后的服务。

打造“妈妈的田头菜”，帮助农村残疾人就业

从事农业几年的倪林娟一直困惑的是劳动力空心化、人才留不住，她尝试了很多方法，直到她发现了一个特殊的人群能和农业碰撞出火花来。于是，倪林娟组建了自己的电商平台（www.17guoshu.com），主打从田间到餐桌。这是由一群特殊的孩子们在用心地服务于大家，他们都是身残志不残的大学生，农产品的摄影、美编、售后、包装、物流等整个运营环节都是由他们独立完成。他们非常珍惜工作岗位，在农业中体面地工作着。在这样线上线下的销售模式中，“享农”遇到越来越多的私人订制，倪林娟主打“妈妈的田头菜”，“F2F”的模式（由农户到家庭的模式）闪亮登场。倪林娟通过残联找到农村想创收增收的残疾人家庭，由他们拿出自留地装上摄像头变成“可视农业”，对接享农电商平台的终端，让个人和单位对接后台看得到“妈妈的田头菜”的生长情况，我们把此项目堪称“一米菜园”。目前已经有很多人在排队等待中，有的等待“一米菜园”的认种认养，有的直接是办的季卡和年卡，是

“一米菜园”中菜的宅配。

以会员制消费为基础，然而这种“点对点”的营销模式对于物流配送能力有着很高的要求，大多时候倪林娟选择“黑猫宅急便”进行配送，批量集中时也自建物流实施配送。然而实践显示，两种方式所产生的配送费用都不低。于是通过一整年的努力，倪林娟在崇明引进了中国邮政 EMS 生鲜速递，倪林娟的享农合作社拿到了中国邮政 EMS 生鲜速递的崇明区域代理权。在“享农”设立中国邮政 EMS 生鲜速递分部，享农可以承接和服务崇明岛上的其他农业企业的冷链业务，这样的授权管理经营模式是作为央企的邮政 EMS 生鲜速递首次和民企合作。全程冷链配送的邮政 EMS 生鲜速递拥有服务三农的决心和亲民的价格，目前的配送价格是原有的配送价格的 30%～50%，光这一项成本按 2016 年的配送成本计算就让倪林娟省了 36 万元。随着近日中国邮政 EMS 生鲜冷链宅配服务在享农的启动试运营，崇明农业宅配的发展或将迎来春天。

发展民宿养老，让更多老人享受到田园生态

2017 年，朋友的一句“好想住在农村”让倪林娟有了做民宿的计划。倪林娟主要选择已经参加“一米菜园”项目的农村残疾家庭或空置的房屋 20 栋，每栋有 6 个房间总共 120 个房间，房间命名部分为古老的二十四节气，部分是消逝的本地地名。百步之内有菜园、厨房、拾房书院、茶室等生活配套。她用废弃的树枝插花、秸秆作画也是一种野趣，变废为宝、低碳生活更是一种情怀。

当倪林娟在社区推广时，有个老人告诉她想要田园养老，不由让她想到，这正好解决了民宿周末太挤、平时太闲的空白，还解决了都市养老机构一床难求的尴尬。倪林娟主打原舍民宿养老，以乡土生活、度假养老，让老龄化城市中老人享受长寿岛自然生态的生活方式。“民宿养老”又带动 100 人的残疾人士就业，既提高残疾人士收入，又解决了社会的不稳定因素。

倪林娟还推崇的“CSA”模式（社区支持农业）让个人和家庭在田园中回归自然课堂，感受农耕文化的种种。让单位和团队在田园拓展中增加凝聚力，感受田园比拼的快乐。不仅让她琢磨起怎样用轻资产打造农业商业化、商业田园化，如今的享农每年要接待 2 万人次的农业旅

游，创下近 500 万元的销售额。

“享农”从最初自有的几十亩地到如今的上千亩地，成为上海市级示范合作社，上海市级蔬菜标准园，上海市、区两级农委的实训基地，崇明区残联的实训基地。“享农”也是上海市农民田间学校，倪林娟是田间学校的校长，她的田间学校培养了 200 多名残疾学员，学习的是农残检测、田间档案记载、信息上传、库存进销存，考试合格后已经输送到各个合作社就业 135 人。在 2015 年，倪林娟被提名“上海十大杰出青年”，她说她为自己是农民而骄傲！

倪林娟在用爱经营农业，也用爱诠释“生活、生产、生态、生命科学”四生模式共荣共存。她说，“享农”想让大家知道：“享农”在传承爱，“享农”在一心打造农业“心”坐标。

本篇撰稿人：上海市享农果蔬专业合作社　朱伟峰

人物导读 陈洋成，男，47岁，阜宁县沟墩镇雪泉村三组人。他相信科技，依靠科学种田，成立洋成农机服务专业合作社，带动雪泉村实现稻麦机械化。他成立洋成家庭农场，埋头苦干走上致富道路。他不仅自己发家致富，更是积极带动全村人一起致富。

科学种田“指土成金”

——江苏省/阜宁县/陈洋成

虽然只有高中文化程度，但是依靠科技种田致富的信念从没有动摇过，他最终通过科学种植、规模经营成为周边有名的“种田状元”。他就是江苏省阜宁县新型职业农民陈洋成。

埋头苦干铺富路

陈洋成今年47岁，阜宁县沟墩镇雪泉村三组人。虽然只有高中文化程度，但他一直热爱科技、相信科学，总想依靠科学生产实现增收致富。

2005年，陈洋成承包村里40亩低洼鱼塘，从事水产养殖。由于不懂技术加之土壤、水质、销售等原因，连年亏损，3年亏损30万元。但他并没有被失败打垮，而是继续埋头苦干。2008年，在镇村组织的鼓励和扶持下，陈洋成将水塘平整为可种植的良田，开始种粮食，当时就花血本，用7万多元钱购买了东方红754大型拖拉机，做起了农机手。高科技的种田技术用在了传统的农业上，得到了很好的效果。

陈洋成尝到了农机耕作的甜头后，2009年开始在雪泉村搞起水稻机插秧。当时，农民种田的思想还比较传统，大多数农户还在人工插秧，所以陈洋成尝试搞机插秧在村里可算得上是件“不可思议”的事。村里的一位老农民陈老爹曾质疑陈洋成说：“‘陈三爷’啊，你这个秧插下去，秋天能收到粮食吗?”听到这样的声音，陈洋成心里真是五味杂陈啊。一方面，毕竟自己是村里“吃螃蟹的第一人”，这个机插秧种下到底会怎样，他心里也没有底。另一方面，他认为机插秧是高科技技术，国家也在积极推广，外面也有成功的经验，不可能会颗粒无收的。没有受到这些质疑的影响，陈洋成继续埋头苦干，到秋收时不仅粮食收成没比手插秧的农户少收，而且通过机插秧的水稻，出米率高、成色好。村里人看到这么好的水稻，不由纷纷赞扬，直夸陈洋成是个“种田能手”。第二年，村里就有不少农户开始效仿陈洋成的机插秧水稻，而陈洋成也主动积极地帮助这些农户，为他们提供技术指导和机械操作。

近几年来，陈洋成在种田上可谓是风生水起，2012 年他成立阜宁县洋成农机服务专业合作社，建起了机库，购买了 4 台大型拖拉机、5 台高速插秧机以及 12 台小型插秧机等，设备总价值超 100 万元，可以完成 2 000 亩田的耕种收割。2013 年，他又创建阜宁县洋成家庭农场。目前，陈洋成的机插秧水稻面积已达 300 亩，年收入 18 万元以上。陈洋成通过自己的埋头苦干，铺设了一条致富道路，使自己成为庄稼人的模范。

主动学习重科学

“现代农民必须转变种田观念。”这是陈洋成说得最多的一句话。当然，陈洋成是这么说的，更是这么做的。从发展水稻种植以来，陈洋成珍惜每一次学习的机会，无论是阜宁县农广校组织的技术培训还是其他市县组织的学习交流会等，陈洋成总会抽出时间到处学习。在县农广校培训，他获得了职业农民资格证书；在县农机校培训，他获得了大型拖拉机驾驶证；到射阳县新洋农场学习了机插秧技术；2014 年参加扬州大学农学院创业培训，获结业证书。此外，他还参加了省农机局组织的全省农机维修和机务管理培训班以及 2014 年江苏省首届新型职业农民培育省级班的学习。2015 荣获“江苏省首届职业农民暨全民创业致富大赛”的优秀新型职业农民称号。

通过培训学习，陈洋成真的尝到了规模化种粮的甜头，因为种田有不少补贴，惠农政策又多，再加上所掌握的先进生产技术和拥有农机设备使得种田成本较低的优势，更加坚定了他继续种下去的决心。“现代化农业讲究科学，种田必须采取科技手段，所以我们农民种田不仅要吃得了苦，更要主动学习科学化种田，要把科学种田的观念深入到我们每个农民的脑海中，这样我们才能真正走上致富道路。”陈洋成信奉学无止境。

目前，陈洋成种田已实现全程机械化，他的洋成农机服务专业合作社在实现自家全程机械化的基础上，还主动帮助周边农户进行农机服务。另外，他的洋成家庭农场机械化程度已达到100%。陈洋成还特别注重环保，他在学到稻麦秸秆全量还田和合理施肥高产栽培技术后，立刻运用到实践中，他将三麦秸秆上水沤制3天后，实施水旋耕后机插秧，水稻收割后秸秆全量还田。不仅节省了化肥，还得到了有关部门的补助，使得每亩提高效益200元以上。他还注重循环农业，积极与养鸡大户签订购买鸡粪合同，以有机肥料为主，尽可能减少化肥的使用量，做到种地与养地结合。2015年，他种的农产品通过了国家无公害认证，他种出的大米成为了无公害大米。

合作经营靠团队

随着国家对发展农业的扶植力度逐年加大，种粮补贴、农机补贴等一系列政策实惠到位，农民种粮的积极性空前高涨，搞合作经营、走机械化发展之路已经成了发展趋势。陈洋成看到了这个发展趋势，合作社成立第一年又购进了东方红804大型拖拉机、久保田6行高速插秧机、手扶式插秧机、粮食输送机和秸秆还田机、开墒机、农药喷洒机等农机具，在自家实施全程机械化作业的基础上，还为周边农户提供农机化服务。在惠农政策的扶持下，陈洋成又登记注册了阜宁县沟墩镇洋成家庭农场，聘请了农技专家指导，同时请专业会计进行财务管理。由于管理规范、制度健全、坚守信用，他的农机服务深受大家欢迎，既方便了乡邻，也取得了很好的经济效益。“一家一户机械化操作不方便，人工插秧成本高，发展机械化才是农业的根本出路。”陈洋成认为，从事现代农业有几个基本特点：规模化种植、标准化生产、科学化管理、产业化发展。

在陈洋成的带动下，截至目前，他所在的雪泉村稻麦机械化种植面积已有近5 000亩，占总耕地面积的80%以上。同时，他的洋成农机服务专业合作社年收入也达20万元。陈洋成不仅自己发家致富，更是积极带动全村人一起致富。他的生财之道不是一个人关起门来闭门造车，而是积极发挥合作经营模式，靠团队来“发大财”。

陈洋成信心满满地说：“我的大米今年正在注册‘盐阜河牌’商标。等商标下来了，我还打算成立合作联营社，通过包装设计把我的大米初加工成商品直接对外销售。下一步，我还想发展电商销售，线上线下同步发展，把我的大米打进网络化平台和大型超市。”

本篇撰稿人：江苏省阜宁县农广校　董建强

江苏

人物导读 朱海兵、吴菊香是一对80后小夫妻，两人辞去城里IT公司的工作，顶住家人的反对和多方压力，经过前期深入市场调研，创办了以葡萄为主打的休闲观光农业果蔬采摘园。如今，香园农庄经营良好，发展蒸蒸日上，带动周边休闲农业的发展，安置了当地富余劳动力。该园区还成为农民培训实训基地，为新型职业农民培训提供培训、实践、观摩、就餐一条龙服务。

80后小夫妻的创业路

——江苏省/淮安市/朱海兵夫妇

走进江苏省淮安市淮阴区刘老庄乡“香园农庄”休闲观光果蔬采摘园，鲜翠欲滴，着实诱人。每到周末，很多人带着孩子穿梭在各种水果、蔬菜之间，采摘园里荡漾着欢快的笑声。这里不但能采摘蔬菜、水果，还有生态餐厅、垂钓中心，是个休闲的好去处。

这个休闲观光果蔬采摘园是一对80后的小夫妻开办的，他们放弃城市优越的生活，回乡办起了农场、种起了水果、办起了农家乐，走上了现代休闲农业发展之路。

立志创业发展休闲农业

这对小夫妻名叫朱海兵、吴菊香，朱海兵2001年毕业于徐州医药学校，吴菊香2003年毕业于合肥新华电脑学校。朱海兵、吴菊香毕业后就职于南京一家IT连锁公司，工作地点一直位于南京、杭州、上海、宁波等城市，年薪约10万元。2009年，回到家乡时，听说区农广校正在组织人员开展农民培训，朱海兵夫妇一直有回家乡创业的想法，于是通过乡镇农技站申报，参加了区农广校组织的新型职业农民培训班。经过几天的培训，授课老师课堂上关于农业创业理念以及未来的农业发展广阔前景的内容深深地打动了朱海兵夫妇，他们意识到现代休闲农业是一个朝气蓬勃的新兴产业。同时，家乡刘老庄也正在高速发展，尤其是刘老庄作为扶贫重点乡镇，政府对农业的支持力度较大，更加坚定了他们辞职回乡创业的想法。

由于工作了好多年，都是在做管理、销售工作，从没有与土地和农民打过交道，朱海兵夫妻俩寻找创业项目很迷茫。但是，通过半年的深入调研和多方考察，发现当地休闲观光农业起步早、发展快、基础好，市场前景广阔，具有较大的提升空间，而且刘老庄乡作为红色旅游景点，发展休闲观光农业有着广阔的前景，每年体验红色旅游的游客络绎不绝，借势发力不失为一个好办法。一次偶然的机会，他们发现了当地的土壤非常适合葡萄种植，经过市场调研，整个淮安葡萄种植很少，规模种植几乎没有，更别谈农业观光了。于是，他们夫妻俩决定创办淮安首家以葡萄为主打的休闲观光农业果蔬采摘园。

在外面上班，有着年薪 10 万元的工资，夫妻二人约有 20 万元的年收入，一下子要回家创业，全家人非常反对。面朝黄土背朝天的生活很辛苦，好不容易走出农村又回家种地，家里人很不能理解。经历了长时间的说服，并且带着家人到外地进行项目考察，他们终于说动了父母。

创业阻力除了来源于父母外，还来自于资金、技术的缺乏。靠小夫妻这几年积攒的积蓄根本是杯水车薪，于是他们通过发动亲戚入股，动员父母把手头上养老积蓄全部拿了出来，同时又在农行贷款了几十万元。

资金问题解决了，还有技术问题。小夫妻经常去区农委。区农广校等农技推广单位，每次区里组织的有关蔬菜、果蔬专业方面的培训班他们都积极参加。区农广校又帮助联系了省农科院园艺所专家对他们进行技术对接。他们自己又购置了电脑通过在网上观看葡萄种植视频，购买葡萄种植方面的书籍和光盘。只要打听到葡萄种得好的地方，他们就过去请教技术。

辛勤付出收获丰厚回报

2009 年 11 月，朱海兵通过村里流转了刘老庄村三组的 40 亩土地，开始了创业之路。夫妻俩一直在外，真正干农活也是赶鸭子上架头一次。一边下地做农活，一边埋头学习农业种植知识，农业产业投资大、见效慢，顶着巨大的资金压力和众人怀疑的目光，朱海兵夫妇将“家”

搬到了农场。朱海兵每天早上 4 点钟就起床，对承包的 40 余亩土地进行“巡逻”，察看葡萄的长势与病虫害情况。除了关注葡萄长势，朱海兵夫妇还整日守在工地，买材料、保质量、催进度，没多久两人就变得又黑又瘦，连工人也忍不住说：“没见过这么认真的老板。”正是凭着这种“拼命三郎”的精神，朱海兵夫妇提前了一个多月就完成了葡萄园的建设，让“香园农庄”赶在水果丰收之际开门营业。园区从 2009 年开始种植葡萄，2011 年正式上市，历时 3 年，在种植过程中，他们控产控量，保证果品安全、健康、品质。由于开始定位就是观光休闲采摘型果园，在淮安是一个空白市场。因此，第一年销售就供不应求。朱海兵夫妇尝到了甜头，在 2012 年又扩种了 60 亩水蜜桃，2014 年继续扩种了 200 亩美国薄壳山核桃（碧根果），2015 年底又完成了生态餐厅、垂钓中心、草莓采摘园的建设。

辛勤的付出换来了丰厚的回报。目前，农庄各方面业务经营良好，发展蒸蒸日上。如今香园农庄有 1 000 平方米的农家乐生态餐厅，高效观光葡萄园 40 亩，草莓采摘园 5 亩，水蜜桃园 60 亩，碧根果园 200 亩，垂钓中心 10 亩，是集农业观光、水果采摘与休闲为一体的农家乐庄园，年销售额约 300 万元。回忆起创业的艰难岁月，朱海兵说：“那是人生最宝贵的财富，因为我懂得要想干成事，就要百折不挠。”

积极打造休闲农业标杆

作为淮阴区首家集休闲、观光于一体的休闲观光采摘园，香园农庄开创了淮阴区农产品销售的新模式，带动周边的果蔬种植热情和种植规模。目前，在淮阴区已经涌现出了 10 多家果蔬采摘观光园。朱海兵夫妇不但实现了自我创业，也为社会提供了 20 余个就业岗位，在农庄长期雇用工人 20 人，季节性用工每年达 1 万多人次，光用工工资就达 100 余万元。同时，朱海兵还与区农广校对接，把该园区打造成了淮阴区农民培训实训基地，为淮阴区新型职业农民培训提供培训、实践、观摩、就餐一条龙服务，每年接待农民 600 余人次。

为了带动更多的农民就业以及实现自己的现代休闲农业梦，朱海兵计划用 5 年的努力，再投入 1 000 余万元，新增流转土地 200 余亩，开展形式多样、内容丰富的休闲项目。朱海兵说：“未来，香园农庄将是以提高观赏性，向农业休闲观光旅游方向发展，建设成乡村旅游景点。

通过增加香园农庄的科普教育功能，一方面，为当地老百姓提供高效农业的培训，为少儿提供农业科普知识；另一方面，通过增加养殖项目，把香园农庄建设成生态农业循环科技农业园，增加科技农业因素，提升科技含量。同时，还要积极打造香园农庄农品品牌化，做绿色、有机农产品。”

如今，朱海兵夫妇成了当地农村青年创业致富带头人。这对 80 后小夫妻和他们的创业故事成为刘老庄茶余饭后的热门话题。“创业是一种痛并快乐着的过程，创业需要吃苦耐劳的品质、百折不挠的精神、永不磨灭的激情。在信息爆炸的时代，创业不易守业更难，只有不断加强学习才能永葆先进。”朱海兵说，他将积极与社会各界和科研院所合作，努力打造休闲农业观光品牌，力争将香园农庄打造为淮安市现代休闲农业的标杆。

本篇撰稿人：江苏省淮安市淮阴区农广校　陈宗明

人物导读 孙飞，男，1987 年 6 月出生，2011 年 6 月毕业于江西省宜春学院美术与设计学院园林艺术设计专业。他大学一毕业就开始创业，创办汉土家庭农场，发展稻田养鱼生态立体农业，凭借着先进的种养殖管理技术和吃苦耐劳的精神，发展规模不断壮大，产品受到市场欢迎。他牵头成立了泰州市庆荣水稻种植专业合作社，发展立体生态农业和订单农业，带领家乡农民创业致富。

扎根基层　奉献青春

——江苏省/泰州市/孙飞

他大学一毕业，就积极响应党和政府号召，投身农业创业。他创办家庭农场，发展稻田养鱼生态立体农业。他凭借着先进的种养殖管理技术和吃苦耐劳的精神，发展规模不断壮大，为家乡的发展和农民创业致富作出了积极的贡献。他就是江苏省泰州市姜堰区河横村汉土家庭农场的孙飞。

顺应形势，发挥优势，立志投身创业

2011 年 6 月，孙飞从江西省宜春学院美术与设计学院园林艺术设计专业毕业，毕业后的第一件事就是想如何寻找最合适自己的创业项目。他想到在校期间去过江西省万载县茭湖乡，那里是全国有机农业之乡和国家有机食品生产基地。随后，他只身一人前往江西万载，去认认真真地考察当地有机农业发展模式。经过充分调研，他决定立足农村实际，发展规模种植，在适合农民的事业上下一番苦功。

孙飞积极参加农业部新型职业农民培育和省农民培训工程，学到了有关稻麦优质高产栽培知识，尤其是区农委组织的职业农民培训班有关创办家庭农场的路子。每次培训他都能够认真记录，积极与专家交流，解决生产中所遇到的疑难问题。他边学边干，2011 年就承包了村里 30

多亩地，凭借年轻力壮、脑子灵活，他找当地有经验的老农耐心求教，通过参加各种农业培训，种植水平得到了提高，同时他自己也认识到，发展高效、规模农业可以使农民从根本上脱贫致富。

顶住压力，攻坚克难，创业成果喜人

初次尝试稻田生态立体种养也让孙飞尝到了创业的艰辛。日不能寝、夜不能寐是他创业初期最大的艰辛。为保证纯绿色食品，他日夜蹲在田里，研究如何保证整个稻田生长期间不施农药、化肥的同时将鱼放入稻田中，经过动植物共生环境，通过田鱼旺盛的杂食性和在稻田中不断活动，吃掉稻田中的杂草和害虫，并产生中耕深水效应，刺激水稻分蘖发生，提高水稻的抗性。有人劝他："你反正是卖出去，鱼壮稻肥"就行了，放点药算什么。但他坚定地摇摇头，因为他要对得起自己的良心，有好的产品才是创业的王道。

创业之初，资金极度短缺，但为了防止蛇、鼠等天敌侵入，防止田鱼逃跑和别人盗窃，同时为了随时观察田间水稻和田鱼的长势，他拿出了仅剩的积蓄还向朋友借钱，找亲戚帮忙在田边搭建了一个临时工棚，吃住全部在工棚内。每晚除了蚊虫的叮咬外，还要面对着工棚周围的坟茔，恐怖和孤独一阵阵向他袭来。但越是这样，他越坚定，困难就像时时刻刻提醒他的警钟，刺激着一个创业热血青年的心。

到现在，有一件事情他仍记忆犹新。一天晚上，有几个老百姓不知道他们在田间围网是为什么，而且田间还发出"扑通扑通"的响声，好奇地冲进他的田里想看看究竟。这可把他吓坏了，再不解释和阻止的话，刚放的鱼苗在狭小的空间里，刚出的秧苗在黑暗中被践踏后的损失对刚创业的他来讲是巨大的。于是，他顾不得穿上衣服，抓着手电就赶紧冲了出去。上前询问了才知道是怎么回事，并对老百姓详细解释了"稻田养鱼"这个新鲜词。

经过 4 个多月的辛勤劳动，他终于有收获了，每条鲶鱼都有 2～3 斤重，亩产鲶鱼 750 斤，亩产水稻 1 000 斤。但是，由于是初次尝试，当他将鲶鱼和原生态大米投放到市场之后，产品却得不到顾客的认可。于是，他又咬着牙，采取了半买半送的策略，先让顾客品尝他的产品。经过一年半买半送的策略，第二年他们所生产的鲶鱼和原生态大米得到了顾客的认可，有很多老顾客纷纷抢购他们的产品。为了打造品牌效益和知识产权保护，2012 年 10 月，他向工商部门申请注册了“汉土”牌大米商标。2013 年 1 月 10 日向国家知识产权局提出申请，申请名称为稻田生态养鱼方法及所种植水稻生产的生态大米（申请号：201310007560.5），绿色食品基地已初步建成。

心有百姓，带动示范，共同创业致富

2014 年，当地老百姓在知道他们的产品销售一空的情况后，纷纷要求孙飞将稻田生态立体模式传授给他们。教与不教之间，孙飞毫不犹豫地选择了前者，他的梦想就是带领大家共同创业致富。在他的带领下，当年带动 10 户村民，25 余亩土地从事稻田生态种植。

2012 年，孙飞参加了沈高镇后备干部培训，并于 2012 年 11 月到河横村任职，成为一名大学生村官。2013 年区人社局创业中心举办的一次创业培训，他清楚明白了创业所需的基本素质，继续将创业项目做大做强，带领更多百姓创业的激情在心中又一次燃烧。当年出台的中央 1 号文件，提到鼓励和支持承包土地向专业大户、家庭农场、农民合作社流转，发展多种形式的适度规模经营，这也激发了他成立家庭农场的想法。2013 年 5 月在河横村村委会的支持和帮助下，他承包村里 300 亩农田，并在姜堰区工商局注册成立姜堰区河横村汉土家庭农场。

2014 年在孙飞的牵头下，成立了泰州市庆荣水稻种植专业合作社，注册资金 500 万元，社员 158 人，流转沈高镇、娄庄镇等地共计 1 130 余亩，其中 300 亩用于发展生态立体农业，830 余亩用于农业订单生产。2015 年实现年产值 650 余万元，带动农村剩余劳动力 156 人就业。同时，他还成立泰州汉土植保专业合作社，注册资金 300 万元，社员 96 人。目前拥有 5 台自走式喷杆喷雾机以及担架式喷雾机等植保 30 余台套，价值 100 余万元。截至 2016 年 10 月，为全区服务 26 800 亩次，为 52 户农场主解决了农作物病害防治的后顾之忧，减少了农业面源污染。

紧跟时代，线上线下结合，创新创业模式

2015 年，李克强总理在政府工作报告中首次提出“互联网＋”行动计划。于是，孙飞也启动了网络营销战略，加盟了区团委管理的苏合

食品天猫旗舰店，大力推广线上销售，成立了稻田鱼米的特色专营店。截至目前，通过线上推广以及促销手段，实现180余万元的销售业绩。同时，他通过互联网在姜堰区招募20名准农场主，为他们代耕代种53亩土地，让他们体验了水稻从秧苗到成熟的过程，并在田间安装摄像头，让他们随时随地观察田间长势，让他们买得放心、吃得舒心。这也为孙飞下一步实施“小小农场主”计划积累了成功的经验。

2017年，通过互联网、微信等方式报名，姜堰区成功举办了泰州“港中旅”杯首届稻田钓鱼大赛，活动当日30名钓鱼爱好者参加比赛。未来5年内，他们计划成立生态农业发展有限公司，立足溱湖旅游品牌与河横村生态环境“全球500佳”的优势，以农耕文化为基调，加大投入及引资力度，打好生态和文化“两张牌”，办成全市一流的生态休闲基地。还将成立稻田生态立体种养协会，吸纳向往发展生态立体农业的有识之士，共同发展生态立体农业，扩大品牌效应，为泰州的生态立体农业添瓦增砖，努力打造新型集农业产品种养殖、农产品深加工、土特优产品线上线下销售于一体的休闲旅游的上市企业。

本篇撰稿人：江苏省泰州市姜堰区农广校　仲子忠

人物导读　方应明，男，江苏省句容市茅山镇丁庄村人，句容市丁庄老方葡萄专业合作社负责人。他从部队退伍后，便毅然选择回家乡和父亲种葡萄。他注重新品种引进和科技攻关，创新推出合作社“五统一服务”，采取各种方法扩大葡萄销路，打响“丁庄葡萄”的品牌，带动葡萄种植共同致富。方应明获得“江苏省创业之星”“江苏省农民培训工程创业标兵”等荣誉称号。

甜蜜事业的领航人

——江苏省/句容市/方应明

丁庄葡萄现在名气大了，销售业绩年年成倍增长。方应明不仅自己的事业成功了，连带周边葡萄种植户也富裕起来了。如今方应明已经成为句容种植葡萄这项甜蜜事业的领航人，带领大家共同奔向更甜蜜的生活。

子承父业，投身葡萄种植

1998年的冬天，方应明从部队退伍回到了江苏省句容市茅山镇丁庄村。由于在部队的出色表现，他可能被选拔到镇政府部门做一名机关干部。然而，当他回到家里，看到黝黑瘦小的父亲在3年时间里竟然苍老了许多，看到父亲床前一本本杂志、一张张名片，还有用粗糙的手深夜写成的一页又一页的葡萄种植经验，他萌生了种植葡萄的想法。

儿子明白父亲的心思，父亲不单要把自家20亩葡萄打点妥当，更想带领全村人通过葡萄种植发家致富。全村几十户近1 000亩葡萄地，都是父亲示范带动发展的。父亲没有多少文化，但却很负责任，生怕哪家葡萄管理不好，对不起村民的信任。于是，方应明向全家宣布，自己要留在家里帮父亲种植葡萄，父亲低头沉思了一会，然后深情地说：

“我让你先做做试试看。”

不断学习，带动村民致富

种植葡萄可不是一门轻松活。不仅体力劳动强度大，而且技术要求高，尤其是病虫害防治，既要效果好，又要保证食品安全。高强度的体力劳动，方应明起初还应付得了，但没有想到一个月接着一个月，开沟施肥、整枝修剪、疏花疏果、打药套袋、采摘分级、装箱发货，他也感觉到了劳累。“上阵父子兵”，跟着父亲干，再苦再累方应明都扛着。一年过来，他掌握了葡萄栽培管理技术，还常常被父亲指派到种植户田间去做技术指导。此时的方应明看到“老方葡萄”潜在的市场优势，便下定决心，要将丁庄的葡萄产业发展壮大。在父亲方继生的推荐下，他奔波于北京、河南、云南、南京和句容之间，虚心向专家请教，注重新品种引进和科技攻关。同时，方应明积极参加葡萄生产技术创业培训，提升和巩固葡萄栽培和病虫害防治等关键性技术。他不仅将自己认真学习来的知识无偿地传授给周边农户，还发动群众搞葡萄种植经营，走共同致富之路。农民朋友们都称赞方应明是一名出色的致富领头人。

2005 年，方应明创建了全国南方巨峰葡萄标准化示范基地。2007 年，方应明当选为句容市丁庄老方葡萄专业合作社副理事长，老方葡萄获得“江苏省消费者放心食品”“江苏省名牌产品”称号。他创新推出合作社“五统一服务”，即统一种苗供应、统一技术指导、统一农资服务、统一质量标准、统一品牌销售。2010 年，他创建了老方葡萄网站，开辟消费者交流论坛；建立了葡萄种植户生产档案，在全省率先获得葡萄绿色食品认证。2012 年，他建立葡萄网上销售平台，城乡采摘直通车 QQ 群。2014 年，他建立了老方葡萄微信公众号，网上葡萄质量追溯系统，并在南京、常州、杭州、上海建立了相对稳定的消费群。

2016 年 10 月 14 日，农业部副部长、中央农广校校长张桃林在句容市茅山丁庄老方葡萄专业合作社调研时，得知合作社不仅带动本村 800 多户村民，还带动本镇其他村民 400 多户，甚至吸引了周边县市的 400 多户村民的加入，张桃林非常高兴。2016 年 12 月 11 日，农业部副部长余欣荣来到老方葡萄专业合作社调研时强调，要提高种业、种苗研发力度，加快品种创新，进一步拓展增产、增效空间。

创业创新，引领甜蜜事业

2013 年，方应明在江苏省葡萄协会任职常务理事。而这一年是句容葡萄销售最困难的一年，葡萄正值上市季节，南京为举办青奥会，临时关闭了周边地区农产品进城通道。与此同时，父亲离世，让他痛失最得力的智囊，方应明遭遇了亲情与事业的双重打击。

面对困境，方应明化悲痛为力量，投身父亲留给他的葡萄事业。南京不行，攻常州。方应明连夜带着助手小陈驱车到常州城，找到了以前微信中经常联系的好友，几个在茶庄坐定，边喝边聊，一直到凌晨两点回程，患有胃病的他病倒了。原来方应明由于胃病从不喝茶，那天为了给村里的葡萄找到销路，他硬着头皮上。他的举动感动了常州的合作伙伴，方应明拿下了 200 万斤销售订单。

为了扩大丁庄葡萄销售，方应明提出在丁庄举办葡萄采摘节的设想。可场地哪里有？为了让合作社举办葡萄节，方应明拆除了自家的宅子和园子，用上自己全部积蓄给社员做采摘休闲示范区。葡萄采摘节的成功举办，让丁庄葡萄种植户一下解决了销售难的问题。

一年一度葡萄采摘节的成功举办，丁庄葡萄名气更大了，让全村 10 000 多亩葡萄卖得更畅销了，老百姓的腰包鼓起来了，回乡务农的青年农民创业信心更足了。方应明不仅带动了 1 621 户社员从事葡萄种植，还辐射带动句容本地 3 000 多户农民发展葡萄种植 36 000 多亩，人均纯收入 3 万多元。

每到葡萄生长的关键时刻，方应明就会组织 3 000 人次农户学习应时管理技术，解决种植户们在葡萄生产过程中所遇到的疑难问题。他还与电信部门合作建立了语音短信平台，在葡萄防病治虫之际，所有农户均在同一时刻收到短信提醒，从而最大限度地降低了因不能及时防病治虫而带来的损失，成为葡萄种植户们生产优质、高产、绿色葡萄的一道安全屏障。

丁庄葡萄的口味好、品质佳，但对句容丁庄葡萄不了解的消费者是首先要从包装上看产品质量的，产品包装的规范程度将决定消费者是否愿意尝试购买。方应明也意识到了这一点，于是他通过句容市农委为产品制定了自己的企业标准，申请了“无公害农产品”“绿色食品”认证，此后获得了“江苏水果十大品牌”“江苏名牌产品”“镇江市知名商标”

等荣誉。如此一面面具有权威性的荣誉桂冠展现在“丁庄葡萄”的外包装上，使得消费者一目了然，引来了更多的青睐者。每年葡萄收获季节，游客络绎不绝。

科技攻关，解决产业难题

方应明主动与镇江农科所对接，搭建合作平台，实现科研成果就地转化。农业是在“露天工厂”下生产的，葡萄产业作为丁庄村高效农业重要的支柱产业也面临着重大难关。目前丁庄村葡萄绝大多数是露地栽培，品种以夏黑、巨峰为主，原有品种优势已失去。另外露地栽培，由于葡萄生长期多雨、高温，一方面造成葡萄生产不稳定，另一方面病害发生严重，用药防病次数较多，给葡萄品质安全性带来了隐患。方应明想办法加大新品种新技术引进示范推广，不断提升农业科技水平；又大力推进葡萄园下养鹅养鸡种菜生态农业模式创新，不断提高资源利用率和土地产业率；还积极组织开展新型职业农民技术培训，不断提高经营主体的能力素质等，助力丁庄葡萄增效、农民增收。目前，他正参与推广“1＋1＋N”葡萄推广项目。一要解决葡萄品种较为单一、成熟期集中的问题；二要解决葡萄病害发生严重，用药防病次数较多，葡萄品质安全性问题；三要解决露地栽培模式单一的问题，提高葡萄生产稳定性。

在句容市农委和当地政府的关心支持下，通过方应明不懈的努力，丁庄葡萄的销售业绩年年成倍增长。方应明不仅自己取得了事业的成功，还带动周边村民共同致富。他先后获得“江苏省创业之星”“江苏省农民培训工程创业标兵”“镇江市乡村优秀科技人才”“镇江市农民培训先进工作者”“镇江市三农工作先进个人”“五一劳动奖章”等多项荣誉。

本篇撰稿人：江苏省句容市农业委员会　朱庆锋

江苏

人物导读 陈小东，浙江省海盐县沈荡镇尤角村人，2004年毕业于浙江工业大学法学系。2013年创办嘉兴三羊现代农业科技有限公司，主营水稻与泥鳅共作，当年实现盈利150万元，并申请了稻鳅混养专利。2016年，探索创新稻田立体生态循环种养模式，并创立嘉兴三羊电子商务公司。通过网络销售农产品，实现了利润翻倍。

几经挫折不改初衷 投身农业终成功

——浙江省/海盐县/陈小东

陈小东祖祖辈辈都是脸朝黄土背朝天的农民，从小就跟随父母在田间劳作，感受到了大多中国农民的艰辛，从小就埋下了一颗让劳作变得轻松、高效、解放传统农业的小种子。陈小东是新农村的新型职业农民，面对重重困难，放弃优渥的生活，不忘初心，诚信经营，回馈家乡，履行对家乡父老的承诺，在个人得到出彩的情况下，更得到了农民群众的喝彩。

义无反顾，投身农业

2004年，陈小东从浙江工业大学法学系毕业后，辗转在杭州经历了几份临时工作后，从省城杭州返回故乡海盐县，在金融担保公司任部门经理，一做就是8年。8年间他的职位从部门经理做到了公司总经理，工资从年薪3万多做到了30多万，过着衣食无忧的日子，对于家里人来说也算是跳出农门了。2012年在一次清明返乡祭祖的时候，他看到自己的家乡农村的土地荒弃，长满杂草，心里感到非常可惜。陈小东向村里人一打听才知道，农村年轻劳力全上城里打工，剩余的老弱病残对于土地的管理力不从心，而且更由于粮价低迷，普通种植水稻基本没效益，所以家乡的土地很多便荒弃了。

陈小东心中的小种子开始萌发了。在了解情况后回家吃饭时他向家里人提起，想承包村民荒弃的土地，用业余时间来做农业，一来散散心，二来源于从小对于土地的情结无法割舍。但是，这个想法遭到家里所有人的反对，父亲当场摔碗走人。他们太知道中国农民的苦了，儿子好不容易跳出农门，有点成就了却又要回来，家人无法理解他的想法。

虽然第一次投身农业的念头被扼杀了，但陈小东一直关注着农业的事情。2012 年下半年爆发出了“毒大米”“三聚氰胺”奶粉等食品安全事件后，看着自己刚出生不久的儿子，陈小东坐不住了，向妻子说：“我要做农业，做生态安全、高效的农业，我有责任回去。”2013 年，陈小东瞒着家人辞去了工作，跑农科院、农业大学、农场、农庄等关于农业的一切地方，半年时间整整跑了 5 万多公里去考察、参观、学习。回来后向家里摊牌了，但得到的回应是父亲要与他断绝父子关系，母亲以泪洗面，亲戚朋友不是指责就是嘲笑，唯一支持陈小东的只有妻子。陈小东就这样义无反顾地投身农业了，发誓要用良心去种粮食，用良心去做食品。他一直信奉这么一句话：“有良心的人种的大米不会差。”

几经波折，终出成绩

创业初期，陈小东拿出了所有的积蓄，向亲戚朋友借款，和自己开厂办企业的发小共同投资创业农业。当年，他流转了 305 亩土地，准备大干一场，但对于对农业并不算内行的陈小东来说，他将面对巨大的难题，小时候干的农活，与现代农业截然不同。

首先从行业入手来说，他注册了嘉兴三羊现代农业科技有限公司，本想通过养羊、种水稻实现生态循环，羊吃水稻秸秆，羊粪作为水稻的肥料。谁知道，当时海盐县正在实施“三改一拆”，要拆除农村中有污染的猪羊舍。镇里找到陈小东谈话，希望他认清目前的形势，改做其他农业项目。

于是，他转而关注水产养殖。当时国内正好流行起养殖泥鳅的热潮，陈小东了解到金华横源水产有限公司在这个行业内处于领先水平，于是他便亲自开车 3 个小时去学习。横源水产老板成了陈小东的师傅，推荐陈小东水稻与泥鳅共作。经过查阅资料，向前辈讨教经验，陈小东摸索出了一套适合自己的方法。2013 年，在连续 40 ℃的高温下，他艰难地把设施建设好，及时种上了 85 亩水稻、养上了泥鳅。

有了还算顺利的开端，正当陈小东幻想着如何收获的时候，却逢灾难临头。2013 年国庆，菲特台风的登陆带来巨大的降雨。当台风来临，大雨造成水位的上涨，泥鳅大片出逃，一年的成果眼看着就要付之东流了。“要全部抓回来!”在围捕泥鳅的过程中，陈小东狠狠地摔了一跤，小腿被划破一道 5～6 厘米长的口子，深可见骨，但他没有时间包扎和治疗，继续泡在水中追捕，希望把损失降到最小。连续工作了两天一夜，不停地抽水、加固堤坝和追捕泥鳅，硬是忍着疼痛没合一分钟的眼。等到风过雨停时，他人也倒下了。医生一量体温，39.8 度，而伤口长时间泡在水中，炎症非常严重，已经化脓腐烂。医生说，如果再晚来几个小时骨头坏死，那就要截肢了。医生立即刮骨治疗，把腐肉、息肉和化脓全部用手术刀割掉再缝合。为了伤口尽快愈合，陈小东没有使用麻药，咬牙忍痛做完了手术，缝合后立马赶回基地去查看灾后损失。经估算，农场损失苗种及基础设施 60 多万元，当时他已经感觉不到身上的疼了，只知道心里的疼。

风雨过后，收拾残局，陈小东打起精神整修基础设施，补充泥鳅。在接下去的日子里，陈小东更加仔细地照料着泥鳅与水稻，除虫、除草和自制有机肥。总结失败原因，升级种养方式，在生产模式上的创新，创立稻田综合种养新农业模式，并申报了专利。

天道酬勤，十一月的一天，来了一群台湾人。他们一过来就向陈小东了解种养模式，同时用仪器测试了水体和土质，最后提出收购陈小东的稻草，而且价格相当高，每亩 1 500 元，相当于当地一亩普通稻田一年稻谷的产值。

稻草卖高价的消息一出，当地媒体及报纸、网络等争相报道，引来了更多的客商。稻草都是宝，那稻谷肯定也错不了，于是客商以普通稻谷 5 倍的价格收购了陈小东所有的稻谷。当年的泥鳅也因为个头大，质量好，深受市场青睐，在第一年嘉兴市年终农博会上取得极佳的销售业绩，一炮打响!

原以为受天灾投资失败亏损的第一年，谁知道意想之外的一些收获，反而让陈小东在第一年就取得 250 多万元的销售收入，实现利润 150 多万元。

2014 年，陈小东又连片流转 1 000 多亩土地，加上原有的 305 亩土地，有了 1 300 多亩，其中稻鳅混养面积达 180 亩。在此基础上，陈小东与上海海洋大学和江南大学合作，开发泥鳅深加工，申请了稻鳅混养专利。创立了“中国喜米”的品牌，通过婚庆店代理的形式销售。2014 年实现泥鳅销售 90 吨，优质大米销售 50 吨，销售收入 460 万元，实现利润 220 万元。

2016 年，陈小东共流转土地 1 700 亩，稻鳅混养面积扩张至 300 亩，同时又创立一项新的农作模式——稻田立体生态循环种养模式，在原有的基础上增加了南湖菱和杜瓜的配套。改变了原有的传统市场销售模式，配合“互联网+”模式，“三网合一”形成线上与线下的销售方式，打造自己优质大米的品质、品牌、品味。

不忘初心，共同发展

几年下来，陈小东形成了一条从苗种到种养、到成品、到深加工、到销售的农业全产业链，实现了生态的循环，改善了当地生态小环境，还带动着当地的农户，改变了他们以往的种养模式，解决了国家要粮、农民要钱的矛盾。

在连续两年实现销售与盈利的大幅增长后，陈小东决定在销售方式上创新，于是带领着 6 个 95 后大学毕业生创立嘉兴三羊电子商务公司。通过网络销售农产品，半年时间运营销售额将近翻番，并成功举办了全省“两区”现场会，创业创新模式受到省委省政府领导的肯定。随后以公司创业创新模式参加了县、市、省、全国比赛，均取得较好成绩。

正当事业蒸蒸日上的时候，又有一番波折。临近年关，陈小东与合伙人共同经营的另一业务——大棚蔬菜项目，因天气及合伙人个人原因，造成总亏损 200 多万元。陈小东承担下了所有工人的 100 多万元工资，在年前全部付清工资，这些工人几乎全是村里的失业、失地老年人，陈小东咬着牙，坚持在年前付清了全部工人的工资。因为他知道，这笔钱关系着乡亲们能否过一个好年。通过这几年的农业创业，作为新型职业农民的陈小东终于感觉到了做农业的乐趣，感觉到了做农业的责任与担当。他希望能培育出更多的新型职业农民，一起带动当地家庭农场和农户，在当地引领农业，为农民谋利，为食者造福。

本篇撰稿人：陈小东

人物导读　胡重九，男，1984 年 9 月出生。2011 年毕业于浙江农林大学，研究生学历。2012 年注册成立杭州木木生物科技有限公司。深耕于植物组织培养行业，专业销售组培设备、耗材、药品，以及组培相关技术咨询。他的植物组培参加过 G20 峰会，走向国际市场，同时也积极帮助贵州贫困地区脱贫致富。2015 年被推选为浙江省首届十佳大学生“农创客”，同时也是杭州市大学生创业导师。

从大学走出来的农创客

——浙江省/临安市/胡重九

2011 年，他走出校园，在激烈的人才市场竞争环境中，他选择了农业，成为了一名新型职业农民。从最初的两人，到目前近 30 余人的团队；从踩着脚踏三轮车，到现在的专用拉货汽车；从一间不足 30 余平方米的小店面，到现在 1 200 平方米集办公、研发、仓库于一体的生产基地。在这五年的时间里，白手起家，经历了风风雨雨，这中间的酸甜苦辣只有他们自己才清楚。胡重九也坚信，只要坚持，定有收获。

离开学校走上创业路

2011 年的酷暑，胡重九怀揣着浙江农林大学硕士学位证书和研究生学历证书穿梭于城市的高楼商厦之间。半年后，他回到母校所在的浙江临安，追寻心中早有的创业梦。

一辆三轮，一间不足 30 平方米的出租房，就这样开始了。起初，给浙江农林大学以及周边的高校、科研院所供应实验试剂、耗材、设备等，每天都往学校实验室跑。学校老师学生做实验需要什么，他就供应什么。慢慢地整个实验楼的人都知道有一个叫“胡重九”的骑着三轮车送货的硕士研究生。随着业务的扩大，2012 年 3 月他正式注册成立了杭州木木生物科技有限公司。

如果没有互联网，也许胡重九还在骑着三轮车，穿梭在实验室之间推销。2012 年，胡重九尝试着把自己的产品放到了网络上（淘宝网、拍拍网、阿里巴巴、百度论坛等）销售。同时还运营起自己的官方网站，做搜索引擎竞价排名，全面推广。那个时候胡重九集美工、程序员、推广员、打包员于一身，自己给产品拍图、上架、营销、发货，一切事情都亲历亲为。

2012 年 7 月，胡重九结合自己的专业，把公司产品销售和业务定位于植物组织培养行业，专业销售组培设备、耗材、药品，以及组培相关技术咨询。通过精准的定位，一年就积累了大批的企业客户与组培从业者。半年之后，木木生物组培产品，在小类目稳居第一，销售额也是直线上升。

探索组培技术研发和培训

由于业绩的上升，资金的支持，2013 年初胡重九开始组建实验室，开展技术研发工作，为业务销售提供强大的技术力量。到了 2015 年，胡重九的木木生物团队，已建成拥有多项自主研发知识产权的 500 平方米组培实验室、近百亩种植示范基地、配备先进设备的连栋温室大棚。

2013 年建组培实验室之初，胡重九的团队仅有 4 人，他们在一个小区里找了一套民房，把组培室建在了 4 楼，由于各种条件的限制，也只能租在四楼了，没有电梯，没有装修，为了省成本，别无选择。对于组培室里所有的设备、架子、瓶子、操作台，他们做了一个粗略统计，合计重量不低于 15 吨，这些都是他们四个人用肩膀从一楼扛到四楼，扛上去后，四人再一个个地安装，如果不是坚持到底的信念，很难想象这个实验室是怎么建起来的。

从最初单纯的组培设备销售，再到组培技术研发、组培技术培训、组培苗生产，他们在这个过程中形成了成熟的经营模式。在组培行业不仅赢得了很好的声誉，也开发了一些热门、经济效益好的产品。目前胡重九成功研发的组培技术植物有：铁皮石斛、蓝莓、金线莲、白芨、月季、香蕉、树莓、百合、南天竹等。

2015 年，中药材白芨非常的热门，鲜品市场价格从每千克 50 元直接飙升到每千克 160 元，这在很大程度上刺激了人工的栽培。由于早期技术研发储备，胡重九及时推出了白芨种苗，2015 年上半年销售白芨苗合计有 350 万株，种植面积有 350 亩，如果一亩按照 2 吨来计算，预计能达到一个亿的产值。通过计算也凸显了植物组培技术在现代农业生产应用中的优势。

对技术的重视、对市场的敏感使得胡重九的品牌受到了很多同行、客户的好评，同时也引起了母校各位老师的关注，2015 年 7 月，经母校浙江农林大学推荐，胡重九被选为浙江省首届十佳大学生“农创客”，胡重九带领的木木团队得到了社会各界的关注与肯定。与此同时，胡重九成为了浙江农林大学在校生的创业导师和学习榜样，也成为农村创业青年心中的“明星”，同时还受到了时任浙江省委书记夏宝龙、原教育部长袁贵仁等领导的充分肯定。

带领更多青年从事农业创业

正是看到了组培技术在现代农业中的应用越来越广泛、越来越普及，因此胡重九在技术研发这一块也是越来越重视，投入了更多的人力和物力。同时，为了满足一些企业的需求，开设了一对一教学模式的组培技术培训班。在开班不到两年的时间里，合计培训了近 200 人次，为 100 家以上企业提供了组培技术支持。目前培训费收费比较低，仅仅是收取组培室日常运营的成本费，因此非常受欢迎。胡重九也在积极地研发市场需求的植物的组培技术，如非常受城市家庭喜爱的多肉植物，技术一旦成熟，推向市场，将带来非常可观的经济收益。

2015 年，胡重九的白芨项目技术越发成熟，而在贵州、河南、陕西等地很多当地政府都把白芨作为一项扶贫项目在实施，很多老百姓也确实从白芨种植中尝到了甜头，胡重九在这些地方培训了一批想发展白芨事业的企业和农户。特别是在贵州地区，贵州都均一个学员来木木生物，在和胡重九说到家乡情况后，胡重九决定重点扶持其在家乡发展现代农业，也希望其在家乡带动更多的人脱贫致富。

2016 年 9 月，胡重九赴贵州专程回访，看到满山遍野绿油油的白芨苗，看到当地少数民族对生活的渴望和向往，胡重九觉得创业是一件挺自豪的事，他暗暗下定决心要用自己在学校学习的知识带领更多的乡亲走上致富之路，来感恩回馈社会。

前不久，G20 峰会在杭州召开，世界瞩目，外国贵宾纷纷来杭，胡重九也借这次千载难逢的契机向国际推广他的组培技术。9月初胡重九迎来了韩国的郑民九先生，他因G20关注中国，因自身行业关注到了胡重九，来到中国想把胡重九一直在研发的铁皮石斛育苗技术引入到韩国。韩国一直在化妆品行业比较发达，郑先生想加入中国传统中药材元素，打开新的市场。最近又有泰国朋友想引入南方蓝莓种植，也在和胡重九洽谈当中。

胡重九还被母校浙江农林大学聘为大学生创业导师，在这之前已是杭州市大学生创业导师，在这份特殊的岗位上，胡重九也尽心尽力坚持着，一对一地帮扶学生，去分享自己的创业经验，让一些在校的学生、年轻人少走弯路，他还专门成立木木生物微商事业部，专门辅导一些想创业的年轻人开拓微商渠道。

目前，胡重九的公司已发展了近百名二级代理，其中有一半都是充满创业激情的年轻人，他们经过胡重九的辅导和帮助，对创业有了初步的认识，诚信第一，他们也因此赚到了创业的第一桶金。胡重九说现在是分享经济时代，带动帮助别人也是帮助自己，他希望今后能帮助到更多的人。作为新时代的新型职业农民、农创客，胡重九从大学校园里走出，从事现代农业，是有知识、有文化的年轻人。他在自己的事业岗位上，兢兢业业，坚守理念，作出成绩，给农村农民带好头，同时他也希望大家坚信，农业农村广阔天地大有可为。同时他表示要继续创业创新，围绕市场，研发出更多的新品种，为农民的致富创收提供新点子，为现代农业注入更多新思路、新发展。

本篇撰稿人：胡重九

人物导读 钱源，男，1985 年 6 月生，杭州人。桐庐万强农庄有限公司总经理、桐庐嘉源生猪专业合作社理事长、杭州市农村青年兴业带头人、桐庐县八届政协委员。他在万强农庄实行“一产带动三产，三产服务一产”的经营理念，使万强农庄成为休闲娱乐、农事体验、社会实践和优质农产品生产的基地，也是青年人投身农业创业的典范。

从“富二代”到“农二代”扎根深山的农庄“少帅”

——浙江省/桐庐县/钱源

从一个富家子弟蜕变成为从容沉稳的新型职业农民，时间的磨砺让钱源深深扎根于这片土地上。而他也已然在心里把未来的事业与万强农庄联系到了一起，这片土地和他之间有着那样强烈的共鸣，能够在彼此的互需关系中找到最默契的归属感。

创新创意　两代庄主的接力经营

作为万强农庄的接班人，钱源无疑是这偌大庄园的“少庄主”，这位刚过而立之年的青年以其沉稳的举止、朴素的言谈给人们留下了深刻的印象。

在山顶特别设立的一座奖状陈列室里，墙上贴出的展牌记述的还是父亲钱万强十几年如一日的风雨兼程，但在大厅正中的桌面上所摆放的“杭州农村青年兴业带头人”“桐庐县八届政协委员”等奖状、证书上的名字，则是钱源。墙上桌前，已然看出这份事业承接的轨迹，骄人的成绩不容置疑。但钱源却十分谦虚，在他心里，父亲才是农庄的绝对领导者。而他也始终对父亲保有一份最真挚的敬意。如今的万强农庄“一产带动三产，三产为一产服务”的经营模式，是基于父亲钱万强所创建的种植业和养殖业运作的。钱源坦言，刚开始并没有产生这个想法，以往三年间，山上出产的水果到了收获季，他得半夜三四点起来开车去浙江大学华家池校区等地售卖，但这样不仅利润平平且不能作长久之计。2009年原浙江省委领导茅临生到农庄调研时的一番话给了父子俩灵感，“万强农庄那么美，自然资源那么好，应该结合生态农业、高效农业搞‘休闲农业’，把产业链进一步延长……”有了这个创新理念，钱源开始着手农家乐的建设工程，请教专家，边学边干，自己搞设计，跑采购、组织建设和当监理，从建造房子到修路都是他一手管理，这一建便是3年，直到2011年第一批房屋才正式落成。

今天坐在这座由自己设计并建造起来的敞亮的多功能楼里，钱源仍是以一个兢兢业业的产业负责人的态度面对我们，只在阐述农庄未来的规划时才显露出作为“少东家”的胸怀远见。从窗口望去，可以看到山坡下不远处草木荫浓的湖边有一排正在建设的小木屋，钱源介绍，这正是已经获得省厅批准的《万强农庄休闲度假区十年规划》中正在建设的风情小镇，小镇落成后将会比现在的农家乐更具特色，因背山面湖，从市区来的游客能够在这里享受自然环抱下的田园生活。不仅如此，钱源还计划将这片农家乐进一步发展成为老年人的“养生园”，这种融合了社会福利意识的发展理念显然拓宽了万强农庄未来的发展前景。

如今钱源已能全权负责万强农庄内各类养殖生产的电子管理系统、多媒介宣传平台和对外接洽业务，在他和父亲的努力下，这里从原来一文不名的穷山里岙变成集农产养殖与休闲旅游于一体的度假基地，更在去年获封全杭州唯一的五星级农家乐旅游区。虽然钱万强笑说钱源开始是被他硬拖来帮忙的，但言语间仍能感受到这位父亲对自己两份事业的骄傲：田丰畜旺的农庄和已能独当一面的儿子。

走进大山　从“富二代”到“农二代”

钱源是个八零后，但他的经历却折射出一种迥异于同龄人的光彩。现今，许多农村家庭不愿下一代继续务农，而从小生长在繁华杭城的钱源，却能够在万籁俱寂的山野里稳住一颗扎根乡土的心，跟随父亲的脚步，走进大山，去体验这份创业背后的艰辛与收获。岁月磨洗，他已如同一颗光彩熠熠的蚌珠，尽管这条路，他也走得一路辛苦。

钱源坦言，因为父亲钱万强经商有方，家里经济条件比较优越，他从小吃穿都是名牌，放学也有父亲开车接送，全家还经常去外地度假游玩，在 20 世纪 90 年代，这俨然已是一种“富二代”的生活。但他习以为常的优越生活却随着父亲钱万强决定在桐庐承包荒山后发生了变化。当钱源来到桐庐时，发现这里完全不是自己所想象的“世外桃源”，而父亲的生活环境简直可以用“艰苦”来形容。最天然的骨肉亲情使钱源决定陪伴父亲。

而在 2003 年，他们家陷入了最困难的时期，父亲紧锁的眉头、奔波的身影让钱源看到了生活布下的重重难关。于是平时穿惯了名牌的“少爷”也开始节衣缩食，钱源试着用自己的实际行动来帮父亲分担家庭的压力。暑假里，他更是主动到万强农庄里来帮助父亲打理农活，一步一个脚印地学习，从一个毫无务农经验的城市青年变成了会给果树剪枝、除草的农活行家，有时甚至为了照顾生产的母猪而夜宿猪棚。这段在农庄里陪伴父亲的日子，成为钱源把大山融入生命的第一步。

大学毕业后，钱源更是把时间和精力都投入到协助管理万强农庄的工作上来，不仅全盘接手了万强农庄的管理经营工作，更是把农庄的发展开拓出了新路子，实行“一产带动三产，三产为一产服务”的模式。依托丰沛的种养规模，万强农庄打出了自己的特色：满山的桃、梨、杨梅，还有猕猴桃、樱桃、草莓，依照时序次第成熟，使不同季节到来的游客能在玩赏山林的同时感受采摘水果的自然野趣。四月的茶园里，还架起茶锅翻炒茶叶，让城里的游客能够观看到茶叶的生产流程。甚至还有小学在此建立社会实践基地，组织学生们来农庄参观和体验农事农情。有了如此丰富的玩赏途径，万强农庄能够吸引络绎不绝的游客前来休闲度假。

尽管旅游业发展蒸蒸日上，但农业始终是产业的中心，其中的生猪养殖更是农庄最核心的循环动力，农庄里的猪粪经过处理后，除了供给自家的果蔬菜地，还可以免费送给当地果农作为肥料，但前提是农户不能在游客采摘季节对果蔬喷洒农药。而通过万强农庄代果农们销售的瓜果蔬菜，其天然无公害的优质农产品往往能够以每斤高于市场价两三元的价格出售，这在增加农庄效益的同时更提高了农民的收入，这种被钱源称为“公司＋农户”的模式使得父亲钱万强想带领桐庐农村致富的梦想成为可能。

作为万强农庄的下一任掌舵人，钱源从父亲的肩膀上稳稳地接过了担子，而且他相信自己会走得更远、更好。作为一个儿子，他把心放在家庭和事业之间，寻找最坚实的平衡点，为父亲擎起一盏回家的灯，也照亮了自己的人生。

立足农业　相信未来更远更好

钱源是从城市走进乡村的新型职业农民，他参与了万强农庄的建设过程，也见证了它在自己努力下的蜕变成果。父亲钱万强是在经历了几十年的创业风雨之后才开始创建万强农庄，钱源却是以二十岁的大好年华走入荒山，相比父辈，他身上似乎有着更多的割舍与牺牲，也有着超越同龄人的担当。但面对如今自己的成绩，钱源却直言自己很幸运，农业是青年人成长的沃土，投入这方面钻研的人不多，因此很容易出人头地。此外，国家还会有多方面的政策扶持，例如，新型职业农民的培育、现代青年农场主的培训，能给他们带来新的知识、科学的管理办法，使他们结识更多志同道合的创业者。

本篇撰稿人：钱　源

人物导读 孙灵娟，女，出生于1981年9月，中国人民大学法学学位、工商企业管理学位，浙江大学经济学硕士，在读管理学博士，从事工业企业管理15年，2015年成立浙江方园农业科技有限公司。将工业企业管理方法、智慧农业的科技成果和“互联网+”的理念运用于农业创业中，实现企业的发展壮大。

农业领域的创业巾帼

——浙江省/永康市/孙灵娟

从“工业”反哺“农业”，注册资金5 000万，孙灵娟不仅实现了自身企业的规模壮大，还在区域内引领带动创业致富，通过对区域内农业龙头企业的拉动，及在区域内对约计100户农民每亩一万元的增收，整体拉动藏红花产业的发展，农民增收。

一次误诊引发投身农业想法

孙灵娟，作为永康知名工业企业股东之一，她主要负责企业运营，在业内做得风生水起，为公司赢得不少利润，生活也过得十分优渥。这一切在2014年的一次体检后改变了。

那次体检中，医生告知她体内某器官有阴影，怀疑是肿瘤类疾病，这让孙灵娟感到十分震惊。虽然只是虚惊一场，但对于孙灵娟的人生规划中造成的影响是巨大的。她深深地意识到，如果没有健康，有再多钱也是没用的，毕竟健康才是1，其他都是0。经过多方的市场与大环境等方面的衡量思考，她决定放下手头的一切，重新创业，投身绿色健康的产业中。

多年的工业运营给她带来了较强的管理与运营能力和丰厚的社会资源及资本。2015年，她成立了浙江方园农业科技有限公司，注册资金5 000万元。企业定位发展中高端农业，中短期产品相结合，力图通过科技运用和商业模式创新，实现农业现代化。

制定生产标准，发展智慧农业

在一次偶然的机会中，她了解到藏红花的妙处和产业前量。此后，她通过海关及其他的数据了解分析到，近年来每年藏红花出口规模超过10亿元，她感到这是一个很有“钱景”的中药材板块。2015年，她单项目投入500多万元，成立50亩精品示范园，同时发展了一批农户，跟种300亩，种子、技术、销售全部由浙江方园负责；2016年，她单项目投入1 500万智慧农业自控系统，在永康区域带动藏红花产业化发展，通过现代信息技术，完成农产品“研、产、供、销”一体化模式，产业增效，带动当地农民滚动发展，辐射扩张，形成产业链。

制作产品，总要求有一定行业及产业标准，为了发展好藏红花产业，她自费到伊朗某集团学习藏红花种植、加工等技术半年多，并请来伊朗藏红花专家帮助制定企业藏红花种植标准和花丝标准，力争让企业营销中高端产品对应的特级藏红花。

这还不够，就像工业自动流水线一样，孙灵娟要做“无人种植”。为此，2017年孙灵娟又投资800万元在10 000平方米的组培室里架设了物联网，根据专家们研究出来的数据，设定藏红花生长需要的湿度、通风、光照，为植物提供适宜的生长环境。

引入溯源机制，拓展产品销路

孙灵娟不仅搞藏红花种植，同时还经营苗木、杨梅等。如何保证生产出来的产品顾客信得过？为此，2017年孙灵娟又花了300多万元请来专业技术公司，为其量身打造农业种植MTC（ERP）平台，实现育苗-种植-采收-加工-包装-销售全业务流程的管理和追溯，顾客只需扫一扫二维码，就可以知晓该农产品种植、检测全过程。

在黑龙江五常地区，孙灵娟流转了近两万亩稻田，采用绿色种植，每年有将近万吨新米运回内地销售。这么多大米，怎么销售得完？孙灵娟却不愁，原来，在工业领域，她积累下来了一批高端客户，她自己还经营着高端美容美发厅等，这些颇有经济能力的人青睐绿色放心食品，孙灵娟的米当然不愁销路。

浙江方园于 2016 年被金华人民政府授予金华青年创客农场，致力于为区域内的农企提供电商或电商周边服务行业平台（包括微商、电商、第三方服务方，APP 开发、科技信息化相关产业）、外贸销售；投资合作（创业创新，合作共赢）；大学生就业创业等。孙灵娟认为，只有自己成功了，才能更好地带动别人的成功。而在当下，农民的品牌意识大多比较弱，在知识和认知上都有一定的局限性，需要有人把专业的知识转化成他们能够理解的语言，给他们提供行动的标准和技术能力的要求，同时又具备平台资源，可将传授的知识和技能转化成生产力。而这些也正是一名农村电商讲师应具备的基础。而且授课这样的形式可以更好地帮助实现信息的吸收和转化。

农业创业有着自身的优势、政策导向的支持、未来发展的趋势，但是农业创业更有着工业或是商业所没有的艰苦，如投资的周期、金融对于农业设施投资的不认可、专业人才对于农业的放弃（人才成本非常高，因为农业从业者的社会地位太低，农业专业毕业生中选择从事农业的人连 10%都不到）、农产品销售的制约（太多产品不能运输、不便于保存等）、品牌建设（农业起点低，同时无良农民事件对于行业的冲击等）等。

孙灵娟能在此环境中走出自己的成绩与特色，与孙灵娟自身的工作经历及公司的发展定位有关。公司采用合伙机制，让一些农业爱好者或是农业专业者加盟公司，持有股份与分红，其收入与公司的收益是紧密结合的。相信在一定的时间内，浙江方园农业在孙灵娟的带领下，凭借着对科技的运用及商业模式的创新，能走向农业现代化。

孙灵娟通过投资、给项目方式帮扶一批大学生青年农场主致富。截至目前，她已投资了 15 个大学生创业项目，此外，2017 年 7 月又有 32 个大学生来到其位于永康的农业基地，在 21 000 多亩土地上将自己的梦想“变现”，携手走向现代农业！

本篇撰稿人：孙灵娟

人物导读　石高强，男，安徽省阜阳市临泉县人。他出生在农民家庭，家乡临泉县是国家级贫困县，大学毕业后，经过深思熟虑毅然回乡创业投身农业。虽然在创业过程中，他遭到家人反对和各种困难挫折，但他不放弃，不断学习，推广新的种植模式，大幅提高了土地的亩均效益。他通过选拔成为一名扶贫干部，把自己的创业发展与当地的产业扶贫紧紧联系起来。

大学生的“乡土”梦

——安徽省/临泉县/石高强

他是从贫困县走出去的大学生，毕业后却又毅然选择回到贫困县；他参加新型职业农民培训，流转土地，成立专业合作社，发展农业创业；他既是一名新型职业农民，又是一名扶贫干部。他就是安徽省阜阳市临泉县石高强。

图书馆里的决定

石高强出生在一个农民家庭，家乡临泉县是国家级贫困县，和大多农村走出的大学生一样，他起初并没有想过要再回到农村发展。

大学的最后一年，对很多人来说都是最后的狂欢，但石高强突然觉得自己应该好好读些书了，打算去考研。念此，他便一头扎进图书馆，开始划动梦想的桨。

在备考的专业课中，有一门课叫资源经济学，在学习书上理论知识的时候，石高强总会联想到农村的方方面面。临泉县农村比较落后，劳动力大量输出，留守现象普遍，多平原良田，工业落后，但天蓝水清的环境资源却较好地保留了下来，而环境资源正是现今经济发展中尤为稀缺的资源。石高强一度认为城市经济文化的发展，把农村经济文化冲击得体无完肤。他还和室友辩论，从某种意义上来说，就像当年欧洲对美洲的冲击一样。他室友却说，也许在冲击当中，会给你们建造一个强大的“美国”呢。在临考前，随着大量阅读时政新闻，石高强认识到国家对农村的投入越来越多，国家扶贫的决心逐渐展现出来，再联想到资源经济学的知识，他忽然觉得，回贫困县临泉农村发展大有可为。这个念头一经浮现，便挥之不去。

既然决定了，想清楚了，就勇敢向前，刚好也到实习期，石高强便申请自主实习，2014 年毅然回到了临泉。

梦想照进现实

石高强回到临泉，回到家乡，呼吸着故乡的空气，他感觉到每一个毛孔都是舒适的，一切都是那样的美好。就这样，开始吧，他告诉自己。

自己的家乡，哪块土地最合适，他心里再清楚不过了。确定好目标，了解清楚情况，便跟家人说出了自己的想法。然而现实很骨感，他和大多数回乡的大学生一样，遭到了家人强烈的反对，被劈头盖脸地说了一通，尤其是他爷爷，更为激动。但深思熟虑的选择，哪能这么轻易就放弃。父母不提供资金，他便自己四处融资，好在得到大学同学、亲戚的支持，启动资金准备好了，接着他便去村民那里签了土地流转合同。村民的反应十分有趣，他们觉得大学生回来种地很奇怪，议论纷纷。石高强一家一户地去找村民谈，大多数村民还是接受的，只有一小部分人不同意，这在意料之中，小部分人影响不了大局。但是事实却给他上了生动的一课，在去县城取款准备支付地租时，他因为临时有事情，晚回来了两天，但就这两天的时间大多数村民却犹豫了，原来少部分不愿意流转土地的人，煽动大多数中立的人，甚至传出“土地被流转了就不是自己的地”的流言。最后他通过调整地块等方式，费了好大功夫，土地流转才算完成。

资金筹好了，土地租好了，真正到生产的时候石高强又遇到问题了：大学所学的知识和现实农业生产相差太远。他临时抱佛脚，抓起农业科技书籍学习起来，不懂就向当地的农业技术专家请教，还去临泉县农广校参加新型职业农民培训。

在培训中，他接触到来自全县各地的种植大户，和他们一起畅谈、一起交流、一起学习，特别是到各地农业示范园区、大户种植基地参观学习，感悟很深。

在长达一年的培训里，他系统地接受了农业发展的相关知识，认识新品种、掌握新技术的能力大大提高。通过培训这个平台，他认识了很多相关领域的老师和同学，为长期稳定的农业发展进一步夯实了基础。

临泉县地处皖西北的门户，中原之地，历来都是重要的粮食产区。但平原地区小麦和玉米的发展已经到了瓶颈，若想靠大田作物增加收入，相当困难。这里原本是红薯的高产区，虽然产量高，收益大，但受制于人多地少，一直无法扩大规模。在农广校老师的帮助下，石高强到外地参观学习，掌握了红薯插秧、管理、机收等技术。

石高强优化种植结构，推广小麦＋红薯（紫薯）的种植新模式，于是开始热火朝天的红薯、紫薯栽种。这时又发生了一件有趣的事情，现代栽种技术强调浅栽、平栽以便提高产量，但传统的栽种方式讲究的是深栽以便保证成活率。而在地里干活的多是一些年龄偏大的农民，安排让浅栽，一转身便又把苗埋得深深的，还说“年轻人你还是不懂啊，我栽了一辈子红薯，都是这样栽的，你那方法不行。”石高强费了不少口舌才说服他们按照新方法种，直到收获验证了新方法的效果，才让老农民们心服口服。

后期的管理，石高强更是事必亲为，不辞辛苦。天道酬勤，一分耕耘，一分收获，再加上天公作美，第一年的红薯喜获丰收，每亩经济效益提高近千元。

难忘的“乡土”情结

临泉县农村的环境资源比较好，天蓝水清，良田众多，为什么不利用好环境资源，来生产高质量的农产品呢？故乡的土地，种出来的还是原来的味道。

石高强这种想法得到了朋友的支持，当时也正在申报专业合作社，索性合作社的名字就叫乡土吧，大家也一致同意。于是，故乡的土地，原来的味道，便成了合作社发展的理念。

乡土合作社发展得到了村支部书记和当地农业综合服务站的大力支持。农广校又推荐他参加省农委组织的安徽农业职业经理人培训。此培训更是极大地开阔了他的视野，提升了他的战略发展眼光和战略布局能力。

临泉县组织部从退役士官和大学毕业生中选拔扶贫干部，临泉县的实际情况决定了扶贫肯定离不开产业，产业离不开农业。在村书记的支持下，石高强去参加并成功通过了考试，成为一名扶贫干部。

2016 年，合作社种植面积近 500 亩，在推进产业扶贫，解决农村剩余劳动力就业方面起到了积极作用。虽然当年的极端天气使效益有所下降，但合作社成功渡过难关。

2017 年，合作社进一步调整优化产业结构，根据合作社成员各自特点，种植 260 亩土豆、120 亩大棚蔬菜、60 亩大棚西瓜、200 亩小麦。目前蔬菜已经上市，大棚西瓜、土豆即将上市，小麦长势良好。合作社采取多元化经营，充分发挥个体优势，调动个体积极性的同时，兼顾整体规模的优势。合作社下一步发展的重点是大力发展种养结合的循环生态可持续农业，结合地区实际情况，适度发展旅游观光农业。

本篇撰稿人：安徽省临泉县农广校　李　珂

人物导读 周小高，男，1979 年 10 月出生，安徽省淮北市杜集区石台镇窦庄行政村村民。他头脑灵活，思维敏捷，敢闯敢干，返乡创业种桃，凭着吃苦耐劳、永不服输的创业精神，琢磨出了一套果树栽培、修剪、施肥和病虫害防治技术，依靠科技、勤劳致富。他致富不忘乡邻，带动周边种植户共同富裕，成为当地的致富带头人。

创业兴业的致富路上阔步走

——安徽省/淮北市/周小高

阳春三月，桃花让人心旷神怡，流连忘返；收成时节，桃园硕果累累，一派丰收景象。在这里有一个辛勤劳作的身影，他就是安徽省淮北市新型职业农民周小高。

思路决定出路，毅然回乡创业

文质彬彬的周小高曾是电厂工人，每天上班、下班、回家，三点一线的生活使他非常厌倦，感觉没有挑战性。不安现状的他在 2008 年辞职，先后经过商，打过工。一次偶然的机会，他看到了打工的地方有一大片繁花似火的桃林，顿时产生了打工不是长久之计，不如返乡创业种桃的念头。就这样他毅然返乡。他说服父母，带领弟弟，利用创业政策，开启了他的创业之路。

从 2011 年开始，周小高先后在豆庄村、刘庄村流转土地 60 亩、128 亩。头脑灵活的他，思路非常清晰，他深知盲打莽撞绝对不行，于是积极参加了区农业局举办的农业产业结构调整果树栽培技术培训，学习果树栽培技术，在承包地上进行了果树种植，建立了他的葡萄、桃树基地。

科学技术引路，辛勤筑就创业路

为了更好地掌握新型果树种植技术，周小高多次到山东省农业科学院，安徽省农业科学院，市、区农业局等地拜师学艺，还多次参加市、区举办的农业技术培训，并在 2014 年积极参加生产经营型新型职业农民培训。

在培训期间，周小高积极思考，勤于动脑，积极地向老师请教生产经营中遇到的问题，及时解决，每位授课老师都对这个好学的青年给予肯定。他学以致用，在学习中实践，在实践中总结，在成功中发展，通过几年的钻研，终于琢磨出了一套果树栽培、修剪、施肥和病虫害防治技术，熟练掌握了桃类育苗、栽培、嫁接、疏果、防病治虫等技术，成功解决了在实践中遇到的成熟果实变软、裂果等难题。

凭着执著与拼搏，周小高终于闯出了一条依靠科技、勤劳致富的路子，取得了骄人的成绩，成为当地远近闻名的优秀新型职业农民，一位农村“土专家”。在他的辛勤努力下，基地规模也在不断发展壮大，现已成为专业从事优质水果新品种引进、推广的示范基地。

优化品种结构，利用电商平台探索销售新途径

为更好地开拓水果产业市场，2013 年他又引进了桃子新品种及种苗繁育，现有加工鲜食一体的黄桃（黄金冠、金皇后）；极早熟毛桃（探春）；黄金蜜系列；晚熟新品种等。为让更多的人了解他种植的桃类、吃到健康绿色放心的水果，他在 2016 年又申报了无公害产品，并注册了商标。

他的探春毛桃，5 月底上市，成熟期在大棚桃与露天桃的交替阶段，这个时期的桃，价格高，行情好，各地水果商争相购买。周小高抓住这一桃子成熟空档期，使他的探春桃供不应求，获得了良好的经济效益。经过他的管理，他种的油桃，果个大、果形好，远销俄罗斯，深受好评。在黄桃种植上，当大家还拘泥于把黄桃送往加工厂时，他引进的黄金冠黄桃，皮薄、肉厚、汁多、核小、颜色光鲜，已经作为商品桃远销上海、深圳、广东、湖南和合肥等地。

为更好地打响自己的品牌，2016 年他又参加了杜集区农林水利局

举办的电商培训，在培训尚未结束时，他已经能够通过学习在网上开了一家淘宝店，推销他的黄桃罐头，将罐头销往了全国各地，打响了自己的品牌，使得2016年桃子产值达到170余万元。

情注厚土，致富不忘乡邻

一分耕耘，一分收获，劳动过程虽然艰辛，但看到这位被晒得黝黑的青年，整天乐呵呵的表情时，才体会到苦中之乐！周小高就是这样一位新型职业农民、科技致富带头人。他致富不忘社会、不忘乡亲，多年来热衷于公益事业，成为淮北“爱心集结号”会员，经常为贫困儿童以及孤寡老人捐款捐物。他先后帮助许多农户发展果业生产，成为致富路上的“领头羊”，并向20多户果农无偿赠送苗木，向群众免费赠送栽培管理技术及资料。新源农场获得的成果，不仅给农场带来了可观的经济效益，同时也给周边农户起到了示范作用，带动了周边60多家农户种植，并安置了几十名劳动力，为他们开创了一条脱贫致富之路。他先后培养出10多名农村科技明白人，目前这些人大部分也已成为致富带头人。该农场也在2014该被评为“全国农技推广示范基地”，2015年被评为“淮北示范家庭农场”，2016年被评为“淮北市职协会员单位”，2017年被评为“省级诚信单位”。2016年周小高被评为淮北市青年致富带头人。

周小高正以一个现代农业领跑者的姿态书写着他的人生追求，用实际行动诠释了一个新型职业农民的人生价值，相信凭着他的钻劲、韧劲和热心，一定会在创业兴业的致富路上越走越宽。

本篇撰稿人：安徽省淮北市童台学校　张艳红

人物导读　谢汉勇，男，1974年12月出生，是安徽省黄山市徽州区富溪乡人。多年外出打工后他回到家乡自主创业，创办孔雀养殖场，攻克孔雀孵化技术难关，依靠孔雀养殖发家致富。他将孔雀放养与旅游相结合，大幅提升孔雀养殖的附加价值。他牵头成立龙凤呈祥孔雀养殖专业合作社，带头周边农户发展特色养殖致富。他创办雀溪茗茶合作社，实现以孔雀养殖、景点放养、茶产业为主的多产业发展。他当选为富溪村村委会主任，积极投身村级公益事业，带领村民发展经济共同致富。他先后获得安徽省创业大赛“创业先锋”、安徽省致富带头人等荣誉称号。

让孔雀在大山里起舞

——安徽省/黄山市/谢汉勇

在黄山毛峰的发源地和核心产区黄山市徽州区富溪乡有这样一位年轻人，他心甘情愿地放弃了在大都市待遇优厚的工作和繁华的生活环境，义无反顾地回到自己的家乡——富溪村，坚定执著地去追求自己的理想，让孔雀在大山里翩翩起舞、绚丽多彩。他就是谢汉勇，既是一名成功的返乡创业致富带头人，又是一位普通的村主任。

情系百鸟王

1974年出生的谢汉勇，是土生土长的富溪人。地处深山区的富溪村，紧连黄山风景区，全村群山环绕、山清水秀，一流的生态环境、一流的自然条件，这里出产的黄山毛峰冠绝天下。少年时期的谢汉勇不甘心日出而作、日落而息的生活，1996年6月中专毕业后，20岁的他只身一人去广东闯荡。作为村里第一批出外打工者，他打过工，当过导游，做过销售，也做过企业管理员，经历了种种磨炼。在打工期间，他自学工商经营管理，模具设计，电脑画图设计等课程，同时也积累了一部分资金。这个从贫苦农村走出来的男孩，一直有一种乡土情结，2008年他毅然回到家乡自主创业。

从繁华喧闹的大都市，回到久别的故乡，当他面对这个熟悉而又陌生的地方时，一度感到了茫然和无所适从。他曾经想过开服装专卖店、开饭店等创业途径。但一个偶然的机会，他去云南旅游，在西双版纳参观了孔雀山庄，当看到一只只孔雀优美的舞姿，绚丽多彩的羽毛，特别是孔雀开屏时的美丽和神奇，他被这种高贵、吉祥神奇的动物吸引住了，一种从小就喜欢孔雀的情感从心底油然而生，从此一发不可收拾。

在随后一年多的时间里，谢汉勇跑遍了江西、江苏、浙江、福建等孔雀养殖基地。通过对孔雀场地进行认真考察，对孔雀市场的深入分析，对孔雀习性的细致了解，他发现孔雀养殖可开发的潜力非常之大。孔雀不仅是一种极具观赏价值的鸟类，是鸟中之王，而且也是世间罕有的滋补奇品，孔雀特色养殖产业不仅是朝阳产业，而且由于当前孔雀养殖场少，市场需求量大，前景十分广阔。他想，这些年自己在外打拼也有十几年了，虽然也积累了一些资本，但是随着年龄的增长，外出打工不是长久之计。于是他最终选择了孔雀养殖这个行业，创办孔雀特色养殖场。

艰辛创事业

说干就干，2009年3月，在当地党委、政府的大力支持下，谢汉勇从银行贷款20万元，再加上自己这些年的存款，共投资70万元，注册成立了龙凤呈祥珍禽养殖公司，在富溪村建起了占地10亩的孔雀特色珍禽养殖基地。万事开头难，孔雀养殖技术要求高，原先区内一家孔雀养殖场失败的最大原因是技术上的不成熟。孔雀养殖从场地选择、饲料配备、防疫消毒、引种和饲养管理等环节都有严格的程序和要求，特别是孔雀蛋的孵化更是丝毫马虎不得、大意不得。

在创业初期，在孵化上遇到的难题，也差一点给谢汉勇造成致命的打击。当时，市场上还没有一款孔雀专用的孵化机，如果用现有孵化机来孵化孔雀，其孵化率只能达到20%～40%，按当时市场上的苗价，直接损失就达4万多元。为了攻破孵化这一关，谢汉勇整天守着孵化机测量数据观察温度的变化，并且走访了很多孔雀养殖场，结合孔雀的习性和特点，研究着机器的设计原理，不断联系生产厂家。就这样到了第二年，他找到了厂家，在以前机器的基础上重新修改孔雀专用孵化机。功夫不负有心人，在厂家的配合下，他终于研发出了孔雀专用孵化机，大大提高了孵化率，降低了养殖户的成本和风险，攻克了孔雀的孵化技术难题。

为尽快掌握孔雀的养殖技术，谢汉勇不仅购买了许多孔雀养殖书籍进行自学，而且多次到江西、浙江云南等地实地考察学习。同时，他还积极参加区乡组织的新型职业农民培训，与市、区农业农村部门联系，要求在当地举办创业培训，增加特色养殖内容。同时，他聘用了省、市农业科学研究所的专家作为技术顾问，在基地的硬件建设上，着力完善饲养笼舍、运动场、种蛋库、孵化室、饲料库及加工间、科研室、兽医室及各种生产、生活辅助设施等。经过两年多的发展，孔雀养殖基地已初具规模，商品孔雀、七彩山鸡及优质土鸡 1 000 多只，种孔雀 100 多只，所出产的孔雀蛋销至安徽、江西、上海等地，所养殖的孔雀在全市都有一定的知名度。2016 年，公司仅孔雀养殖收入就达到 30 万元以上，一番辛苦付出终于有了回报。

发展铸辉煌

在艰苦的创业中，谢汉勇一直认为孔雀的观赏价值远远高于其他价值，为提高孔雀养殖多种效益，他敏感地捕捉到，如果将孔雀放养与目前正火爆的旅游相结合，那么，孔雀产业的附加值将会大幅度提升，于是他与黄山市著名的景点屯溪花山迷窟共同合作，利用花山湖 40 余亩的湖面及空地打造孔雀旅游景点。孔雀旅游观光园，突出观光和旅游相结合，并主推体验游、亲子游、家庭游，结果大获成功。2016 年，景点持续火爆，络绎不绝，收入成倍增长，目前该景点成为了本市青少年体验大自然、关爱认识动物的必去景点。

为了加强与同行共同交流孔雀养殖技术，共享新经验，2011 年 5 月，他还参与筹划筹建了全国级别的“凤吟天下珍禽产业联盟”。该联盟是由黄山龙凤呈祥养殖有限公司等几家公司作为发起人，并不定期举办论坛，并开展行业内部交流。2011 年 8 月第一届“凤吟天下”产业联盟论坛由谢汉勇主持，来自江西、福建、浙江、广东、安徽本地的 20 多家孔雀和其他珍禽养殖户欢聚一堂，就孔雀的苗种获取渠道、养殖经验、销售策略及深加工展开了深入的交流。

促进孔雀产业规模养殖，带领乡亲共同发展增收，一直是谢汉勇多年的梦想。一方面，谢汉勇十分珍惜参加新型农民职业培训班机会，如饥似渴地学习养殖技术，另一方面，他利用在新型职业农民培训班上学习掌握的知识和平时经验，自费举办培训班 2 期，培训群众 100 余人次。通过结合新型职业农民培训，加之平时的手把手指导传授，目前，富溪村已有 20 余人掌握了孔雀养殖技术。同时，他还以公司名义，牵头成立了徽州区龙凤呈祥孔雀养殖专业合作社，在册社员 50 人。合作社采取统一供应孔雀苗种、统一技术服务、统一回收销售的模式，一方面有效地解决了群众在养殖技术方面存在的问题，另一方面最大限度地保障社员的利益，已率先培育 10 多户孔雀养殖示范户。每户赊供 20～30 只孔雀种苗和饲料，签订合同订单，保护价回收，最大限度地保障成员利益。

在做大做强孔雀养殖的同时，谢汉勇清醒地认识到，单一产业发展，市场风险大，很难将主产业做大做强，于是他以短养长。2015 年他利用当地丰富的茶叶创办雀溪茗茶合作社，生产加工当地的黄山毛峰，由于他专注质量，把好源头关，合作社的茶叶供不应求，2016 年产值达 150 万元。他终于初步实现以孔雀养殖、景点放养、茶产业为主的多产业发展，成为当地一名成功的创业致富带头人。

无私献爱心

逐渐富起来的谢汉勇，并没有忘记这片生他养他的土地，并没有忘记这几年默默支持他的父老乡亲们。他热心公益事业，为人谦和，积极上进，一心为当地老百姓办好事、办实事。每当乡亲们有困难或者当地需要做公益事业时，他总是率先带头，踊跃捐款，伸出援助之手；他还经常帮助困难学生，几年来，捐资助学达 1 万多元。2012 年 3 月 4 日，在黄山红十字会和黄山市民网、黄山创业网等单位组织的大型捐款义卖活动中，他把孔雀拿出来参加义卖，就是为了帮助患白血病的“小语笑”小姑娘筹款。每年的 4 月份，他还组织当地的小学生来孔雀基地参观学习，给孩子们上一堂科普教育课程，还为每一个到场的学生精心准备了一份礼物。

谢汉勇的行为得到了群众的充分肯定，2014 年他被选为富溪村村委会主任。当选村主任后的他就更繁忙了，他将更多的精力投入村级公益事业及村级经济发展中，在本村美丽乡村建设中，他身先士卒；在防汛抢险、雨雪冰冻灾害中，他义无反顾；在帮扶贫困上，他慷慨解囊。他一直舍小家顾大家，每年公司因此损失十几万元，但他总是说，赚钱的机会有的是，但为群众服务的机遇难得。一到晚上，富溪村委会主任办公室的灯光经常亮着，群众都说，谢主任又在加班了，这灯光也成为当地一道风景线。

几年来，谢汉勇还先后获得了安徽省创业大赛“创业先锋”、安徽省致富带头人、徽州区创业大赛一等奖、黄山电大农村行政管理专业优秀学员、黄山市“一村一大”技能大赛“写作科目”二等奖、安徽省第三届青年创业大赛“创业先锋”、黄山市劳动模范等荣誉称号。2016年，他创办的黄山市徽州区龙凤呈祥孔雀养殖农场喜获省级示范家庭农场。

孔雀鸣声洪亮高亢，响彻山谷，悦耳动听；孔雀开屏华丽神奇、美轮美奂、魅力无限。我们相信谢汉勇这位孔雀王子一定会如孔雀一样，以百鸟之王的气魄将孔雀养殖事业做得更大更强，也相信这位年轻有为的村主任一定会利用所学之长带动更多的山区群众致富增收。

本篇撰稿人：安徽省黄山市徽州区农业委员会　程美娟

人物导读 程黎刚，当涂县绿梅水稻种植家庭农场法人代表，当涂县旺发粮油种植专业合作社副理事长。2014年他注册成立了当涂县绿梅水稻种植家庭农场，并于2015年被评为市级示范家庭农场，承担了部级水稻高产创建项目，同时开展了省级粮食绿色增产模式攻关示范行动，并获得了全县高产创建成果一等奖。2016年，他开展了创业孵化器建设，帮助扶持更多的人创业。

敢于创业，造福一方水土

——安徽省/当涂县/程黎刚

带领乡亲，共同创业脱贫致富

近年来，在国家大力扶持“三农”的政策背景下，程黎刚看到了广大农村的发展前景，他相信深入农村一定可以大干一番事业。通过大量的调查走访，了解到当涂县农村的年轻人都到外地打工，留下的大都是老弱病残，老百姓家里的责任田大多是低价出租给别人。当地老百姓都认为：靠种田种地谋生，只能填饱肚子，想挣钱，去打工；想发财，去做生意。

一个大胆地计划在他的脑海萌生：何不将这些廉价的责任田成片流转过来，搞一个优质粮油种植基地？说干就干，他经过多处实地考察，综合各方面考虑，最后决定在护河镇幸福村开始他的创业历程。

2009年，程黎刚一次性流转300余亩土地，创业第一年便与现代牧业签约，大胆地改变本地传统的“稻-麦”种植制度为“饲用玉米-小麦”制度。后来虽然由于气候等原因出现了亏损，但并未动摇他的创业决心。第二年，他便总结经验教训，雇用管理经验丰富的农民，以水稻、小麦种植为主，出现了盈利。当年，小麦赤霉病大爆发，很多老百姓眼看着自家小麦不能幸免，心里万分焦急，辛苦大半年不说，最后很可能血本无归。

这时，程黎刚又有了一个大胆的想法，他多次与现代牧业协商，最后牵头组织将农户的小麦在成熟之前全量收割送到牧场作为青贮饲料。这一做法得到了农户的广泛支持，也避免了农户即将遭受的重大损失。此后几年，他稳扎稳打，流转面积达600亩，效益也成倍增长，同时通过雇工等方式增加了当地农民的收入。一些农民也效仿他，流转土地，当起了种粮大户，程黎刚耐心地与他们分享自己的经验和技术，带领他们共同创业，脱贫致富，起到了较好的带头促进作用。

充实自我，开拓广阔空间

2014年11月，程黎刚慕名参加当涂县农委举办的新型职业农民培训班学习，培训期间，他如海绵吸水一样，不断充实自己、武装自己，改善了农业知识结构，开阔了视野，拓展了思路，提升了境界，树立了现代大农业的理念。他的理论知识、实践经验都有了进一步提高，更提高了经营管理能力。

程黎刚认识到加强学习的必要性和紧迫感，现代社会日新月异的发展，科技时刻在进步，一刻不学习就落后，如果不能将新技术投入农业生产，就无法获得较好的经济效益。同时，程黎刚结交了许多青年创业朋友，利用QQ群在网上进行交流，互通信息、资源共享。通过交流，他开阔了视野，拓宽了发展空间。

培训期间，程黎刚开始接触并接受农业上的一些新概念、新理念和新思想。可以说，他通过新型职业农民培训，对农业的认识出现了由传统农业到现代农业的质的飞跃。

通过参加培训，他农业转型、现代农业产业化发展的思路逐渐明确。2014年，他注册成立了当涂县绿梅水稻种植家庭农场，并于2015年被评为市级示范家庭农场。农场于2015年承担了部级水稻高产创建项目，同时开展了省级粮食绿色增产模式攻关示范行动，并获得了全县高产创建成果一等奖；与当涂县农业科学研究所合作，引入20多个水稻新品种进行对比试验，以筛选出适宜本地的水稻新品种，为推广做准备；建成了一座育秧工厂，育插秧面积（包括自育自插）达2 000多亩。

项目在实施过程中，应用了大量新技术：全面采用优良品种，全面实施农业标准化、机械化生产，重点推广病虫害绿色防控、测土配方施肥、水稻机插秧、秸秆机械化还田、种植绿肥还田等关键技术，示范推广灯诱、性诱等物理防治技术，示范推广生物农药、高效低毒农药和有机肥、控释肥等新型农业投入品，执行农业投入品安全使用规定，建立农资台账和生产档案，做到产品质量可追溯。农场农业标准化覆盖率达100%，综合机械化作业水平达95%，科技生产水平显著提高。

通过项目的实施，他真正地把参加培训所学习的知识应用到实际生产中，实现了理论与实践的完美结合。早在2012年，为了实现共同富裕的目标，程黎刚与另一种粮大户牵头，联合部分种粮大户与农户，共同成立了当涂县旺发粮油种植专业合作社。

2015年，合作社投资700余万元兴建了粮油收购加工厂，加工厂占地约10亩，有8台烘干设备（日加工可达120吨）、两座仓库（可仓储7 000吨）、3 000平方米的水泥晒场及各种配套设施。

为了提高效益，合作社站在战略的高度，决定走品牌粮产业化发展的道路，正在申报“三品一标”。2016年，合作社购买了插秧机、大型农药喷洒机械，并在筹建农产品质量检测实验室，组建了社会化服务团队，正在积极为农业社会化服务做准备，让更多的农户获利。合作社生产基地也于2015年被评为马鞍山市优质粮油标准化示范区。

奉献社会，实现人生价值

虽然个人是相对富裕了，但程黎刚并没有忘记周边的乡亲们。正如他所说：“个人富裕不算真正的富裕，要大家一起致富才行！我们成立合作社的目的就是要带动更多的父老乡亲们，带着他们共同致富。我们年轻，更容易接受新事物，学习也相对容易，我们要把通过培训学习获得的知识传授下去，让更多的人获利，这也是我们新型职业农民应当承担的责任！”

程黎刚是这么说的，也是这么做的。2015年，在水稻收割期间，连续的阴雨天气让农户纷纷为收粮、售粮发愁，加工厂在烘干设备刚刚安装、仓库未完全建好的情况下就敞开大门，高价收购、加工农户潮湿的稻谷。农户们就像抓住了救命稻草似的，将稻谷一车接一车不停地运过来，加工厂也开足马力，烘干机24小时不间断地工作。

这时，有人提出：现在加工厂各方面条件还不够完善，农户的水稻水分都很大，如果烘干跟不上、储藏解决不好的话，水稻很容易霉变，风险很大；即使收购，也要压一压他们的价格。程黎刚当时就提出了反对意见："绝对不能压农户的价格！老百姓的心情我能理解，我也种了很多地，今年碰到了这种天气，收割本来就困难很多，售粮再也不能让他们操心了！我们成立合作社的目的不就是带着大家共同富裕吗?！无论何时，我们绝对不能忘了这个宗旨！我们的困难我会想办法解决!"最后，合作社共收购、加工了3 000余吨稻谷，避免了农户因粮食霉变而造成的损失，提高了农民的收益。

为了能更好地向农户传授先进的技术经验，合作社多次举办技术培训会，发放学习材料，2016年开展了创业孵化器建设，帮助扶持更多的人创业。

在谈及今后的发展规划时，他很坚定地说道："未来的路还很长。我们要在产业链的两端下功夫：原料一端，我们要坚持绿色环保发展；成品一端，我们要进行品牌化运营，坚持走品牌产业化发展道路。将来我们还要上粮油精加工设备，充分利用电子商务、'互联网＋'等技术，把我们的品牌做大做强！大公圩地区自古以来就是著名的'鱼米之乡'，我们要利用这块宝地好好打造出一个地区品牌，带着我们的父老乡亲共同过上更美好的生活!"

本篇撰稿人：安徽省马鞍山市农业委员会　盛　伟

人物导读　刘小保，男，安徽省太湖县强农农机专业合作社理事长。他外出打工多年后，回家种地，最初只是传统方法耕种，辛苦一年赚的钱好不够养活家人。后来，他参加新型职业农民培训转变思路，购置农机，发展全程机械化规模经营，取得较好的经济效益。强农农机专业合作社是安徽省省级农机示范社。

新型职业农民培训改变了我

——安徽省/太湖县/刘小保

2017 年 4 月 26 日，在安徽省太湖县强农农机专业合作社的培训教室里，40 余名农机服务人员正在参加太湖县农业机械化学校（简称县农机校）本年度的第二期新型职业农民培训。培训的协办单位太湖县强农农机专业合作社，是省级农机示范社和“平安农机示范社”，也是县农机校的实训基地。把培训班办到农业生产第一线，是县农机校培训创新新举措。协办单位的理事长刘小保是参加该县 2014 年新型职业农民培训的学员，也是远近闻名的农机大户。

回乡种田，辛苦一年养活不了一家老小

曾经，刘小保和同龄的年轻人一样，怀揣着“淘金梦”到大城市打工。辛苦打拼，也只不过是在解决温饱的情况下，略有盈余。离乡背井的滋味，妻儿老小的牵挂，难舍难弃的热土，让他毅然选择成为一只返乡的“归雁”。于是，他在自家五亩多的土地上，日出而作，日落而息。辛苦一年下来，他傻眼了，一年的收入只有 1 895 元。

“面朝黄土背朝天，辛辛苦苦干一年，不如城里人干几天，种田的收益太少了”。虽然过去了十几年，但如今刘小保说起来这些仍然不胜唏嘘。

是种的少了就赚钱少吗？接下来的一年，刘小保承包了周边邻居的

50 亩田，连自家的有 55 亩了。面积大了，必须要靠机械作业，这一年的拖拉机耕作 60 元/亩，收割作业 80 元/亩。两季水稻、一季油菜、小麦，加上农闲时走街串巷做点小生意，一年下来家庭收入只有 8 760 元，还是没有突破万元。

“一个身强力壮的高中毕业生，只是因为身在农村、是个农民、做的是农业，一年的辛苦，居然养不活一家老小”，刘小保当时的内心是极其失落的，对做农业也失去了信心。何去何从，实在两难。

转变观念，全程机械化规模经营获得好收入

2014 年 9 月，正在刘小保动摇和煎熬的时候，县农机校通知他参加“生产经营型水稻专业”培训。因为是免费的，他抱着试试看的心理去了。

“正是这次培训改变了我!”刘小保深有感触地说。“农业现代化、城乡一体化、农民职业化等许多新知识、新理论让我感觉到有很多充满希望的东西；实训让我学到了很多技能；实地考察开阔了视野，我陡然发现原来农业还可以做得这么大、这么好。”几年过去了，当时的感慨依然还在。“经过培训，我的经营理念、管理模式、运作方式都有了改进。”

培训回来后，刘小保果断地拿出打工的积蓄，买了一台东风 404 轮式拖拉机和一台收割机，承包了 120 亩土地。“耕作和收割轻松多了，又省时又省力。做好了自己的，还可以替别人做，挣收入。关键是遇到技术上有了问题，可以随时和培训班上的老师联系，都能及时解决，没有后顾之忧。”这一年刘小保净挣了三万多块钱，他做农业的心坚定了下来。

刘小保和培训班上的几个同学一起，成立了太湖县强农农机专业合作社，他担任合作社的理事长。三年里，他的合作社陆续添置了拖拉机、收割机，更可喜的是添置了高速插秧机和植保机械，基本上实现了生产的全程机械化。土地流转规模已达到 700 余亩，一年的纯收入有将近 15 万元。

如今的强农农机专业合作社流转经营土地 4 500 余亩，作业服务面积万余亩，拥有各类型农机具 134 台（套），有机库棚、育秧车间、维修车间、培训教室等设备设施。合作社是省级水稻生产全程机械化示范

基地、省级统防统治示范组织、平安农机示范社，2015 年被认定为省级农机示范社。合作社的骨干成员作为新型职业农民，有自己农业生产的经营收入、作业服务收入和入社的股金分红等等，年收入平均都在 20 万元以上。

“这一切都是沾了培训的光，生产条件改善了，观念变了、知识技能强了，西装革履种庄稼已经不是梦想。”是的，就像刘小保所说的那样，农民，已经是一份体面的职业了！不仅仅是刘小保，合作社的成员黄小双是 2015 年由合作社推荐的第二期新型职业农民培训班学员，现在成了远近闻名的农机维修大师傅，2016 年维修营业纯收入 17 万元。在为当地农机作业生产提供快捷便利服务的同时，黄小双自己也成了一个“有钱人”。像黄小双这样的还有“机耕大师傅”王中华、甘结明，机插秧能手黄龙茂、韦正明等一批新型职业农民。因为职业素养和过硬的技术，他们的服务都要提前预约，通过合作社实行订单作业服务。

致富不忘乡邻，带动周边贫困户脱贫

“我是农民，自己发展了，不能忘了乡亲们。我的目标就是带领更多的农民一起发展”。从 2014 年开始，刘小保就有意识地流转周边贫困户的土地，并从他们中聘请有劳动能力的人到合作社从事各种工作。一年下来，这些贫困户的土地股金和工资收入有 2～3 万元，基本上甩了贫困的帽子。

说到今后的发展，刘小保胸有成竹：“要想他们做得更好，培训是首先要考虑的事情！这几年合作社的骨干成员基本上都参加了生产经营和专业服务型的职业农民培训。今天我特别兴奋，县农机校把培训班办到了我的合作社。我要求合作社其他符合条件的成员和我们周边的农民都报名参加遴选。就是希望他们通过培训，做一个有文化、懂技术、会经营、善管理、能创新、带动力强的新型职业农民，在农村这一方热土上、在农业这一个最古老的行业中实现梦想”。

本篇撰稿人：安徽省太湖县农业委员会　胡方保

人物导读 张建昌，1972 年 4 月出生，中共党员，安徽省天长市永丰镇桥湾社区人，天长市青年农民专业合作社联合会会长、天长市丰仓机械种植专业合作社理事长、天长市大地农业专业合作社联合社副理事长。他创办的天长市丰仓机械种植专业合作社为农民提供农业种植、农机、农业技术、植保等服务。他创办的张建昌家庭农场，打造了集农机、农事服务于一体的现代化农机大院。

新型农民就是要有思想、有创新

——安徽省/天长市/张建昌

生在农村的张建昌一直没有丢下农业。他不但自己种地，还为农民提供农机、农事服务。他希望把“良种良法配套，农机农艺结合”的种植方式和服务理念，传授给天长更多的种植户。

注重学习展技能

2009 年 3 月，在当地农机部门的引导下，张建昌创办了天长市丰仓机械种植专业合作社。之后他一直不断学习种植方法和农机技能。

2014 年 9 月，张建昌首次参加了天长市农广校举办的新型职业农民培训班。听了几堂课后，他感觉到这样的培训与以往不同，学校教学注重“学、看、做”，是真正意义上的培训。“农广校请了一些‘实质性’的专家授课，讲了联系实际的课程。另外，不仅在课堂教，还带我们到实地看，看人家是怎么做的，让我们进一步认识到，新型农民就是要有思想、有创新。”张建昌说：“一些种田大户对秸秆还田技术感到心里没底，通过培训，专家讲的内容切实可行，以前的困惑迎刃而解。另外，安徽农业大学教授讲的镇压辊技术与自己想的差不多，买一个要两三千元，自己做一个仅花了六七百元。”

创新管理增效益

2015年，张建昌参加了安徽省青年农场主培训班。通过培训，他了解了国家新型职业农民培育工程的有关政策，学习了农业、农机各方面的先进技术。他不仅和省市农业专家建立了沟通帮扶纽带关系，增进了感情，还经常和培训班上结识的朋友联系交流，不断积累经营管理经验，在思想和技术上有了质的提高。

经过几年的努力，合作社从成立之初的7人发展到现有社员105人，下设防汛抗旱服务队、统防统治服务队；从只有大小9台（套）农机具到目前拥有各种农业服务机械229台（套），其中，收割机12台，拖拉机13台，插秧机31台，手扶拖拉机70台，植保机械92台，高地隙喷杆喷雾机2台；从承包土地195亩起步增加到目前的717亩；固定资产达380万元。每年带动1 000多人从事农业服务，代育代插秧5 000多亩，植保服务1万多亩，耕种收服务1万多亩，服务交易额350万元。

辐射带动效果好

2014年，开阔了视野的张建昌萌发了再次创业的念想，注册了天长市张建昌家庭农场，增加了承包土地面积，开拓了农业种植、农机服务、农业技术、植保等农机、农事服务范围，新建了一座4 100平方米的现代化农机大院，一座育秧工厂，按照“良种良法配套，农机农艺结合”的种植方式和服务理念，服务天长及周边县市的大户和农户。

通过职业农民培训，他的农场在农业生产上产量有了大幅度提高。通过订单种植，每亩效益近2 000元。他注册了大米“晶倮”商标，通过淘宝、微商、实体店等销售，体现农产品优质优价；引进了生物农业集成技术，依托安徽省精准农业服务中心和安徽省高效农业中心，打造安徽省优质食材生产供应基地和安徽省高产创建省级示范基地，用生物农业生产方式替代当前常规化学生产方式，提升农产品品质；注册了“丰仓”商标，致力打造全程社会化服务品牌……

这几年对于张建昌个人来说是一个个丰收年，合作社获得了省级农机示范合作社称号，个人参加滁州市第二届“丰乐杯”机插秧大赛并获得了一等奖，曾经是学员的他被天长市农广校聘任为“机械化育、插秧技术”授课教师，被选任为由共青团天长市委和天长市农委牵头成立的青年农民专业合作社联合会会长，申请的水稻机插秧弹性秧龄育苗技术和水稻留高茬小麦免耕条播技术两项专利获得国家授权。

本篇撰稿人：张建昌

人物导读 夏登清，男，从农业的门外汉转型投身建设家庭农庄，最初经营和管理出现问题，但他不轻言放弃，不断学习转变思路，发展种养结合的立体生态农业，取得良好的效益。他把农业和教育结合起来打造“亲子农庄”和青少年科普基地。他打造的“欢乐岛-梦香小镇”田园综合体，集种养结合的生产基地、青少年科普教育的成长基地、外来媳的创业摇篮等多功能于一体。

做一个有“温度”的农民

——安徽省/宣城市/夏登清

在安徽省宣城市宣州区养贤乡宝圩村，有这样一个地方，有优质稻米种植、生态水产养殖、生态畜牧、花果林菜等，有为青少年提供农事体验、自然探索的成长基地，也有为外来媳创业的摇篮。这就是“欢乐岛-梦香小镇”田园综合体。它的创始人叫夏登清，一个有“温度”的农民。

“门外汉”带着梦想扎根农村

2009 年，夏登清前往成都，在当地一个朋友的招待下住进了一个农庄里，这给他留下了很深的印象，也让他陷入了沉思。“我的家乡山清水秀，不也可以做一个农庄吗?”带着这样的想法，夏登清开始在全国各地调研，他要将别人的经验带回家乡，再结合本地特色，建立一个属于宣州人自己的家庭农场。

夏登清本在外地从事教育工作，虽说小时候干过农活，但如今在农业方面却是个实实在在的门外汉。2013 年下半年，夏登清从当地农民手中流转了 1 200 亩土地和水面，并请他们来种植水稻和养鱼。“一开始我有很多想法，但是操作起来却发现困难重重，有些理念根本行不通。一开始我想带着老百姓干，结果是他们把我带进去了。”夏登清说。创业初期，夏登清虽说有想法、有理念，却没有办法、没有措施，只是做了简单的加法：以前是一家一户种自家的田，养自家的鱼，现在夏登清只是请他们一起种植、养殖，效果并不好。仅仅半年的时候，他就亏了近200万元。

参加培训获得新思路

2014年9月，夏登清坐不住了，他深知如果继续这样下去，他的农场梦是无法实现的，他也无法带领当地老百姓致富，必须要加强学习，改变思路。

其实，夏登清在创业的同时，也在不断地参加新型农民培训，无论是种植方面的、养殖方面的还是电子商务方面的，他都认真学习。

2015年，他参加了由省农委、省教育厅、团省委共同举办的安徽省现代青年农场主培训班，培育时间为期3年。夏登清在这个培训班上收获颇多。集中培训期间，他和宣城市其他农场主白天参加系统培训，晚上就坐下来进行座谈，聊一聊自己的农场，并互相指出问题所在，用夏登清自己话来说，就是互相“扒皮”。“我们每天晚上聊到凌晨两点，进行‘诊断性’座谈，把你扒得血淋淋，有时候都坐不住了，但是效果还是非常好的。”与此同时，他们定期会选择一位学员的农场去实地调研，既互相捧场，也互相学习。

除了自己参加各项培训，夏登清还特意买了一辆七座车，带着村民们出去学，到全国各地“取经”。

取了经，就得学以致用。夏登清立即转变思路，他决定不能再做简单的加法，要彻底改变现状。于是他又流转了800亩土地和水面，将单一的农业种植模式，提升为立体生态的种、养结合模式。

以前田地都是单纯地种水稻，现在，夏登清采用稻虾轮作和稻鸭共育。“稻虾轮作”种植的水稻，属于无公害大米。为了保证虾的繁育成长，田里不能使用农药，这是稻虾同田的充分必要条件。小龙虾不吃稻苗，但可以吃掉田中消耗肥料的野杂草和水生生物，稻田里常见的稻飞虱、螟虫都是小龙虾的美味食品。同时，小龙虾在稻田里不停行动、觅食，还能帮助稻田松土、活水、通气，同时排出大量粪便，起到增肥效果。水面也不只是单纯地养鱼，而是鱼鸭共育，充分利用水面，做到资源共享，良性循环，实现双丰收。同时，夏登清还有110亩牧场，240亩蔬菜，花、果、林和家禽养殖。夏登清骄傲地说：“我家的羊不提前订根本买不到，上次宁波的客人找我买羊，我说你出再高的价我也没法卖给你，全都被订完了。”

改变了生产模式，夏登清开始琢磨提升管理方式。“以前是我聘用当地村民，他们的积极性不是很高，他们自己眼里没有活。”夏登清说，这样的管理模式无法调动村民的积极性，他决定采取精细化管理，责任到人，将每一块区域指定责任人，管理的成效直接与年底奖金挂钩，这样大家都能深入到田间地头，学技术、下功夫。

夏登清的农场主要采取订单式销售，产品的销售基本不成问题。与此同时，他还搭上了电商的快车，让顾客可以直接在网上商城下单，购买这些农副产品。

转型是为了更好的出发

夏登清的家庭农场发展得越来越好，也渐渐步上了正轨。可是去年宣州区发生了特大洪涝灾害，夏登清的农场也损失惨重。田地全被洪水淹没，夏登清坐在山头上，看着眼前的“汪洋大海”陷入了沉思。“当时我坐在山头上，大家都以为我要疯了，其实我在想怎么转型的问题。”夏登清回忆起当时的场景。

虽然洪涝灾害让夏登清的农场成为了一片汪洋，但是他前进的脚步并没有停止。作为一名教育从业者，夏登清决定不能单纯地做农业，而是要将农业和教育进行一个整合，要打造一个自然学校。“欢乐岛”亲子农园应运而生。在这里，孩子们可以徜徉在大自然的世界里，在玩闹中学习。现在亲子农园正在编辑以 24 节气为轴线的课程活动，旨在提升农事体验的价值和教育意义。夏登清充分利用丰富的农业资源，建设“青少年素质教育基地”“青少年社会实践基地”和“青少年科普基地”。现在，“欢乐岛”已经成功申请国家体育总局青少年户外活动营地（夏令营），为青少年的户外运动和拓展搭建了舞台。

除了亲子农园，夏登清还将打造“梦香小镇”外来媳创业园，用“我为家乡代言、家乡让我致富”的理念扶持外来媳妇创业。

现在，“欢乐岛—梦香小镇”田园综合体经过四年的积累和调整，已初具规模，但是离夏登清的梦想还有一段距离。他要做一名有“温度”的农民，带着当地农民一起致富；他要做一名有“温度”的农民，让孩子在大自然的怀抱中健康成长，他也将不断学习，朝着梦想步步前进。

本篇撰稿人：安徽省宣城市宣州区农业委员会　吴玲雁

人物导读 叶芬，女，福建省光泽县人，她抓住家乡大发展大变化的机遇，辞去高薪、稳定的工作，回乡创业建设绿色蔬菜生产基地。她用现代农业设施装备基地，用无公害标准组织生产，用新型销售渠道营销农产品，吸纳贫困户为社员，带动他们一起致富。她获得了“福建省农村青年致富带头人标兵”“福建省三八红旗手”等荣誉称号。她创办的光泽县武夷绿园蔬菜专业合作社，被评选为福建省供销系统农民专业合作社示范社、福建省级农民专业合作社示范社。

将梦根植在绿色的田野上

——福建省/光泽县/叶芬

从苏州大学纺织工程毕业的叶芬，最初和很多大学毕业生一样，选择了在苏州一家公司上班，工作安逸、收入不错、生活惬意。然而福建省光泽县正发生翻天覆地的变化，建设中国生态食品名城、打造绿色硅谷，为她感到机遇与挑战并存，促使她毅然放弃高薪、稳定的工作，回到家乡，因为她坚信家乡光泽县定会有她扬帆起航的一席之地。而这一片绿色蔬菜基地，一定可以孵化梦想，她要把梦根植在这片绿色的田野上。每每忆起自己充满酸甜苦辣的创业之路，她的脸上就溢满了幸福满足的微笑。

理想火花点燃创业希望之路

叶芬的家位于城乡结合部，那里有大片闲置待流转的丰沃土地，非常适合发展现代化农业。在对光泽县鸾凤乡油溪村进行深入田间地头的考察后，对光泽及周边县市蔬果市场深入调研后，她认定了农民这个身份。油溪村的自然、社会环境均有利于蔬菜种植，蔬菜基地发展蓝图在叶芬的脑海中逐渐构建成形。

叶芬致力于发展现代设施农业、品牌农业、生态农业和绿色农业，成立了光泽县武夷绿园蔬菜专业合作社，注册了“绿夷”商标。蔬菜基地种植面积 300 亩，建成设施大棚 100 余亩，其中智能温控大棚 40 亩，保温大棚 60 多亩；水肥一体化灌溉设施、80 千瓦供电线路、源头可追溯等现代化农业基础设施。基地年种植无公害蔬菜品种 50 多种，年产蔬菜产品 1 500 多吨，相当于光泽县蔬菜总需求量的 10%，年产值 500 多万元，现已成为当地规模最大的蔬菜基地之一。合作社 2015 年 12 月被评选为福建省供销系统农民专业合作社示范社，2016 年 3 月被列入福建省副食品调控基地，2017 年被评选为福建省级农民专业合作社示范社。

执著追梦，典型示范谋发展

叶芬虽然出生成长在农村，但对蔬菜种植方面的专业知识和技术知之甚少，无论是基地设施建设还是生产种植，都需要重新学习。她有理工科女生的执著和拼劲，从不气馁，向有经验的菜农虚心讨教，自学各类科普专业书籍，多地走访实地学习，还积极参加农业等部门组织的农业知识培训，聘请省级农业专家、县级农业科技人员开展技术指导与培训。通过制订合理的发展规划、融入现代化经营管理技术，不断提升专业合作社产品的质量和科技含量。从建社初期，她就秉承绿色生产的信念，要求全体社员和员工们严格按照无公害标准组织生产，以绿色优质农产品供给为目标，为当地及周边群众舌尖上的安全提供保障。

叶芬一边抓好合作社的蔬菜生产、经营，一边细心注重政府政策导向。习近平总书记在考察扶贫开发工作时指出“全面建设小康社会，最艰巨最繁重的任务在农村，特别是在贫困地区。没有农村的小康，特别是没有贫困地区的小康，就没有全面建成小康社会”，这让叶芬深受启发。在“精准扶贫”的政策引导下，她充分发挥示范带动作用，培育了一批懂经营、善管理的农业产业带头人，切实推动了当地农业产业的发展。目前，加入武夷绿园蔬菜专业合作社的社员和务工人员均来自当地及周边的村民，为社员增加经济收入的同时，解决了村剩余劳动力的就业问题。油溪村是市级贫困村，共有 27 户贫困户，在打造“精准扶贫”升级版时，叶芬通过优先优先吸纳贫困户成为社员，优先雇佣贫困户，优先流转贫困户土地，金融扶贫贴息贷款入股，结对帮扶等方式开展扶贫工作。在她的领导下，合作社共计带动农户 130 多户，目前已带动在册贫困户 21 户，49 人。

她说，在农村曾有许多人因为收入过低或失业不得不选择外出打工，留守儿童成为一种普遍现象，蔬菜基地解决的部分劳动力在一定程度使这种现象呈现好转局面。如今，合作社已成为当地引领农民参与市场竞争、带领农民调整种植结构、帮助农民增收致富的重要“纽带”，这正是叶芬倍感欣慰的事情。

创品牌，强营销，科学规划求长远

50 多种“绿夷”无公害时令蔬菜在城区中洲菜市场、阳光花园等 6 家平价直销店内销售，让叶芬的事业越来越宽广。在这些直销门店，叶芬要求销售人员把有限的服务做的无限好，卫生、热情永远都是摆在第一位，正是这样的做法，所有的销售门店每天一开市迎来的总是大量的回头客。随着现代物流业的发展，叶芬在蔬菜的经营上已不局限于现在一些蔬菜批发的模式，她正把她蔬菜向着接受预定、配送，从基地到餐桌，提供最生态、绿色的食品方向发展，“合作社＋公司＋微企业＋电商模式”的新型销售渠道正在尝试实践中。

“永葆奋斗精神，永怀赤子之心”，热爱家乡这片土地的农家女返乡种菜，立志做一名新时代新型农民。在创业路上，她不仅学会了坚强、吃苦、创新和感恩，也收获了荣誉，先后获得了“福建省农村青年致富带头人标兵”、“福建省三八红旗手”等荣誉称号。严谨认真、乐观向上的她在 2017 年 1 月更是以农民代表的身份当选第五届南平市人大代表、第五届南平市青联委员会常委。任重道远，在深入推进农业供给侧结构性改革好政策的阳光大道上，她将不忘初心、接续前进率领她的合作社团队“撸起袖子加油干”!

本篇撰稿人：福建省光泽县农业局　黄圭文

人物导读 方兆祥，男，1965年7月出生，江西省浮梁县庄湾乡仓下村人。2016年参加了浮梁县新型农业经营主体带头人培训，并于当年成立了向阳公社——集莲藕、向日葵和油菜等高效经济作物种植、农家乐休闲为一体的农业综合示范园，打造成了景德镇地区闻名的、老百姓消费得起的假日休闲好去处。

向阳公社的欣欣向“农”之路

——江西省/浮梁县/方兆祥

半路出家，立志农业

方兆祥，出身于浙江淳安，少年时代跟随父辈移民到江西浮梁落户。从小就勤劳肯干，学了一门木工手艺，一直以木工手艺为生，是当地有名的木工师傅，在浮梁县鹅湖街上开了多年的家具店，在当地也算过上了比较富足的日子。然而，生性好强不服输的他不满足于现状，他不想自己的儿子跟着自己做一辈子手艺，平平淡淡过一生。于是，2011年6月，方兆祥就半路出家，立志农业，带领儿子及亲朋好友到湖南、江西广昌等地考察莲藕种植，并且于当年就成立了浮梁县旭日生态莲藕专业合作社，引进“雪莲一号”莲藕新品种种植30余亩，采用莲藕和水产立体种养新模式，准备大干一番。在当时的浮梁县，他是第一个引进莲藕种养新模式的。但由于不懂生产技术和经营，几年来，莲藕产量不高，销路不畅，合作社一直在亏本运营，几个社员都退出了合作社。一场满腔热情的农业创业烈焰就这样面临熄灭了，一次失败，一场教训。他从中也认识到不懂科学技术，光有冲劲和蛮劲干事业是行不通的。正当方兆祥进退两难时，无意中在2016年浮梁县农业局的送科技下乡活动中得知有新型职业农民培训项目，便主动申请参加新型职业农民培训。“书中自有黄金屋”，通过培训学习及与老师、专家的交流，组织学员到外面优秀的合作社参观考察，信心倍增，思想得到了更大的解放。于是，他重振旗鼓，于当年成立了向阳公社——集莲藕、向日葵和油菜等高效经济作物种植、农耕文化体验、农家乐休闲为一体的综合示范园，向阳公社经营有道，渐渐地就成了景德镇地区知名的老百姓消费得起的假日休闲的好去处。

科学选址规划，创新经营模式

“进行农业创业，选对产业后，科学选址和合理规划是摆在第一位的，农业只有规模化生产和产业化经营才是出路。”在新型职业农民培育开班仪式上浮梁县经济作物局农艺师戴益清老师讲的话，方兆祥记忆犹新，心里很受触动。说干就干，几经周折，方兆祥找到了位于景瑶线的庄湾乡臧湾村组建了向阳公社，距离景德镇 27 公里，交通便利，雨水充沛、气候宜人，拥有得天独厚的资源优势。根据本地气候及土壤特性，第一期投资 200 万元，通过土地流转和农民以土地入股模式，建设面积 600 余亩的生态休闲农业基地，种植观赏荷花 320 亩，向日葵种植 280 亩，当年荷花盛开期间吸引游客近 4 万人次观光，光门票一项收入就达 20 多万元，延伸了景瑶线的旅游产业链，带动了当地旅游服务业的发展。向日葵收获后，2016 年 10 月引进优质产油率高的油菜树与优质杂交油菜进行种植。种植面积 300 余亩，2017 年元宵过后，金黄的油菜花海就开始喜迎游客。每天接待游客在千人以上。2017 年油菜花期长达 40 多天，接待游客 7 万人次以上，创门票收入 30 多万元。油菜亩产在 100 千克以上，创产值 120 万元。一下就盘活了合作社的规模经营。

合作社创新经营模式，农户以土地和劳务出资，与农户形成利益共享，合作双赢。现有 68 户农户以土地模式入股，其中贫困户 6 户，参与经营分红，直接受益。合作社经营直接带动当地 100 余位农民就业，人均年收入增加近 8 000 元。农业园在开放期间吸引大量游客，间接带动了运输、餐饮、住宿、农产品、土特产销售等行业的发展。引领周围休闲农业蓬勃发展。

规范化管理，三产融合经营

规模出效益，创新智慧聚人气。目前，合作社基地面积已经发展到了 800 多亩，是集莲子种植、莲花观赏、向日葵种植、油菜种植加工、游客参与农耕体验等多种经营为一体的休闲式农庄。全面实施科学规范化管理，园间道路亮化，建设了竹牌门楼、停车场、农家乐餐厅、水上运动项目和垂钓、农作物晒场、烧烤区、特色田间小路、观景台、观景桥、土鸡喂养体验等原生态项目。园间全天播放音乐，让人们在如沐春风的音乐中体验农家生活。园区里的工作人员日出而作、日落而息，统一着装，穿着打扮效仿 20 世纪六七十年代人民公社的风格，仿佛把游客又带回到了那个简单而积极向上的年代。园区里还有农产品的初加工，研制出了荷叶茶、藕粉、莲心、荷花菜等多款产品，发展土制菜籽油加工，让游客来了有地方玩，饿了有实惠农家饭菜吃，困了有农家木屋休息，走了又有放心的农产品带回去，实现基地和产品的升值增值，“三产”融合发展。

带动致富，规划长远

一年来，合作社通过创新“合作社＋农户”的新模式，大力发展休闲观光农业，带动更多的农民致富，从而拉动全乡休闲农业产业发展，当地农民无需出钱，以土地入股即可，这样一来就吸引了更多的有农民参与向阳公社，并且和乡里的 8 个贫困户结对帮扶，解决了他们的就业，不但增加了他们的收入，也产生了很好的社会效益。目前，合作社还建立了益农信息社，在园区内建立了农产品展示区，合作社和附近农户的农产品免费进入展示区销售，大大地提高了农户生产的效益。最近，方兆祥又有了新想法，他要在现有的 600 亩产业园做好的基础上，搞多种经营，搞好农家产品的加工和包装，实现产品的保值增值。2017 年要把基地面积翻一番，扩大到 1 200 亩的规模，循序渐进，走产业化经营之路，明年再扩大到 2 000 亩的规模，创产值 1 000 万元，带领全体社员奔小康。

本篇撰稿人：浮梁县经济作物局　戴益清

人物导读 徐昌金，男，49岁，广丰区湖丰镇尖山村人。他从农村走出去，又走回农村，带领农民群众致富，短短几年时间，发展成为全区规模较大、基础设施水平较高的特色农业种植园，通过不断培训提升，在转型升级过程中实现经济、社会和生态效益“三丰收”，成为新时期农户回乡创业的领头雁和排头兵！

践行科技兴农　带动农民致富

——江西省/上饶市/徐昌金

走进广丰县湖丰镇尖山村的丰广实业马家柚种植基地，首先映入眼帘的是庄重的牌坊，“丹柚园”三个大字刻在牌坊上格外醒目，似乎在告诉我们已经到了“世外柚园”。沿着主路往果园深处走去，看到路两边一株株柚苗茁长生产，幼嫩的果实挂满枝丫。忽然，轰隆隆的机械声打破了宁静，循着声音望过去，挖机、卡车正在繁忙的工作。“通过之前的培训我感受到，农业的发展不能再走老路子，一定要适应新经济、新需求，走‘三产’融合发展之路。2017年我打算投资1 000万元，建设一栋集旅游休闲和柚子加工和仓储包装为一体的厂房。”公司负责人徐昌金介绍。

徐昌金现年49岁，1968年出生在广丰区湖丰镇尖山村，大专毕业后在尖山村当了几年村干部，由于工作能力突出，广受村民好评，被组织推荐，于1981年加入了中国共产党。这个生性好动、有闯劲的年轻人，不安于现状，辞去村委的职务，跑到上海闯荡，并成功扎下了根。于2004年6月创办了丰广实业有限公司。在强烈的“家乡情结”召唤下，回到广丰投资兴业。

参加培训提升理念

2014年，区里举办首届新型职业农民的培训，正准备发展农业的他，抱着试试看的态度，报名参加培训班。正式参加此次培训，他更新了农业知识，拓展了认识，增强了信心，一个发展现代农业，通过综合开发，“三产”融合发展的思路正式形成，通过几年的努力已经从蓝图变成了现实。

通过培训，徐昌金深刻地感受到农业产业模式在进行深度调整，传统的农业，每家每户的小田块，土壤质量不一，农业科技不能有效应用，生产出的农产品质量参差不齐，农事管理过程中无法使用大型机械，土地资源浪费严重，推高了农业的生产成本。而传统农业正在向现代农业过渡，从规模上突破，向规模要效益。公司将种植基地附近零散、荒芜的土地全部整合。目前，公司已在在壶峤镇，湖丰镇的五个村居发展油茶种植 10 000 亩、马家柚 6 000 亩。

农旅结合发展，高标准打造景观化果园。充分借助山区地形，按照“一带三沟”的方式开垦种植带，形成错落有致园区景观，既有效地保持了水土，又提升了果园的层次。先后投入果园土地整理费 4 000 余万元。基础设施是现代农业发展的重要保障，是提高果园灾害应对能力重要手段。通过逐年投入，果园硬化果园道路 12 公里，安装节水灌溉设施 2 000 余亩，太阳能杀虫灯 50 余台，建设仓储包装厂房 5 000 余平方米。未来规划提升加工能力，引进造油料和果汁饮料加工生产线，实现农业综合开发。通过多年的持续投入，全面改造了果园，提高果园抗灾减灾能力，实现农业的现代化转型。依托种植基地的绿色生态资源，引导种植大户开发马家柚观光休闲采摘游，形成了“春季踏青赏花、秋季体验采摘”的观光休闲新业态。

依靠科技促进发展

徐昌金提出“创新发展、科技兴果”的发展思路，不断加大科技投入，积极引入新技术、新思路，实现依托靠科技增强企业竞争力。一是与科研院校拉关系，提高公司的影响力。公司先后和中国农业大学、华中农业大学、江西农业大学等科研院校及区农业、科技部门建立了合作关系。二是“请进来”教，让更多的果农和社员提升种植管理技术。公司常年聘请多名专家为技术顾问，按照农时季节举办培训班，采取教室专家讲课和现场技术指导，培训社员和果户 200 余人次，发放技术资料 800 余份。三是组织技术骨干“走出去”。组织技术骨干到柚果种得好的果农基地学习，到柑橘技术高的县市参观学习，开阔视野，更新观念。公司以持续的科技投入，锻炼了技术队伍，提升了产品的品质，实现柚果销售收入大幅增加。

带领村民共同致富

徐昌金同志严格按照一名共产党员的标准来要求自己，秉承“带头致富，带领集体共同致富”的理念，带领村民共同致富。在自己种植业不断发展壮大的同时，为带动更多的农民致富，成立了广丰丰广农林牧专业合作社。合作社初步采取土地入股、土地托管、合作经营等运行模式：土地入股主要是社员以土地入股，入股土地实行年保底金和二次分红制度。现已吸纳土地入股户 2 120 户，土地流转 10 000 亩。创办江西丰广实业公司、湖丰园区织布厂，吸收周边农村劳动力家门口就业，带动农民增收 3 600 余元。

本编撰稿人：江西省上饶市广丰区果业管理办公室　吴方方

人物导读 贺星，1977 年出生，江西省萍乡市莲花县莲和农业专业合作社理事长。从 2009 年开始经营生猪养殖场，实现了规模化、产业化经营。2016 年 2 月，养殖基地被认定为“江西省无公害农产品产地”；2016 年 3 月，被农业部授予“无公害农产品”证书；2016 年 11 月，评为“江西省农业产业化省级龙头企业”。贺星积极带动贫困村脱贫致富，推动贫困村依托生猪养殖实现分红。

创业致富路上有带头人

——江西省/莲花县/贺星

1977 年出生的贺星，是一位壮实的中年汉子，经常穿着一双沾满污泥的高筒胶鞋出现在合作社办公室、养猪养殖场、猪舍建设工地，一个地地道道的“莲花老表”模样，不认识他的人，根本看不出他是莲花县莲和农业专业合作社的理事长，一位农业专业合作联社创始人。

坚持不弃，五年实现扭亏为盈

贺星，这位农家的孩子，初中毕业后，就奔赴南方打工。几年下来，他不满足低微的工资、单调的生活，他决心回乡创业，干出一番属于自己的事业。

选什么项目？经过考察，他确定进行生猪养殖。亲朋好友一听他要养猪，大都劝他不要搞。都说养猪一身臭气，降低身份。再说莲花的俗话说得好，“畜牲带嚼，扯个笔直”，养猪不赚钱。但贺星不听劝阻，邀了几个伙伴，凑了 20 万元钱，于 2009 成立了“莲花县宜莲生猪养殖专业合作社”，在升坊镇太岭村办起了生猪养殖场。但开始的几年，生猪市场一直低迷，猪场一直亏钱，几位合伙人先后退出。面对清冷的养猪场，贺星五味杂陈。但是他没有放弃，硬是坚持了下来。直到 2014 年市场回暖，贺星才打了个漂亮的翻身仗，把亏的钱全部赚了回来。为了适应市场变化，他经常去县内其他生猪养殖场转一转，学习和借鉴他人长处、经验和教训，参加县里举办的新型农民培训，聘请专家，以提升自己生产经营能力。根据市场结构需求，他趁热打铁，扩大了母猪养殖规模，兴办了生猪屠宰场，开设了猪肉销售店，形成了仔猪繁育、育肥、屠宰、销售的完整的产业链。现有栏舍 22 栋，面积 11 000 余平方米，公猪 15 头，繁育期母猪 887 头，年出栏猪仔 17 500 余头。2016 年 2 月，养殖场被认定为“江西省无公害农产品产地”；2016 年 3 月，被农业部授予“无公害农产品”证书；2016 年 11 月，被评为“江西省农业产业化省级龙头企业”。

贺星还把经营范围扩展到水稻种植、水产养殖、血鸭烹饪、电子商务行业、品牌建设，经过多年的研发，注册了“一把勺莲花血鸭”品牌，重塑本县“老字号”产品，通过互联网产品远销全国各地。随着行业的拓展，成立了莲花县莲合农业专业合作合社联社，旗下有七家农业专业合作社。目前，莲和农业专业合作社固定资产在 5 100 万元以上，市场估值在 8 000 万元以上。

经过七八年的努力，贺星终于从低迷走向光明，创造了自己的一番事业。

创新创意，与养猪户共同发展

打了翻身仗后，贺星便思考如何才让能像自己一样的养殖户能有持续稳定的收益呢。他看到一些养殖户由于养殖母猪设施和技术薄弱，繁育仔猪费工费力，随着农村供给侧改革的推进，如何生产出自己的特色农产品，他想出了“母猪众筹”的办法。“母猪众筹”，就是把这些养殖户的母猪集中起来进行养殖，并与养猪户签订供销合同。自己养母猪繁育仔猪，养殖户来他这里购买仔猪，保证仔猪成活率，购仔猪款分四次支付，在仔猪育肥出栏时全部付清。这样贺星可以专门进行仔猪繁育，养猪户则省去了繁育仔猪的麻烦，降低了劳动成本。

周小兰是莲花县的生猪养殖户。远嫁台湾的她，还是回到娘家创业，办起了生猪养殖场。她自己养公猪母猪繁育仔猪。但是，一头母猪产仔，短则七八个小时，长则 20 多个小时。侍候母猪产仔，就要耗去她大部分精力。而且产仔率低，一般平均每胎只有 7 只。2016 年，她向贺星众筹了 60 头母猪。贺星按一年 2 胎、每胎 9 头、每头低于市场价格 437 元向周小兰提供仔猪。周小兰分四次、在仔猪育肥出栏时向贺星付清猪款。这样，周小兰降低了劳动强度，省去了繁育仔猪的麻烦，专心进行育肥。2016 年，周小兰向贺星购买的 1 000 余头仔猪，2017 年 4 月全部出栏，一次就赚了 30 余万元。

每个养殖户心中都有一本明白账，有这样好方法何乐而不为呢？目前，全县像周小兰一样的众筹户有 26 户，向贺星众筹了 350 头母头，可购仔猪 7 000 余头。现在，又有几家养殖户在与贺星洽谈众筹事项。

“众筹”这一互联网理念，被贺星用在生猪养殖产业上，极大地促进了莲花县生猪养殖业的发展。

群众入社，让消费者买到低价优质肉

在莲花县城金城大道的一个“莲筹”排酸猪肉销售店，每天早上不到七点，店门还未开，店门前就站满了人。店门一打开，人们便涌入店内，争抢包装好的猪肉。一会儿，人们将冰柜内的猪肉抢拿一空，拥向柜台结账。一些来晚了的人，只能空手而归。

这里是贺星在县城开设的“莲筹”排酸猪肉销售店，专门销售自己生猪养殖场生产的排酸猪肉。

来这买肉的人，手中执有“莲和农业专业合作社联合社社员证”，他们向合作社缴纳 300 元会员费，而单位消费者向合作社缴纳 1 200 元会员费，办理会员证，每天便可以在这里买到猪肉。要什么肉，要多少，还可以提前定购。这里的肉，每斤在 10 元以内，比市场要便宜 2 元以上。一些精品肉便宜得更多。目前，“莲筹”排酸猪肉销售店，每天销售猪肉 2 000 斤左右，每斤让利 2 元以上，每天让利超过 4 000 元。贺星计划在 2018 年，在莲花县每个乡镇开设一个这样的销售店。

村社合作，帮贫困户脱贫致富

这段时间，不断地有乡村干部来到莲和农业办公地点，请贺星去建猪场原来，从 2015 年开始，贺星积极参与全县的精准扶贫工作，采用“合作社＋基地＋贫困村＋贫困户”的模式，与贫困村合作养猪，吸纳贫困户参与养殖，年终向贫困户分红，帮助贫困户脱贫致富。

2016 年，莲和农业与三个乡镇的七个村进行了合作养猪。贫困村负责建猪舍，动员贫困户加入合作社。莲和农业免费向贫困村提供 1 000头猪苗及饲料、技术服务、销售，每出栏一头肥猪向贫困村缴 200 元利润，由村委会发放给贫困户。

2016 年底，第一期分红如期发到了七个贫困村，金额 28.2 万元，入社的贫困户分到了红利。如升坊镇的沙屋村分得红利 11.25 万元，92 户贫困户分到了红利，多的有近 2 000 元，少的有 800 余元。

2017 年 5 月 3 日，第二期分红又发到了七个村，金额达 55.2 万元，分红最多的琴亭镇皃村达到 22.35 万元。

贺星的这个扶贫模式，受到了贫困户的欢迎，村干部也说为贫困户找到了一条脱贫致富的好路子。其他贫困户村的干部看到这样的好事，当然就来请了。

2017 年，贺星又与有 16 个贫困村签订了合作养猪协议，猪场建设正在热火朝天地进行。6 月开始，各猪场将陆续投放仔猪。贺星有一个宏伟的计划，到 2018 年，全县合作养猪贫困村要达到 100 个，要把莲花县打造成生猪养殖大县。

治理污染，使养殖业环保达标

生猪养殖业的发展瓶颈是环境污染，贺星的养殖业发展起来以后，也有村民反映环境污染问题，问题虽然不是很严重，但也给他敲响了警钟。现在又开始与贫困村合作，规模扩大了，环境保护便成了贺星思考的头等大事。

2017 年开春后，贺星与山东青岛派如环境科技有限公司合作，投入 30 余万元，对原有的冲洗模式的猪场全部改造成漏粪板模式。新建的猪场，全部建成封闭、恒温、全漏粪板的标准化猪舍。猪舍安放漏粪板，下设泡粪池，泡粪池池壁铺两层防渗膜，再用钢筋混凝土加固；并且安装废气处理系统，猪舍臭气由风机吸入密封通道，再送入废气处理房进行雾化处理，消除异味后排出。现在一栋栋崭新的标准化猪舍正在已签约贫困村兴起，贺星对人说："各村猪场竣工那天，我要请乡村干部和贫困户在猪舍喝竣工酒，让大家闻闻我的猪场有没有臭气。"

为了彻底解决污染问题，贺星还有一个大手笔，那就是正在策划投资 1 000 余万元，兴建 4 万立方米的沼气发电厂，消化猪场产生的粪、液，实现零排放。目前，4 万立方米的沼气池开挖完工，已正在铺设防渗膜。预计在 2018 年可以完成。

可以相信，沼气发电工程的建设，能为贺星的养殖事业插上科技的翅膀，飞得更高更远。

本篇撰稿人：江西省莲花县农业局　刘明镜

人物导读 杨增科，男，53 岁，滨城区梁才办事处程口村人。2015 年注册成立了滨州市滨城区梁才鑫越家庭农场，农场占地面积 102 亩，建有大拱棚 19 个，以特色果蔬，林下养殖为主，并注册了“鑫仪”商标，2014 年参加了滨城区新型职业农民培训班，鑫越家庭农场也被确定为新型职业农民教学基地，2016 年实现年销售收入 90 万元，被评为滨州市家庭农场示范场。

从农民到农场主
创业路上永不服输

——山东省/滨州市/杨增科

杨增科是梁才办事处程口村人，看上去高高瘦瘦的，带着普通农民一样的特质，但是他却有着一股吃苦耐劳、永不服输的创业精神，是一个头脑灵活、思维敏捷的人，通过他的不懈努力，2015 年成立了鑫越家庭农场。

选择创业，管理和人才都很重要

万事开头难，刚开始的时候，由于种植管理的不到位，造成了巨大的损失，很多人都劝他放弃，但是他凭着自己的一股冲劲，决心非要干一番名堂，事后他经过认真的反思，认识到造成这一后果的原因有两方面，一方面是缺乏管理方面的经验，另一方面是缺少场地、资金及技术方面的人才。

在参加了滨城区农广校举办新型农民职业农民培训班后，他认识到光凭不怕吃苦受累是不行的，想要创业成功必须得有一定的市场知识和精湛的种植技术，另外要向成功人士学习，学习创业人的思维，再就是选择很重要，明白了自己一直以来创业不成功是方向问题，传统的、大众的或是过时的项目，跟不上时代的步伐。他通过参观典型范例，进一步拓宽了思路。

亲力亲为，科技种植是关键

杨增科是坚韧的，他常说，既然你选择了，就一定要作出成绩，绝对不能轻言放弃。凭着一股坚强的信念，他独自挑起了这副重担，打药、施肥、授粉、除虫等都亲力亲为。这让他更加意识到学习种植技术尤其是品种选择、种植、病虫害防治等基本技术的重要性。于是，他只要一有时间就到学习查阅相关树种选择、种植、病虫害防治等基本技术，每天坚持写读书笔记，不懂的地方请教有经验的老种植户，向农技站的技术员咨询相关方面的知识，通过学习，他对的种植技术有了较为完善的了解。杨增科通过查阅相关资料，认识到钢结构的大棚成本比较低，一个大棚成本大约在 1 万元，比较符合像他这样的初始创业者。紧接着又通过网络和市场，了解到现代人们对早熟甜瓜和西瓜需求量比较大，这正是他最拿手的种植品种，而且对种植过程心中有数。说干就干，从种植品种的选择、种植到授粉等这所有的管理，几乎没费什么人工，全部靠他和家人来完成的。问他累不累时，他总是乐呵呵地说："种植是我的兴趣爱好，干着全身都是劲儿，怎么会觉得累"。

为了加强农场的基础设施建设，他先后投入 90 余万元，对农场内的沟、渠、路进行改造，修建沟渠 6.5 公里，新建大拱棚 9 个，小拱棚 2 个，砂石路 5.3 公里，修建 300 平方米停车场 1 处。并注册了"鑫仪"商标。

高效种植，示范带动乡邻致富

要想挣到钱，销售是关键。在以前，由于信息闭塞，销售渠道单一，村民主要采取市场零卖，分散销售的办法。现在的杨增科紧跟时代的步伐，建立了微信群、QQ 群，群人总数在 4 000 多人。在各种平台上进行果蔬销售。

鑫越家庭农场自 2015 年初成立以来，按照科学种植的理念稳步发展。在现有的种植模式下积极探索在大棚果树下养殖鹅、鸭等食草家禽，实现鹅、鸭以树下杂草为食进行除草，鹅、鸭粪便还田的生态、循环、高效的种养经营模式。形成鹅、鸭等食草家禽以青草为食，禽粪作为肥料还田的生态循环链条，以该链条为依托生产绿色无公害农产品。经营模式以采摘为主配送为辅，使广大市民吃上安全可靠的新鲜农产品。

鑫越家庭农场经过两年的运转，据测算果蔬产量普遍高于周边其他农场10%以上，人均纯收入高于其他农场30%以上。被市、区农广校确定为新型职业农民教学基地，2016年共承担市、区两校教学任务隔10次，鑫越家庭农场的先进的管理经验、经营模式、生产技术、农业装备等让周边的新型职业农民受益匪浅。

这几年，农场还与梁才办事处程口村的两户贫困户建立了帮扶关系，对两农户土地以每年每亩1 100元的流转价格进行流转，农户在园区内打工，基本实现了脱贫。2016年农场被评为滨州市家庭农场示范场。

接下来有什么打算？杨增科满怀自信地说，下一步要将蔬菜入盆、打造果树盆景，这样不但能观赏，更能方便地吃上有机蔬菜和瓜果。看着他信心十足的样子，相信他的种植事业会越来越好。

本篇撰稿人：山东省滨州市滨城区农广校　常开俭

人物导读 李建波，男，1981 年出生，博兴县乔庄镇辛店村人。2011 年任辛店村村民委员会主任至今，2012 年成立博兴县靖凯苗木专业合作社，2013 年获得纯利 17 万元，通过参加新型职业农民培训和自学，成为当地的苗木种植能手，是山东省林木种苗会理事。2014 年，他被评为“博兴县乡村之星”光荣称号；2016 年，被评为“滨州市乡村之星”光荣称号。

苗木种植闯出致富路

——山东省/博兴县/李建波

辛店村是博兴县北部的一个偏僻的村庄，全村人口 600 多人，耕地面积 1 600 余亩，农民主要从事农业生产，村里没有任何企业。李建波初中毕业后就离开了农场，在县棉纺厂做一名保全工。工作两年后，不甘平庸的他毅然辞掉工作，回村走上了创业路。

返乡创业，勇于担重担

1998 年，李建波买了全村第一台自走式小麦联合收割机和一台大型拖拉机为附近村民提供农机作业服务；2008 年，他又开办了一个小型织布厂，都因管理经验不足、把握市场能力较差等因素没能做大做强。从小立志改变农村面貌，让父老乡亲过上好日子的李建波 2011 年参加了村主任竞选，并以高票当选。当选以后，他感觉到自己肩上的担子更重了，他不但要自己创业，还要带领全村父老乡亲发家致富。他立足本村实际，从调整农业产业上下功夫。根据本村农民年龄偏大（50 岁以上占全村人口的 80%）、接受新鲜事物较慢等情况，经多方调查论证，发现绿化苗木种植有用工少、劳动强度小、技术要求低、适宜生长、市场前景好等特点，决定在全村推广绿化苗木种植。刚开始，很多农民有顾虑，怕苗木种出来不好卖。为打消村民顾虑，李建波率先承包了60多亩土地，种植了国槐、白蜡、垂柳等多个品种。少数农民也在自己地上种了部分绿化树木做实验。

参加学习，提高自身能力，成功走出创业第一步

2012年，李建波为了提高自己的管理水平，积极报名参加了农广校组织的“新型农民创业培训”班。在培训班上，李建波认真学习，虚心求教，系统地学习了选择创业项目、组织你的团队、合理使用资金、利润核算、市场营销等方面的知识，并积极参与多个创业模块演示，同时把所学知识和生产中遇到的问题有机地结合起来，不懂的问题及时向授课老师请教。这次培训极大地提高了李建波的知识水平，解放了思想，开阔了视野，激发了他的创业热情。

培训结束后，李建波坚定了走好绿化苗木生产这条创业路。他首先在承包的60多亩苗木的销售上下功夫。为了掌握好市场行情，他通过网络、广播、电视、报纸、专业刊物及各种类型的苗木洽谈会，广泛了解供需关系和价格等信息，制订了自己的营销策略并及时发布供货信息。经过积极努力，2012年冬至2013年春共卖出速生国槐和速生白蜡11万株，收入26万余元，金丝垂柳300株，收入3万余元，除去成本9万元和人工3万元，获纯利17万元，并帮助村民销售苗木10多万株。李建波成功地走出了第一步。村民们看在眼里，喜在心上，很多村民主动找李建波商量种植绿化苗木的事情，为了把绿化苗木这一产业做好，经村民同意，村西三方土地共650多亩被划为绿化苗木种植区，在绿化苗木种植区内，农民愿意自己种植的自己种植，不愿种植的李建波以每亩800元的价格承包。经过多方协商，李建波新承包土地350亩，带动40余户村民种植绿化苗木300余亩，并成立了博兴县靖凯苗木专业合作社，李建波任合作社理事长。全村共种植绿化苗木800余亩，占全村土地面积的一半。

随着种植面积的扩大，如何规避风险是李建波首先考虑的问题，为了将风险降到最低点，李建波通过各种途径广泛了解供求信息，积极向有经验的同行学习，并用在新型农民创业培训中所学知识进行市场分析，做到知己知彼、百战不殆。通过调查，李建波和村民共种植了20多种具有较高经济价值的绿化苗木，有美国竹柳10万株，青黄垂15万株，速生国槐10万株，冬红欧洲白蜡15万株，红叶李、红叶桃5万株及其他一些名优稀特品种，取得了很好的经济效益。

创业路上有艰难困苦，也有喜悦欢乐，为了做好绿化苗木这项产业，李建波付出了常人难以做到的艰辛和努力，白天他和村民劳动在田间，晚上他挑灯翻阅资料，认真学习各种苗木的栽培技术，这对于只有初中水平文化的李建波来说，是多么的艰难和不易，但是天生不服输的李建波利用坚强毅力和斗志，经过不懈努力学习，认真钻研，基本掌握了 20 多种苗木的管理技术。成了当地有名的“苗木种植能手”。

“不但自己富，全村都要富”

好景不长，由于苗木市场严重的供大于求，苗木种植效益急转直下。李建波作为新店村的领头人，及时的审时度势，果断进行产业结构调整，除保留 200 余亩的名优品种外，大部分的土地改种粮食作物，当年和博兴县金种子有限公司签订小麦良种回收合同，每亩单产达到 1 280斤，共生产小麦良种 75 万余斤，价格比市场价高 0.15 元，仅此一项多收入 10 万多元。下半年签订玉米青储合同，全部种植青储玉米。每亩产青储玉米 5 吨，每吨 200 元，生产效益非常可观。

2016 年，李建波充分利用本村的“沿黄”优势，根据本地黄河水质好、水源充足的特点，种植水稻 300 多亩，种植浅水藕 100 余亩。由于品种好、水质好、技术先进，李建波种植的小麦、水稻，全部被京博控股有限公司高价收购。浅水藕也因品质好受到广大客户的好评，被抢购一空。

多年来，李建波务实创新，坚持不懈，奋斗不息，在平凡的岗位上干出了不平凡的业绩。生活中，严格按照一名共产党员的标准来要求自己，秉承“不但自己富，全村都要富”的理念，带领村民共同创业。他乐于助人，热爱集体，无私奉献，是新时代精神文明建设的先进典型。2014 年，他被评为“博兴县乡村之星”光荣称号；2016 年，被评为“滨州市乡村之星”光荣称号。

创业者的脚步是不会停止的，李建波还有更大的理想。他想通过两年时间，将邻村的 1 000 亩土地流转过来，一是扩大种植规模，二是投资建一条直通滨城区小营开发区的大路，解决本村运输难的问题。现在，李建波在创业路上已经走出了可喜的第一步。成为一名有知识、有抱负的新型农民，带领农民共同致富是他坚定的信念，愿他的创业路越走越宽，成为一名成功的创业者。

本篇撰稿人：山东省博兴县农广校　张　红

人物导读 王世光同志，男，1957 年 9 月生，惠民县胡集镇南王村人。他经过参加学习和不断努力，从一个地道的农民发展到集种植、技术指导为一体的新型农民标兵，成为本村勤劳致富的榜样。

培训使我找到了人生的奋斗目标

——山东省/惠民县/王世光

培训增强创业信心

王世光是一个地地道道的农民，每天面朝黄土背朝蓝天地劳作，一年下来挣不了几个钱，看着身边的年轻人上个班，轻轻松松干干净净的，每月都有固定的收入，也是非常羡慕。但是王世光已经到了花甲之年，出去打工对他来说不现实，而且家里也离不开人，老人年纪太大了。想干点自己的事又太难，也没有那多大的精力了。自己几年下来犹犹豫豫，导致自己一事无成。

王世光曾经从事过香菇种植的产业，但由于自己没有先进的管理营销经验，导致自己种植的香菇销不出去，达不到预期的效益，最终出现了亏本的情况，放弃了香菇种植。但王世光在种植香菇的过程中积累了丰富的种植技术。

在自己经营香菇无出路的情况下，王世光在东营找到了一个香菇种植合作社，进行香菇的技术指导工作。但由于自己年纪较大了，所以一直在找机会能够回家来，在家门口打工创业。

一个偶然的机会，2016 年王世光参加了山东省农广校举办的新型农民创业（扶贫）培训班。通过此次培训，王世光学到了很多东西，军事化的管理，纠正了他的磨蹭性格；开放型的授课让他解放了思想，开阔了思路。通过系统知识的培训，懂得了单凭热情和吃苦的精神是种不好菜的，只有按照蔬菜品种的特征、特性、农时季节栽培管理要求，才能实现自己种好菜的愿望，只有坚持科学种菜，在实践中不断提高自身的科学种菜水平，才能取得更高的经济效益，才能增强蔬菜种植、营销的创业信心。同时，通过细心听取专家老师的授课，他学到了关于经营生意的基本技巧，明确了创业正确的方向，从而激发了自己的创业激情。

在滨州的集中培训和有针对性的系统培训结束后，在县农广校和胡集镇农技站人员的精心指导协助下，王世光开始对自己的人生进行规划，开始四处寻找经营的门路。但同时，也考虑到王世光的年纪太大了，从头开始创业困难太大，而且精力也不够的。胡集镇南王村是省级贫困村，为扶持村集体的发展，政府出资建立了几个香菇大棚。因此，大家一致认为，可以通过承包香菇大棚，来实现自己的创业梦。于是，镇农技站和王世光积极同镇政府、村委联系，希望能到大棚里工作。功夫不负有心人，终于，王世光承包了一个香菇大棚，并在其他几个大棚中担任香菇种植技术指导员。

勤劳收到良好效应

王世光同志虽然个子不高、貌不惊人，却有一股吃苦耐劳、刻苦钻研、勤奋好学的倔劲。在初始创业时，切记老师讲的每一句话：“要从小事做起，诚实、诚信，积少成多，失败是成功之母，梦想有多大，他的舞台就会有多大，只要找着目标，就要坚持不懈地走下去”。

王世光凭借着自己丰富的技术，不仅将自己的香菇大棚管理得井井有条，而且免费为周围的农民进行技术传授。同时，在培训中学习到的营销理念此时也派上了用场，避免了种植出的香菇卖不出去的困境，使自己的香菇产业得以长足发展。短短的几个月时间，香菇就出产了，大棚香菇一年可出产三季，每季香菇销售收入可达到 2 万元。虽然收入并不是太多，但还是远远高于自己打工的所得，而且不用背井离乡，还可以照顾家人、兼顾家庭。所以，王世光觉得十分满意。

但王世光并没有自我满足、止步不前，而是看到了更广阔的前景，他决定进一步发展香菇种植，希望能够形成香菇产业，从而成立香菇种植合作社。

创业开辟了致富新道

随着经营的扩大和经济收入的增加，王世光同志致富不忘助人为乐，经常性把自己的香菇种植技术经验传授给同行，同时解决了同行们在蔬菜运销上的困难。自己创业的成功不忘带动当地农民的就业，由于该同志的忠厚朴实，当地农民也乐意去他那里帮工，雇用赋闲在家的半劳动力，进行香菇挑拣等技术含量低的工作，增加了他们的收入。王世光不但开辟了自己的致富新道，而且解决了当地高龄农民的就业难的问题。因此得到了当地领导与农民的一致好评，开辟了自己勤奋创业、为当地农民增加就业机会的共同致富新道路。

本篇撰稿人：山东省农广校惠民县分校　卢　英

人物导读 玄增福，山东省莱芜市人。1996 年中专毕业，在家务农。他善于钻研农业种植技术，带动全村改良种植品种。1999 年，被推选为村主任；2012 年，成立莱芜市隆运蔬菜种植专业合作社，注册资金 610 多万元；2014 年，注册“隆运”牌商标；2015 年，参加了莱芜市新型职业农民培训；2016 年，合作社利润达到了 1 300 多万元。

致富路上不能让一个人掉队

——山东省/莱芜市/玄增福

看到当时农村贫困落后的面貌，玄增福放弃外出创业的理想，决定在家乡创业，用他学的知识为家乡的经济发展做点实实在在的事情。他自费订阅了《山东科技报》《农村大众》《农业知识》等报纸杂志，坚持不懈，勤奋学习，做到干一行，爱一行、精通一行。在潜心学习的基础上，做到了学习与生产实践相结合，逐步成为科学种田的行家里手。

改良品种，提升种植品质带来经济效益

如何科学种植，提高经济效益，是玄增福始终思考的一个问题，因此，他决心在农业技术推广上闯出一片新天地。当时生姜、大蒜价格高，老百姓就盲目跟风种植生姜、大蒜，缺乏创新意识。然而大蒜种植品种单一不仅容易发生病虫害，而且易重茬导致减产。为此，他利用新学知识在自己的责任田进行病虫害防治试验，并先后三次到金乡、苍山等地进行调查研究，引进了高产抗病虫害脱毒大蒜新品种，亩增产量20%左右，全村耕地面积 720 亩，种植大蒜的有 500 亩，占近 70%。由此他辐射带动周边村及全镇种植大蒜改良品种，羊里镇成为莱芜市大蒜种植产业大镇。科技推广的成功，带来了良好的效益，也得到了乡亲们的信任和拥护，1999 年，玄增福被推选为村主任，他感到责任和担

子更重了，决心把带领群众致富作为对群众信任的回报。2000年秋，在进行市场考察论证的基础上，果断新上蒜黄生产加工项目，率先投资建棚搞试验，经过一年多的努力，蒜黄栽培技术获得成功，并带动部分村民建起了蒜黄种植拱棚，解决了农副产品销售难和农民致富难的问题。

成立合作社，抱团创市场

在尝试蒜黄生产加工成功之后，一个更大的理想和愿望在玄增福的脑海中萌发，致富路上不能让一个人掉队，必须抱团协手奔富路。当时，由于部分群众因缺少资金、项目和技术，致富无门，也有一部分农户因人手不足管不好自己的责任田。为解决这些问题，他决心借鉴外地经验，组建蔬菜种植专业合作社，发挥土地、技术、资金、人力潜能，做到优势互补，各展其能，走联合发展之路。在上级党委政府和有关部门的大力协助下，玄增福于2012年5月成立莱芜市隆运蔬菜种植专业合作社，吸纳周边乡镇131户社员参与，入股土地达到410亩，注册资金610多万元，建成绿色蔬菜加工车间，蒜黄批发交易市场6 000多平方米，并带动非社员户800多户，安排剩余劳动力1 200多人，初步搭建了跨越发展的创业平台。

创业的成功和乡亲们的信任，成为创新发展的不懈动力。玄增福以“先富不忘众乡亲，致富路上共同奔”为座右铭，把做大做强蒜黄产业作为主攻目标，在创业创新中报答党的恩情、群众的信任和支持。

一人富不算富，共同发家才算富

2015年，玄增福参加了新型职业农民培训，了解了更多的国家对农业的扶持政策，并有了新的发展思路：当今社会人们在追求物质利益的同时，更加关注食品卫生和身体健康，为适应大众需求，为此，合作社决定建设蔬菜种植示范基地，生产出让百姓吃着放心的健康蔬菜，打造出自己的优势品牌。蔬菜种植示范基地以发展蒜黄为主，蒜黄生产过程中，全部采用无土栽培，确保无土壤污染，在20天左右生长期内采用拱棚塑料布避光遮挡，不添加任何肥料和农药，仅用地下水浇灌，无空气污染，无病虫害侵蚀，所以深受消费者青睐。合作社在2014年注册“隆运”牌商标，并陆续开发了黄秋葵、莴苣、西葫芦、土豆、豆角、大葱、有机花菜、青蒜苗的多个蔬菜品种。2015 年，合作社报送国家部级单位的 5 个品种获得“三品一标”认证；获省级示范合作社荣誉，成为规范经营，标准化生产的先行军。玄增福还参加了山东省农广校在兰陵组织的青年农场主培训。培训后他大开眼界，认识了很多在全省蔬菜种植行业做得比较出色的农场主，通过学习、交流及参观考察，他看到了许多成功的新型种植模式，学到了更多的专业技术知识，极大地提高了自己的经营管理和专业技能。

为规范发展，合作社成立了党支部以及种植技术协会，增强了合作社的向心力和凝聚力。为了获取更大的经济效益和社会效益，合作社坚持做到统一技术指导、统一种植、统一管理、统一联合销售，按照“合作社＋基地＋农户”模式，形成市场引导合作社、合作社带动基地、基地联合农户的有效运行机制。为扩大种植规模，动员更多农户参与种植合作，2017 年在示范基地中规划 50 亩蒜黄种植示范棚，采用合伙经营、自主经营、托管经营的模式，与种植户签订协议，让种植户参与分红，极大地调动了农民群众积极性。产品销往河南、安徽、江苏、河北、山西等多个省份及山东省内各大中型蔬菜批发市场。《大众日报》曾以“隆冬蒜黄‘捞’金忙”为主题进行报道，《莱芜日报》报道过“小蒜头经过大棚栽培后，变成一根根金蒜黄，效益倍增远销省内外蔬菜市场”。2014 年，合作社召开首届盈余分配大会，根据社员们在交易市场的供销份额，有 80 多名社员在分红的基础上，还另外获得了电视机、微波炉等各式奖励。2016 年，整个合作社蒜黄销售总量 1 000 多万斤，销售收入 4 000 万元，利润 1 300 多万元。

2016 年，为实现贫困户脱贫致富，合作社积极申请，凭借成熟的运营模式、领先的技术优势、广阔的营销市场和稳定的经营效益成为莱芜市羊里镇精准扶贫的帮扶主体，担负起羊里镇 1 186 名贫困户的脱贫重任，为当地的经济社会发展作出了巨大贡献。

本篇撰稿人：山东省莱芜市农业局　张淑秀

人物导读 李士超，罗庄区高都办事处中坦村人。2004 年，他返乡创业，创办罗庄区瑞东有机肥厂，并于 2011 年创办罗庄区东开种养殖专业合作社，同年牵头成立罗庄区有机蔬菜协会，注册“高都”蔬菜品牌。2015 年，“高都”牌商标被评为山东省著名商标。2014 年，李士超被认定为临沂市首批新型职业农民，2015 年被评为全国风鹏行动·优秀新型职业农民，并先后获得全国三农服务金桥奖先进个人、临沂市青年致富带头人标兵、沂蒙乡村之星等多项荣誉。

返乡创业 “农门”大有作为

——山东省/临沂市/李士超

李士超小时候的理想是“跳出农门”，长大后果然在城里谋得了一份工作，但已在城里小有积蓄的他，发现农村大有作为，农业大有发展，他决定回到家乡创业，没想到竟然成就了一番事业。

跳出“农门”又回到“农门”，抓住有机蔬菜发展机遇

2004 年，李士超回乡创业，投资创办罗庄区瑞东有机肥厂，利用植物秸秆、豆饼、骨粉、草木灰等发酵微生物菌肥生产有机肥，他家的有机肥中有机质含量达 80%以上，有机质 80%以上，有益菌达到 5 亿/克，施用该肥料生产的有机西红柿亩产达 1.1 万斤。在推广有机肥的过程中，李士超了解到许多菜农不懂得科学施肥用药，农残超标、蔬菜质量安全问题突出。而价格较高的有机蔬菜非常畅销，因为发展有机蔬菜具有广阔的市场前景。

2011 年，李士超创办罗庄区东开种养殖专业合作社，建成半地下瓜果蔬菜温室、钢结构春秋棚 53 座，培养专业技术人员 12 人，基地产品全部按照国家有机标准种植。同年 8 月，李士超牵头成立罗庄区有机

蔬菜协会，注册了“高都”商标，取得有机认证证书。基地农产品全部实行个人会员制销售，目前已吸收家庭会员 1 400 余个，每位会员每年交纳会费 9 800 元，可以在网上下单、送菜上门、享受基地采摘等免费服务。普通消费者拨打全国免费服务电话订菜，40 公里内免费送菜上门，40 公里以外、700 公里以内顺丰快递送菜上门，客户承担运费，基地即时采摘、即时配送，保证果菜产品的新鲜和安全。

科学种植，树立有机蔬菜品牌

科技是第一生产力，加强技术创新应用是李士超成功的一大秘诀。在合作社发展过程中，李士超深刻地认识到，先进的农业设施装备需要高技术人才加盟，合作社先后从市、区农业部门、市农业科学院聘请农业专家 16 人，推动成立了临沂市天园有机果蔬研究所，先后邀请德国、以色列、日本知名专家到基地现场指导。中国农业科学院、中国农业大学、山东农业大学、南京农业大学等在合作社建立了教学实践基地，经常派遣专家到基地调研、现场指导，多次组织员工到寿光、淄博、海南、四川五朵金花等先进地区考察学习，帮助他们开阔眼界，增长见识。

秸秆生物反应堆技术是临沂市蔬菜办主任王献杰研究员引进创新的有机蔬菜主推技术。该技术主要用于冬暖式温室大棚、早春大拱棚等集约化种植场地。在合作社温室中，西葫芦、辣椒、丝瓜、甜瓜等有机蔬菜长势良好，一片葱茏。这些温室应用秸秆反应堆技术很成功，种植的蔬菜不仅根系发达，茎秆变粗，节间缩短，叶片肥大，坐果率和载果率得到很大提高，而且采收期加长，且能提前上市 7～15 天，抢占商机。秸秆生物反应堆技术中活性疫苗的应用，有效避免病毒病、白粉虱等病虫害的发生，避免了化肥农药的使用，改善了蔬菜品质。该项技术能节约大量灌水，蔬菜浇水由传统的 4～7 天一次延长到 20～30 天一次，而且避免了秸秆焚烧所造成的环境污染。

在技术人员帮助下，合作社不断提升蔬菜棚室结构，建设的棚室坚固、耐用、方便操作、投资少；积极与国际种业大公司合作，筛选有机、优质、口感好、抗病性强的品种，采取“先小范围试验，再大面积推广”的办法，积极推广新技术、新品种，让农民看得见、学得会、有效益。合作社已累计推广果菜新品种 20 余个，有机蔬菜的种植、管理新技术 30 余项。

加强农业技术培训和推广是李士超成功的又一法宝。2014 年，在市、区农广校支持下，合作社率先建成全市首家“六统一”标准化农民田间学校，聘请农业专家讲解有机蔬菜的种植技术，全年举行技术培训 20 余次。2014 年 12 月 10 日，山东省农业厅副厅长王登启到合作社视察了农民田间学校，对田间学校与生产基地紧密结合、统筹安排的做法大加赞赏，他指出，东开种养殖专业合作社农民田间学校做到了“进门是课堂，出门是基地”，把二者建设在主导产业基地上，为农民学科技、用科技提供了便利条件，为生产基地发展培育了人才，有力提升了生产基地科技水平和发展动力。

农业科技在高都蔬菜生产基地的广泛应用，为基地创建有机蔬菜品牌创造了有利条件。李士超注册了“高都”牌商标，基地严格执行有机农产品国家标准，在种植过程中不使用农药、化肥、激素，不种植转基因产品；日常管理中辅以防虫网、粘虫板，确保生产的果菜达到有机、优质、高产。到基地参观的消费者和会员都感觉“高都”蔬菜“质优”就该“价高”。有持怀疑态度的消费者去基地暗访，得到的答案让他们彻底放了心，就这样一传十、十传百，“高都”牌有机果蔬越来越深入人心。目前，“高都”牌有机果蔬已经在山东、江苏高档消费群体叫响了自己的有机品牌。2015 年，“高都”牌商标被评为山东省著名商标。

做好示范带动，带领社员奔小康

目前，基地生产的蔬菜全部由合作社牵头供应给专卖店、高档超市、个人家庭会员等，有机草莓每千克 100 元、有机圣女果每千克 30 元、有机莲藕每千克 80 元、有机西红柿每千克 28 元……价格是普通蔬菜价格的 3 倍以上，仍然供不应求，基地农户年均收益达到 5 万元以上。在李士超的带动下，从事有机蔬菜种植的农户达到 506 个，辐射带动面积 4 000 余亩，直接安排就业岗位 2 000 余个，辐射带动就业岗位 3 000余个，农户经济效益 6 700 余万元，创造社会效益 2.4 亿元。李士超先后获得全国三农服务金桥奖先进个人、临沂市青年致富带头人标兵、沂蒙乡村之星等多项荣誉。东开种养殖专业合作社被评为国家农民专业合作社示范社、全国农村专业技术协会先进集体、临沂市农业产业化龙头企业、临沂市模范集体等多项荣誉。目前，合作社已建成日光温室 24 座、钢结构春秋棚 55 座、育苗温室 1 座，微生物菌肥发酵场 2 处，有员工 66 人，总资产 1 000 万元。

长风破浪会有时，直挂云帆济沧海。李士超热爱自己从事的农业事业，总是很自豪地说："我的产业不冒烟、无污染，国家政策支持，农业越干越有奔头。"相信有党的惠农政策支持、有现代农业发展的美好前景，李士超的有机果蔬事业一定会走得更远、更有成效。

本篇撰稿人：山东省临沂市罗庄区农广校　蔡春华

人物导读 陈兰文，男，1968 年生，商河县玉皇庙镇赵美雨村人，蔬菜种植大户。2003 年，开始种植大棚甜椒，当年实现了亩产 1.3 万千克，年纯收入 6 万元。2014 年，开始种植西红柿，当年获得了亩产 1.6 万千克的喜人产量，纯收入增加到 10 多万元。陈兰文勤于学习，善于将所学的农业科技运用于生产中，在自家大棚蔬菜种植获得丰收的同时，他也乐于帮助乡邻，带动周边农民致富。

创业路上敢拼搏　致富路上勇探索

——山东省/商河县/陈兰文

从依赖传统的粮食种植，到勤学大棚甜椒种植技术，再到一门心思全力种植大棚西红柿，几年间，陈兰文的家庭收入翻了好几番。即将迈入“知天命”年龄的陈兰文，没有停歇脚步，依然在致富路上前行，走出了一条属于中国现代新型职业农民的致富路。

转变观念，迈出事业第一步

梦想，如何启程？一个农民的致富梦想，又如何实现？陈兰文给了我们一个最生动、最完美的回答。过去，陈兰文像大多数人一样依靠传统种地方式种植小麦和玉米，不少投资也不少流汗，但增产不增效，收入低，难以发家致富。2002 年初，玉皇庙镇大力发展大棚蔬菜种植，着力推进农业结构调整，加快促进传统农业向现代农业转变。陈兰文也认识到，再单纯依靠粮食种植，致富梦依旧遥不可期，只有跟上时代发展的步伐，转变自身的观念，跳出传统模式，敢想敢干才能致富。

说干就干，2003 年，陈兰文筹借资金建设大棚种植甜椒，看着自家承包地里的大棚一点点建设起来，甜椒一点点长起来，他心中的信念无比坚定，自此迈开了他的大棚事业和致富路上的第一步。

勤学巧干，科学种植效益高

最初接触大棚蔬菜种植的陈兰文并不懂种植技术，但是他没有被困难吓住，而是拿出真学实干的劲头，不把技术学透彻绝不放弃。他首先到书店买来有关种植大棚蔬菜的书籍和资料，一边学习，一边摸索，慢慢掌握了书籍和资料上所说的育苗、管理及病虫害防治技术，在实践中不断摸索应用和总结经验，他还积极参加县、镇组织的技术培训班，课堂上认真听讲、仔细做好记录，回到家中再根据课堂上学习的知识不断实践，不到一年的时间，他已经熟练掌握了大棚甜椒的种植技术，当年实现亩产 1.3 万千克，在当地属于产量最高的大棚甜椒种植户，年纯收入 6 万元，相对于粮食种植，收入翻了一番。

在镇党委、政府的扶持下，村里不少农民相继种起了大棚甜椒，但是受种植技术的制约，村民们种植的大棚甜椒产量低效益差，有的还赔本，很多人一度想放弃。面对这种情况，他毅然站了出来给大家当技术指导，尤其是新种植户，不懂技术，他一个一个教，并请来了镇上的农技人员做给农民看，帮着农民干，这样通过大家几方面的努力，都逐渐掌握了甜椒的种植技术。

近年来，陈兰文无私帮扶本村和周边村的大棚蔬菜种植户 30 多家，起到了帮、扶、带的模范示范作用。提起陈兰文，大家都竖大拇指，说他是个勤学苦干、乐于奉献、乐于助人的人，值得大家学习。

勇于挑战，致富路上再前行

初尝大棚种植甜头的陈兰文，并没有就此满足而止步不前，在销售蔬菜的过程中，他偶然得知大城市对西红柿青睐有加、需求量巨大，市场存在供不应求的状况，西红柿价格高且波动幅度不大，西红柿种植利润可观。

在同家人商量转向西红柿种植时，遭到家人的强烈反对。“种甜椒刚刚熟悉技术安稳下来，收入也比种植粮食高很多，还折腾个啥?”陈兰文的爱人当时常常把这句话挂在嘴边，就是想不通。但家人都拗不过他，就这样，陈兰文又开始一门心思种起西红柿。2014 年，他又把学习甜椒技术的劲头用在学习种植西红柿上，有了之前的经验，他种起西红柿来顺手了许多，加上他的勤劳，大棚里西红柿的长势喜人，仅2014年一年的时间，他不仅掌握了西红柿种植的技术，而且实现了亩产1.6万千克的喜人产量，纯收入增加到10多万元。家人心头的一块石头终于放下了，陈兰文更坚定了自己的信心和步伐。

踏实肯干，争做新型职业农民

2015年，陈兰文参加了县农广校组织的新型职业农民培训班，通过在培训班的学习，不但掌握了国家最新的农业政策、种植技术，还认识到了农产品质量安全的重要性，更重要的是通过学习，他坚定了大棚种植的发展方向。

陈兰文身上有着农民特有的朴实，为了提高产量和质量，他不走歪门邪路，而是在西红柿的产量和品质上下功夫。他通过专业的培训和学习，实行了严格的精细管理，采用了最先进的水肥一体化滴灌技术、黄蓝板诱杀虫技术以及高效低毒的烟雾剂防病治虫技术等，大大减少了化学农药和化学肥料的用量，保障了农产品质量的安全。2015年，当年的产量和效益又有了显著的提高，每亩产量达到1.7万千克，实现纯收入14万元。他一如既往地帮助、指导周边的大棚种植户，只要有人向他请教技术问题，他都毫无保留细致耐心地讲解，把自己所学所用分享给大家。

陈兰文用汗水和行动实现了自己的致富梦，在致富路上踏踏实实，一步一个脚印。丰收时节，看着大棚里红彤彤的西红柿，他露出了发自内心的笑容，他说将来还会继续不断地学习，扩大种植规模，种出更多优质、高产、高效、生态、安全的蔬菜，力争进入大中城市的超市中，争做新时代新型职业农民的楷模。

本篇撰稿人：山东省商河县蔬菜技术推广中心　陈兰广

人物导读 陈龙，山东省郯城县人。2001 年返乡种植水稻，从 19 亩发展到 160 亩。积极运用科技种地，推广机插秧技术。2014 年注册“郯城县农大家庭农场”，2015 年注册“郯陈”牌大米商标，开发绿色农产品。2014 年参加新型职业农民培训班，被认定为郯城县新型职业农民，2015 年度获得临沂市优秀新型职业农民，2016 年度获得山东省现代青年农场主培训优秀学员等荣誉称号。2016 年农大家庭农场被评为山东省示范家庭农场。

规模种植效益高
家庭农场圆致富梦

——山东省/郯城县/陈龙

他热爱脚下这片土地，10 多年来经营土地 200 多亩地，累计产粮近 4 000 吨，圆了致富梦。他虽是一名普通农民，却有一颗不甘平庸的心，喜欢尝试新鲜事物，与时代同步，带头搞机械插秧、跨区作业、办农机合作社、成立家庭农场……哪样都少不了他。他就是山东省郯城县陈庄村的一名新型职业农民——陈龙。

科技种田，提高粮食质量产量

2001 年前，陈龙在外地打工，多年打拼，他积累了丰富的经验，于是返乡开始自己的创业梦。当年，他利用家里的承包地外出打工亲戚的土地，种植 19 亩水稻、20 亩地瓜，在他的精心管理下，水稻和地瓜获得丰收，年创收 2 万元，初步尝到了规模种植的甜头。

2003 年由于粮食价格低、生产成本高，当时国家还没有补贴政策等原因，有些农民不愿种地或种植树木占地，或种植粮食作物不加强管理造成种植效益低，或者直接把土地撂荒，他看到后十分心疼，主动找到撂荒村民协商签订种植协议，承包下了160亩的撂荒田。在他的辛勤劳作下，第一年粮食生产就获得了大丰收，取得了较好的收益，他也成为了当地有名的种地明白人、科技示范户和种粮大户。5年后，随着国家各项惠农补贴政策的实施，土地又热了起来，陈龙又主动找到部分村民协商，进行土地流转，开展规模种植。

在种粮面积稳定之后，努力提高科学种田的水平，成了陈龙考虑的首要问题。为了学习新技术，陈龙订阅了有关农业相关科技与生产方面的书籍及报刊。并且利用他所学的农业科技知识，发挥农民朴实、吃苦耐劳的精神，充分发挥他积累的人脉网络关系，与县种子公司签订了长期的良种供应合同，凡是有优质品种，种子公司都优先供给陈龙种植。

为了提高粮食质量和产量，陈龙在县有关技术人员指导下，改变了传统的种植模式，最大化地提高生产经营效益。首先，严格遵守科学种田，提高粮食品质，从一般的口粮上升到具有保健功能的富硒产品、绿色产品，所产粮食均作为临沂市姜湖贡米米业有限公司生产原粮。其次，利用先进的生产技术，在小麦生产上重点推广应用了稻茬麦免耕条播技术、测土配方施肥技术，同时，积极引进推广高产、优质的小麦新品种；在水稻生产上引进示范精确定量栽培、水稻机械化栽培“稻鸭共育”“物理灭虫”等稻作新技术。这些技术的引进与推广均获得了成功，种植效益不断提高。2006年，县农机局在归昌乡搞水稻机械插秧试点，陈龙率先推广使用了机械插秧技术，当年投资6万元自购手扶式插秧机4台、农用机械10台，与新沂市水稻机械插秧合作社杨云峰联手，除在当地推广应用机械插秧技术外，又联系到东北三省，微山湖跨区作业4年，年创收8万元。

办家庭农场，规模经营效益高

当2013年中央1号文件首次提出构建新型农业经营主体，发展家庭农场的政策后，陈龙看到办家庭农场的美好前景，他就有了创办家庭农场的想法和强烈意愿，在乡政府和农业局、农机局等有关部门的支持下，他于2014年成功到县工商局注册了“郯城县农大家庭农场”，成立家庭农场后他的干劲更足了。

首先，他想到的是扩大家庭农场的经营规模，注册农产品商标，走品牌经营之路。他与周边村民协商，又高价流转土地110亩，达到土地成方连片，利于机械化操作。2015 年，他种植稻鸭共养绿色水稻 50 亩，注册“郯陈”牌大米商标，开发绿色农产品，走规模化、品牌化和产业化之路。其次，积极开展社会化服务，为农民解决种地无劳力、无技术问题。他为周边群众搞代收获、代育秧、代插秧、代管理、代种植等服务方式。他通过学习获得无人机操作证，成为了全县操作无人机第一人。如今他的家庭农场初具规模，共经营土地近 300 亩，其中流转土地 260 亩，托管了邻村农民 30 亩。家庭农场里有长期工 1 人，临时用工 10 余人，农药打药组工人 11 人。他与本村民联合成立了农机合作社，在满足自己生产的同时，积极为农民进行作物病虫飞防和种植收获等托管服务，对困难群众和无劳力户，陈龙免费或低费服务。2014 年，开展各种社会化服务达 5 000 多亩，家庭收入增加了 5 万余元。

充电学习，提升自我知识水平

2014 年，陈龙参加了全市新型职业农民培训班，被认定为郯城县新型职业农民，并获得市、县优秀新型职业农民荣誉称号。通过学习，他解放了思想，转变了转念，开阔了视野，增长了才干，增强了发展现代农业的积极性和主动性，同时也认识到自己文化程度低，只有及时充足科技电、市场知识电、电子商务电，才能紧跟时代潮流，才能不被市场经济所淘汰。

2014 年，他报名参加了四川农业大学的农业技术与管理专业的大专函授班，学习农业科技知识，不断提高自己。2015—2016 年度，他分别到青岛农业大学参加农村实用人才培训班，到临沂参加新型职业农民提升班，到寿光市参加中组部和农业部组织的农村实用人才示范培训班，到江苏省华西村参加农业部组织的农村实用人才培训班，到聊城市阳谷培训基地参加省农业厅科教处和省农广校组织的青年农场主提升培训班等培训，努力提高自己的理论水平和科技素质，在学习过程中，不断思考创新和拓展自己的人脉网络关系，为自己生产经营积累知识技能和人脉。陈龙在自己学习提升的同时，充分认识到学习科技知识和经营管理知识的重要性，动员全家人积极参加市县组织的各种农业科技培训班学习，成为了学习型家庭。

2015 年，陈龙的郯城县农大家庭农场被推荐评为市级示范家庭农场，他感到莫大的荣幸，也感到一名新时期青年农场主和新型职业农民的责任，他在做好各项托管服务的同时，主动帮扶本村建档立卡的10名贫困户结亲连心，在进行物质帮扶的同时，指导他们学科技用科技，实现科技脱贫。

陈龙通过不断的学习提升、社会化服务，得到了家人的支持和群众的认可，也获得了相关部门的表彰奖励。2014年度获得郯城县新型职业农民优秀学员，2015年度获得临沂市优秀新型职业农民，2016年度获得山东省现代青年农场主培训优秀学员等荣誉称号。2016年农大家庭农场被评为山东省示范家庭农场。

本篇撰稿人：山东省郯城县农广校　于慎兴

人物导读 杜旭，1964年生，高中文化，烟台市牟平区大窑街道新福村人。是农民中的发明家，研究发明了新型壁蜂巢，获得国家实用新型专利，被授予“烟台市牟平区科技能人”荣誉称号。2009年成立烟台市牟平区福泽壁蜂专业合作社，2014年成立烟台市牟平区增富山家庭农场，被烟台市政府评为“烟台乡村之星”。2017年注册“增富山”牌商标，被山东省政府评为“齐鲁乡村之星”，增富山家庭农场被评为省级示范场。

从农业能人到新型职业农民

——山东省/烟台市/杜旭

杜旭近来成了村里的新闻人物。仅用一年多的时间，一座占地60余亩的标准矮化砧苹果示范园拔地而起，一片荒地已变成现代化的家庭农场，这一年多来，整地、修路、栽树、挖池塘、建大棚，每天村民都可以听到轰鸣的机器声，看到忙碌的施工人员。这位村民眼中的农业能人也蜕变成一名新型职业农民。“我的成长离不开农广校，是农广校培养了我。”杜旭说。杜旭的蜕变过程也正是牟平区新型职业农民培育工程的一个缩影。

善于琢磨，农民中的发明家

杜旭是个闲不住的人，喜欢刨根问底，经常参加各种科技培训班，还自费到外地考察，结交了许多专家教授和农民土专家。他多年来致力于壁蜂应用的研究，通过对壁蜂生活习性的观察，研究发明了新型壁蜂巢，并于2010年获得国家实用新型专利。杜旭发明的壁蜂巢使用方便，省时省工，成本低，一次投入多年使用，可根据果园放蜂量自由组合，预防鸟害和寄生害虫对壁蜂造成危害。农民一次购入可连续多年使用，每亩可为农民节约生产成本60～90元。该壁蜂巢年推广应用面积2万余亩，每年可为农民节约生产成本 120 万～180 余万元。该项技术在牟平进行了广泛的推广应用，区委宣传部制作了专题片，作为农村党员远程教育资料片在全区发行。

像新型壁蜂巢一样，大樱桃防雨设施、全自动喷药装置等发明，都是杜旭在生产实践中琢磨出来的，先后获得了国家发明专利，受到了农民和农业科技工作者的青睐，2013 年他被烟台市牟平区政府授予“烟台市牟平区科技能人”荣誉称号。

善于经营，农民中的能人

杜旭原来只有土地 10 余亩，且比较分散，作为农民，他深知土地的重要性，别人不种的地，他就流转过来，为使土地能成规模，他甚至用自己的好地换别人的差地。经过多年的积累，采用承包、流转、交换等多种方式，土地规模越来越大，且逐渐成方连片，土地发展成 30 余亩。

发展农业需要大量的资金，通过对壁蜂多年的研究积累，2009 年他成立了烟台市牟平区福泽壁蜂专业合作社，担任理事长。小壁蜂成就了大产业，良好的信誉使他的壁蜂销往云南、新疆、北京等全国各地，每年销售壁蜂茧 1 000 万头、壁蜂巢 5 万组，年收入达到 10 余万元。为扩大自己的生产规模，每年挣的钱都投入农业中去滚动发展，经过几年的发展，原来的老果园全部改掉，新发展大樱桃 30 余亩，挖了 10 余亩的鱼塘，年收入达到 20 余万元。在农业上小有成就的他，骨子里有一种不服输的性格。他常常思考，如何改变几千年来对农民的偏见，让中国的农民也像发达国家的农民一样，成为一种体面的职业？

善于学习，完成新型职业农民的蜕变

杜旭是一个善于学习的人，乐于接受新事物，经常在电脑、手机中学习新知识，同全国各地的同行和专家进行交流。2014 年是杜旭事业上的分水岭，这一年他参加了农广校组织的新型农民创业培训和新型职业农民培育培训班，以往参加的培训多是生产技能方面的知识，这次培训过程中的经营管理培训内容深深吸引了他。如何防范农业市场风险？如何销售农产品？如何创办适合自己的农业经营主体？如何才能成为一名新型职业农民？有着丰富农业实践经验的他如饥似渴地学习着，成为班里学习最勤奋刻苦的人。培训结束后，他的思路大开，马上为自己的产品注册了二维码，在电脑上销售自己的苹果和大樱桃。通过学习，他知道可以利用国家的农业扶持政策实现创业，于是他成了区农广校和农业局的常客，经常去咨询农业政策方面的信息。村里有 60 余亩土地，由于承包者经营管理不善接近荒芜，得知了区里扶持矮化砧苹果栽培的政策后，通过考察确定矮化砧苹果这种栽培模式省工、省力、产量高，适合机械化管理，是苹果现代化栽培的发展方向。他果断将这块土地转包过来，建立了矮化砧标准苹果示范园，享受到区里专项扶持资金 20 余万元。他还建立了 20 余亩的苗木基地，培育的优质果树苗木每年都被抢购一空，年增收入 20 余万元。2014 年，他注册成立了烟台市牟平区增富山家庭农场，被烟台市政府评为“烟台乡村之星”。2017 年，他注册了“增富山”牌商标，被山东省政府评为“齐鲁乡村之星”，增富山家庭农场被评为省级示范场。作为农民创业的典型，增富山家庭农场已发展到 100 多亩，通过果业生产、壁蜂养殖与销售、壁蜂巢制作、果树苗木繁育，年收入可达到 50 余万元，他实现了从农业能人到新型职业农民的蜕变。

致富不忘乡亲，农民致富的领路人。增富山家庭农场创建以来，原有壁蜂专业合作社已发展到社员 126 户。他积极引领社员采用先进的果业管理技术，提高合作社社员果园的总体管理水平，并通过回收壁蜂茧增加社员收入。在他的带动和指导下，合作社社员果品质量和效益有了较大提高，果园苹果优质果率达到 80%以上，大樱桃果个大、表光好、糖度高，每年可为合作社社员人均增加经济收入 1 万元以上。同时，增富山家庭农场作为烟台市牟平区的新型职业农民实训基地，每年有 3 000人以上的农民到这里实训，带动了更多农民致富。

本篇撰稿人：山东省烟台市牟平区农广校　高正杰

人物导读 李胜，1975年出生，山东省临沂市沂南县人。2013年，成立智圣家庭农场，集休闲农业观光、农事体验、绿色蔬果种植为一体。目前，智圣家庭农场是全国休闲农业与乡村旅游四星级农业园、国家旅游AAA景区、临沂市新型职业农民优秀实训基地、山东省家庭农场省级示范场。成立了沂南县新型职业农民创业联盟，2016年成立了农业科技扶贫创业孵化器，为贫困户农民的创业提供实训便利。

一个沂蒙山人的“田园梦”

——山东省/沂南县/李胜

拥有一片农场曾经一度是西方人的“专利”，羡煞了多少中国人。而国家鼓励的“家庭农场”政策，拨动了不少人的心弦……在“中国梦”的蓝图下，不少人将眼光投向这一领域，有了自己的“田园梦”。一个普通的沂蒙山汉子——李胜，2013年初，在智圣诸葛亮的故乡成立了沂南县首个家庭农场——“智圣家庭农场”，并在工商部门注册取得了营业执照。从此，这位经营饭店起家的沂蒙汉子拥有了自己的农场，同时，他收到了界湖信用社的第一批150万元的扶持资金。一个“健康、休闲”的现代农场正在以独特的“魅力”崛起在沂蒙大地，开启了他的“田园梦”。

“我有一个田园梦”

2013年4月16日下午，在沂南县工商局企业注册大厅，李胜与其妻子共同投资200万元，申请设立的沂南县智圣家庭农场被正式核准注册，领取营业执照时李胜掩不住内心的喜悦，高兴地说：“能拥有一个家庭农场是我一直以来的梦想，如今终于实现了，特别高兴!”

42岁的李胜，2007年投身餐饮业，他的“都市村庄”饭店开得红红火火。这几年，随着人们生活水平的提高，对吃的质量和健康有了更高的要求。李胜心里一直有个“梦”：“一处远离城市喧嚣之地，既可尽情体味到大自然的情趣，又能随时吃到地里种植的新鲜绿色有机蔬菜”。当他在新闻中得知中央1号文件鼓励兴建“家庭农场”时，李胜一下血脉贲张了，一幅田园画卷在他的脑海中浮现出来。没有任何犹豫，李胜立即着手实施他的家庭农场。他看中了离县城十几里地的汶河岸边的一片空地，这里依山傍水、风景秀美。各级政府对他筹建“家庭农场”的想法非常支持，一路绿灯，李胜很快通过土地流转顺利的承包了100余亩地，用于果蔬规模化种植，同时进行庄园式规划开发，要的就是四季果菜香、人在画中游的效果。沂南是一代智圣诸葛亮的家乡，他为这片庄园取了一个好听的名字：“智圣农场”，并成功注册登记为沂南县首个家庭农场。

要办一个有特色的现代化农场

“国家支持家庭农场的开办，而我也一直有这个梦想，现在农场已经成功注册。接下来，我想办成现代化的农场，我要上大型现代化机械，不仅省事还省力，我还想发展特色农业，不会仅仅只种小麦和玉米，还要大面积地种植特色果品、有机蔬菜，办成一个有特色的现代化农场。”谈起自己的农场，李胜对未来充满了希望。

2013年，中央1号文件提出，鼓励和支持承包土地向专业大户、家庭农场、农民合作社流转。其中，“家庭农场”的概念是首次在中央1号文件中出现。它是指以家庭成员为主要劳动力，从事农业规模化、集约化、商品化生产经营，并以农业收入为家庭主要收入来源的新型农业经营主体。

“智圣家庭农场”被核准注册后，不但确认了其经营农场的合法地位，还可以在贷款、保险、签订合同订单等方面享受到更多的优惠政策。

然而，由于家庭农场在经营初期因土地流转等问题一次性投入资金较多，同时在农业基础设施建设、农业机械化配备上普遍面临资金缺口，因而还需政府进一步制定出台相关扶持政策，在金融、保险、财政、税收等方面予以扶持。为了更好地发展农场，李胜开始了求学之路。先后参加了新型农民创业培训、农村实用人才带头人培训，尤其是

2014 年参加新型职业农民培育工程后，县农广校果品、蔬菜、农机、土肥等专家团成员，对智圣家庭农场进行重点服务，指导李胜采购优良蔬菜、果树品种，教授种植技术……为农场配备了微耕机、微滴灌、自动卷镰机等现代机械设备，农场的生产很快走上了正轨。智圣农场也成了山东省新型职业农民培育实训基地。

致富不忘乡亲，谋求共同发展

李胜用行动把自己的"农场庄园"梦进行了最具体的阐释，为了发展农场，他把农场定位为农业观光休闲农场，让人们在工作之余，使农场成为体验农家生活的休闲场所。为此，他需要学习家庭农场的经营管理、农作物种植管理等知识，于是，他报名参加了新型职业农民培训、创业培训等培训班。他说："我的农场里种的全部都是最好的品种，都是精耕细作，绿色有机的。"

走进"智圣家庭农场"，花香馥郁、果蔬成行，恍如世外桃源。这里有芝麻菜、紫罗兰油菜、苹果、梨、葡萄、草莓等 10 多个果蔬品种。绿叶红花、紫菜金果，竞相争妍，如诗如画，美不胜收，把农场点染得绚丽无比。

果蔬大棚更是硕果累累，一片繁盛。西红柿、辣椒等果蔬一个个水汪汪、亮晶晶，红的似宝石，绿的似翡翠，让人只看一眼就垂涎欲滴。

走在鹅卵石铺就小径上，两边花树果蔬令人目不暇接，在艳阳下，不一会儿就大汗淋漓了，这时便可坐在路旁的石凳上休憩，渴了便可随手摘得西红柿、黄瓜一润干喉，沉浸在这一片自然生机之中。

农场种植着十数个草莓大棚，李胜称这些草莓是"希望果"，平日里对它们百般呵护。李胜说，我的草莓品种好，全部采用绿色栽培模式，口感独特，营养价值高，每到上市时，每斤 40 元的采摘价格，来采摘的客户也络绎不绝。农场生产的蔬菜、果品，秉承绿色食品管理模式，采摘即可食用，以订单的方式为客户配菜，每周一箱菜，价格从 100 元到 150 元不等，供不应求。李胜的目标是把"智圣家庭农场"打造成沂南县第一个集生态观光、采摘于一体的现代化"家庭农场"。现在，李胜已经把家安到了农场，可以说他的田园梦正一步步变为现实。现在，李胜的农场经营得越来越好，形成了观光、旅游、采摘及食宿一体的庄园模式。每年吸引着众多的游者和学习者。开展亲子活动，让孩子们体验农场生活，也是青少年实践技能教育基地。同时，作为新型职业农民实训基地，先后承担了全省现代青年农场主培训、新型农民扶贫培训、新型职业农民创业培训等学员的实训任务；并接待了省内外兄弟市县的农民培训学员前来考察实习，受到一致好评。

在自己创业成功的基础上，他不忘拉上乡亲们共同发展。在县农广校的支持下，作为发起人，与具有相关产业的15名农场主、合作社社长联合成立了沂南县新型职业农民创业联盟，互通有无，增强市场竞争力。他积极响应国家精准扶贫政策，2016年在农场成立了农业科技扶贫创业孵化器，为贫困户农民的创业提供实训便利。

在原有园区规模基础上，2016年又流转了200亩地，计划发展茶、高效蔬菜生产等项目，并建设一个多功能培训教室，并申报了省级实训基地，让农场的培训、实训功能更加完善，成为新型职业农民真正的田间学校。

李胜的努力得到了丰硕的回报。他是沂南县政协第九届委员和第十届政协常委，他的农场是全国休闲农业与乡村旅游四星级农业园、国家旅游AAA景区、临沂市新型职业农民优秀实训基地、山东省家庭农场省级示范场。

本篇撰稿人：山东省沂南县农广校　魏文杰

人物导读 李玉升，男，山东省招远县人。2003 年下岗，开始进行生猪养殖。2010 年创办自然养猪法养殖场，现在已经成为年收入 500 多万元的大型养猪场。2011 年，注册成立招远市绿曙桃园有限公司，实现现代农业和旅游业的有机结合。2013 年，参加招远市新型职业农民培育，经过认定成为新型职业农民，是当地新型职业农民创业致富的典范。

新型职业农民的一颗新星

——山东省/招远市/李玉升

从一个下岗工人，到创办生猪养殖场，从生猪养殖失败到再次创业，终于成功。李玉升走了一条看似顺利却曲折重重的道路。

白手起家，不怕失败积累经验

2003 年，李玉升从市针织厂下岗了。面对家庭的负担，自幼倔强自立的李玉升没有灰心失意，从小在农村长大的他，把目光瞄上了养殖业。他凭着一股闯劲，大胆进入了生猪养殖这个行业。然而，由于对养殖技术知识的匮乏和对市场规律把握不准，再加上猪市价格低迷，李玉升千辛万苦建立起来的养猪场很快进入了亏损状态。万般无奈的李玉升只得低价出卖了猪场，至此，他不仅身无分文，而且债台高筑。为了学习养猪技术，提升管理能力，他选择了给人打工。他从底层做起，学习和摸索养殖技术和管理经验，并到畜牧管理部门和其他大型生猪养殖场学习技术、了解市场信息。

2010 年底，李玉升千方百计筹集资金，在招远市第一个建成了自然养猪法养殖场。凭借先进的养殖管理技术，这一次李玉升的养殖场很快步入正轨，并得到迅速发展。他的生猪养殖场已经发展成为拥有能繁母猪 200 头、存栏猪 2 000 多头、年出栏肥猪 3 000 多头、年收入 500

多万元的大型养猪场。

在他的带动和技术支持下，邻近的阜山镇迟家村就有 30 多户村民发展起了养猪业，每年可增加户均收入 7 万多元。

远景规划，做活“农”字企业

随着养猪规模的扩大，猪粪的无害化处理，成为摆在他面前的一道难题。为了更好地利用养猪的下脚料，更好地保护周围环境，李玉升看上了养殖场周围的荒山坡地，一个崭新的远景规划展现在他的眼前，要建设一个健康可持续发展的，集生态农业、观光农业于一体的“农”字号企业。他充分利用早上、晚上的空余时间，走东家串西家，跑遍了养殖场周围有地的两个村委会的 60 多个农户，谈妥了土地流转的价格和方式，租赁了养殖场周围荒山、坡地 1 000 余亩，并聘请相关人员规划设计了集旅游观光、采摘、垂钓、餐饮为一体的生态农业企业，于 2011 年注册成立了招远市绿曙桃园有限公司，以现代化养殖、有机种植为基础，通过再造人工景观、游乐设施，围绕“吃、住、行、游、摘、购、娱”旅游要素的打造与配套，实现了现代农业与旅游业的有机结合，为今后大规模的发展积蓄了能量。

再展宏图，生态农业前景广阔

2013 年，招远市新型职业农民培育工作开始试点，精明能干的李玉升被推荐为新型职业农民学员。招远农广校的精心培育，特别是在烟台培训基地进行的农业经营管理培训，更是增添了他施展才华的动力。他把培训教师传授的精彩内容和管理技能，转化成了自己创新发展的本领，进一步充实细化了发展的宏伟蓝图，把发展“品牌农业、观光农业、循环农业、绿色农业、规模农业”作为自己发展的首选方向，在此基础上扬帆起行，付出了自己的艰辛和努力。

经过农广校培育课程的学习，李玉升越来越重视品牌的创立和保护。经过努力，他的桃树品种双奥红桃、双红蟠桃、油桃、双久红桃、富山香桃 5 个品种的桃子，于 2013 年被中国绿色食品发展中心认证为绿色食品。他养殖的生猪也被省农业厅认证为无公害食品。优质的产品品质，得到了广大消费者的认可，销往周边省份且供不应求。

发展观光农业是李玉升走活“农”字棋的一招

绿曙桃园有限公司的果园内，有桃树 600 亩，桃子的成熟期从 6 月到 11 月，有效地延长了果品采摘的持续时间；每年 3 月桃花盛开的时候，每天吸引游客 300 多人前来观赏游览。此外，还有苹果 30 亩，核桃 200 亩，葡萄、树莓、及高钙果等 100 多亩，也不同程度地吸引了众多游客的到来。

李玉升积极探索“畜-沼-果”和“畜-沼-渔”生产模式，大力发展循环农业。2013 年投资 3 万元，建设 200 立方米的沼气池。将养殖场的粪污经沼气池发酵，沼气用于猪舍照明、取暖及职工生活用气，沼渣、沼液作为有机肥经过管路直接灌溉到果园的每个角落。真正做到了健康可持续发展的现代生态农业。

经过多年的开发，李玉升的绿曙桃园有限公司果园面积已达 1 113 亩，年出栏肥猪 3 000 多头，真正做大做强了企业规模。李玉升的成长，充分展现了招远市新型职业农民的风采，作为招远市新型职业农民的一颗新星，在今后的发展道路上，他一定能够在新的起点上谱写出发家致富的新篇章，为招远现代农业的发展作出新的贡献。

本篇撰稿人：山东省招远市农广校　张　友

人物导读 王庆伟，男，1970年11月出生，河南省淮阳县曹河乡范庄人。他退伍后回乡务农，依靠机械化和科技，走出了一条农业生产规模化和现代化的致富路。他创办家庭农场，流转土地1 200亩，发展成为名副其实的种粮大户。他联合其他人创办了淮阳县乐万家地保姆专业合作社，为农户提供从种到收的一条龙服务。他牵头成立了农民科技培训班，定期邀请专家、对农民进行技术培训，带动周边群众科学种田共同致富。王庆伟获得“全国种粮大户”“全省种粮大户”等荣誉称号。淮阳县乐万家地保姆专业合作社被评为国家级示范合作社、省级农民专业合作社示范社、省科学技术协会“科普惠农”先进单位、省优秀青年农民专业合作社等。

一个种粮大户的光荣与梦想

——河南省/淮阳县/王庆伟

位于豫东平原的淮阳县，有一个远近闻名的种粮大户，他凭着自己勤劳的双手、聪慧的头脑和过人的胆识，不仅成为当地靠种粮发家致富的能人，还带动周边的乡亲依靠种粮奔小康，让自己和别人的口袋不断鼓起来。他就是河南省淮阳县乐万家地保姆专业合作社理事长——王庆伟。

种粮走上致富路

1970年出生的王庆伟，家住淮阳县曹河乡范庄，高中毕业后应征入伍，退伍后回乡务农。作为一名退伍军人，他思想解放，敢为人先，先后做过小工，干过泥工，并于2004年贷款购置了2部收割机，开始了南征北战的跨区作业。经过常年在外作业，他积累了大量的规模化作业经验，也深刻体会到农业生产方式的变革。他发现，很多农村青壮年劳动力不愿意留在农村种田，都选择外出打工，而在乡务农的劳动力大多是老年人和妇女，文化程度低，专业技能和创业能力低，对农业生产力不从心，甚至出现了“撂荒地”。看到这种情况，王庆伟十分焦急和痛心。他说：“民以食为天。手中有粮，心中不慌。咱农民啥时候也得种好地，多打粮食，不仅自己有饭吃，还能为国家做贡献。”他认识到随着国家各种惠农强农政策的陆续出台，培育种粮大户、发展现代农业是大趋势，农业发展必然向专业化、规模化转型，就决心抓住机遇大干一番。2007 年，他通过土地流转承包了 190 亩地，开始了规模种粮。经过一年的辛勤劳作，当年种植的小麦和玉米获得了丰收，当年纯利 5 万元以上。尝到了规模种粮的甜头，王庆伟信心倍增。他不断探索总结经验，扩大流转规模，在政府的教育培训和政策扶持下，依靠机械化和科学技术，走出了一条农业生产规模化和现代化的致富路。目前，王庆伟承包耕地 1 200 亩，并于 2013 年注册了家庭农场，家庭全年种粮和机耕机收劳务纯收入合计 50 万元以上，全家从一个有吃有穿略有余钱的温饱户，一跃变成了有车子住楼房，年人均纯收入 12 万元以上的富裕户。王庆伟先后获得“全省种粮大户”“全国种粮大户”“2014 年度周口市优秀人才”等荣誉。

重技术科学种田

2012 年，王庆伟第一次参加了县里阳光工程实用技术培训班，以后又被认定为新型职业农民，每年都参加上级组织的培训学习，从此他的思想发生了翻天覆地的变化。通过培训学习，他开阔了视野，增添了信心，不断更新、掌握现代农业发展理念、经营策略和管理方式等实用技能和实际经验，并运用到实践中去。

王庆伟重视投入夯实农业基础设施。承包耕地初期，他购置了 6 部喷灌机，但遇到严重旱情时满足不了需要。2012 年，他投资 22 万元购置了卷盘式灌溉机 4 台。2014 年，又投资 20 万元在田间架设了变压器、建设了地埋管等半固定式喷灌设施，采取了微喷和滴灌相结合的先进灌溉模式，实现了旱涝保收，提高了抗御自然灾害的能力。

王庆伟开展了科学配方施肥。他邀请县农业局土肥站和乡农技人员对其承包耕地进行采点取样，采用测土配方施肥技术，提高肥料利用率。通过采用这项新技术，亩均节约用肥成本 30 元，每年节约成本 3.6 万元。

王庆伟及时更新繁育优良品种。每年与周口市农业科学院联合繁育小麦新品种 1 000 多亩，亩产达 1 200 多斤，每亩比周边群众增产 150 多斤，不但产量上了新台阶，还起到示范带动效应。

他还全面推广机械化喷防技术。投资 30 余万元，购买 3 台山东永佳自走式喷雾机，进行机械化喷药防治病虫草害，不仅提高了防治效果和防治效率，每亩节省病虫草害防治劳务费 18 元，又改善了农业生态环境，提升了粮食品质。积极推广土壤深耕深松技术。投资 40 万元购置拖拉机、旋耕机、收割机等大小农机 5 台，自己的机械每亩耕作花费仅 30 元，比租用机械作业的每亩 80 元节省成本 50 元，每年节约成本 6 万元。通过开展土地深耕深松、秸秆还田等机械化规模作业，既改良了土壤，提高了土壤肥力，又提高了作物抗旱等抗逆能力。

带领乡亲奔小康

王庆伟自己富了不忘乡亲。针对关键农时缺人手、农业生产缺人力、发展现代农业缺技术的现象，2008 年 7 月，他联合赵福臣等 7 人创办了淮阳县乐万家地保姆专业合作社，打出“你在外安心挣钱，我保你农田丰收，我付出百倍努力，你收获万分满意”的服务承诺，大力开展土地流转和耕地托管服务，推进土地规模化经营，推广农业生产新技术。根据群众需求，合作社采取从种到收一条龙机械服务，全面托管、单项服务等灵活多变土地托管服务，切实解决了群众种地打工两头忙的问题。他牵头成立了农民科技培训班，定期邀请专家、讲师对农民进行技术培训，积极参加各单位的阳光培训与实用人才培训。经过努力，王庆伟领导的合作社现有社员 326 户，中、初级技术职称 9 人；拥有 4 层综合办公楼一幢，标准化培训教室 400 平方米，各种大中小型农机机械 100 多台（套）。成立了耕作队、收割队、科技队、田管队、抗旱防汛队 5 个专业队和办公室、后勤部、财务部、业务部 4 个部门。流转土地 4 896 亩，农机托管服务 10 万余亩次，植保施药服务每年达到 12 万亩次。并与许科、河南天存、周圆等多家种业联合，打造地保姆良种繁育基地。2014 年，合作社经营收入 1 500 余万元，盈余近 200 万元，社员人均社内收入 2 万余元，带动周边农户良种、农机、施药机械使用率 90%以上的 2 万余户，辐射附近 4 个乡镇 8 万多亩土地，起到了良好的示范作用，有效提高了粮食产量，增加了产出效益。2014 年，淮阳县实现了粮食生产“十二连增”，连续 7 年被评为全国粮食生产先进县。淮阳县乐万家地保姆专业合作社先后被评为省级农民专业合作社示范社、省科学技术协会“科普惠农”先进单位、市级示范合作社、省优秀青年农民专业合作社、国家级“示范合作社”。

如今中央的支农政策一个接着一个，扶持农业的项目也日益增多，王庆伟信心倍增、干劲十足，决定抓住机遇，再创佳绩。为此，他制订了《2016—2018 年淮阳县乐万家地保姆合作社农业开发项目规划》，力争通过 3 年的努力，让地保姆合作社建成高标准良田 5 000 亩，仓容 3 000吨，晒场 5 000 平方米，农机更新换代 15 部，拥有自己品牌的种业公司，建成集“繁殖、培育、推广、加工、销售”一体化良种基地，预计销售额达到 3 000 万元，年实现效益 500 万元，使社员人均增收 20 000余元，在有力地支援国家的粮食安全、推广新技术、新品种和带动更多的乡亲致富等方面，作出自己的贡献。

本篇撰稿人：河南省周口市淮阳县农业局　刘　梅

河南

人物导读 徐红飞，男，汉族，河南省内乡县灌涨镇刘岗村人，毕业于河南省农广校，现任内乡县兴华农业种植合作社理事长。他依靠规模化生产、标准化种植走上致富道路，他致富不忘乡亲，带动周边农户参与石榴基地和粮油高产创建，他开展产业扶贫帮助贫困户脱贫。他获得“河南省优秀实用人才”称号、南阳市“百名青年先锋”等荣誉称号。他领办的内乡县兴华农业种植合作社被评选为国家级示范社。

走规模化标准化生产之路

——河南省/内乡县/徐红飞

多年来，他以诚实守信为根本，以土地流转为抓手，以促进粮食增产增收为主要内容，实现与农户互利共赢目标。他一步一个脚印发展壮大，致富不忘乡亲，带动全县 11 个乡镇 26 个村 3 659 户参与石榴基地和粮油高产创建。他开展产业扶贫，实施石榴种植项目使 45 户贫困户脱贫。他依靠科技，用勤劳的双手创造了一个又一个奇迹。他就是内乡县兴华农业种植合作社理事长徐红飞。

勤奋苦干，走规模化发展之路

1996 年，徐红飞从亲戚处借了 6 000 元，购买了刘岗村第一台大型农业机械旋耕机，开始经营他家 5 亩多地，走上了他农业种植行业。一没有技术，二没有经验，三没有资金，困难可想而知。但他没有退缩，除了经营自己家的 5 亩多地，还在邻村开展机耕机播服务，一干就是 14 年。

2010 年，徐红飞靠自己 14 年赚来的钱，又通过银行贷款，成立了内乡县兴华农业种植专业合作社，主要开展粮食、花生、石榴等种、管、销一体化经营。在全县重点乡镇设立土地流转服务部 12 个，设立村级服务点 27 个，培养农机农艺服务员 126 个，初步形成县、乡、村三级服务网络。在师岗、瓦亭、灌涨 3 个乡镇 14 个行政村集中流转经营土地 3 600 亩，在赤眉、大桥、余关 3 个乡镇 12 个行政村开展全程粮食托管服务 4 300 亩。在大桥乡堰庄村建立突尼斯软籽石榴标准化示范园 500 亩，在师岗镇唐营、王营、村湾 3 个行政村建立千亩粮食高产示范片 1 个，建百亩攻关田 3 个，在师岗镇韩岗村建立 3 个百亩花生高产示范方。示范方内，集成高产栽培技术，实现高产高效目标。

功夫不负有心人，经过努力，他建立的粮食高产示范片，成为内乡高产创建的典范。他领办的农民专业合作社 2013 年注册了“裕鑫”商标，2013 年 6 月被县政府评为县级示范社，2014 年、2015 年、2016 年连续 3 年被南阳市人民政府评为“全市粮食生产先进农民专业合作社”，2015 年被南阳市人民政府认定为市级示范社，2016 年 5 月被河南省农业厅认定为省级农民专业合作社示范社，2016 年 12 月被农业部评为国家级示范社。

勤学技术，走标准化生产之路

徐红飞在扩大规模的同时，注重科学种植。农作物病虫害一度成了他的拦路虎，病发难以控制，给粮食增收效益带来风险。他暗下决心一定要学科学、学技术，攻克农作物病虫害防治的难关。他边学习边摸索边实践，到处求学。曾多次到县植保植检站，询问什么季节防治什么病虫害，要配什么药防治。他都一一记下来，并用于实践中去。2013 年，参加河南省农广校现代农艺专业学习，2015 年参加河南省青年农场主培训，2016 年参加青年农场主实训和创业孵化。从 2013 年开始，每年都订阅了上千元杂志和报纸资料，一有空就学习，就钻研。县农业局、农广校举办的实用技术培训，次次到场，从未缺席，即使在外地出差，接到通知，立即连夜赶回参加。

徐红飞把学习当成自己前进路上的加油站。通过几年的学习和生产实践，他围绕粮食作物，加快优质高产栽培技术集成研究和推广，集成推广应用配方施肥、水肥一体化、夏玉米免耕机播、病虫害专业统防统治、良种良法配套等农业增产关键技术，成功探索了一条“统一品种、统一整地播种、统一肥水管理、统一病虫害防治、统一技术指导、统一机械收获”六统一服务模式，有效提升了标准化种植水平，成为远近闻名的农业技术员、土专家。

在他统一流转的土地里，2014 年小麦平均亩产 462.8 千克，较全县平均亩产增 90.2 千克，增幅 24.4%。千亩高产示范区内小麦亩产达 526.4 千克，在秋季大旱之年，全县 60%玉米绝收、30%花生绝收的情况下，徐红飞流转土地区域玉米平均亩产 336.6 千克，花生亩产达 390 千克，远远高于全县平均水平。

产业扶贫，走带富群众之路

徐红飞立足实际，因地制宜，结合自己从事产业发展特点，做到顶层设计与创新实践相结合，强化产业发展与贫困户利益联合机制。在国家级贫困村内乡县马山口镇唐河村，开展产业扶贫，投资 522 万元，实施 500 亩高标准突尼斯软籽石榴种植项目，使 45 户贫困户脱贫，辐射带动周边 5 个贫困村 129 户贫困户年增收不低于 3 000 元。发展种植石榴收益是多方面的，不仅保护了生态，涵养了水源，壮大了合作社，也盘活了土地，鼓了腰包，让浅山区贫困户脱了贫。

2014 年，全县干旱严重，大部分乡镇无水浇条件，徐红飞为师岗镇唐营村新打机井 10 眼，配套水泵、水管等水利设备 40 台（套），共投入资金 50 余万元，为群众提供有利的抗旱浇水设备，赢得群众好评。在帮助群众的同时，向农民送技术。他把购买的农业技术书刊无偿送给师岗镇唐营村、大桥乡堰庄村、灌涨镇刘岗村。主动热情地向种植户传授先进实用种植技术，将农业种植技术编成 10 000 多份小册子无偿送给村民，深入到各家各户进行现场指导。自己聘请农业局高级农艺师，组建一支“土洋结合”的专家队伍，哪里需要就带着专家前往指导，深得广大村民的好评。几年来，他在自己种植基地共举办实用技术讲座 30 期，培训 5 600 余人次，毫无保留地将农作物病虫害防治、优良品种、测土配方施肥等知识无偿传授给村民。他还主动与牧原公司、言旭牧业等养殖企业结合，采用“公司+农户”订单活动，帮助农户销售玉米秆、麦秸，增加群众收入，真正带富了一方群众。在他的带领下，全县 11 个乡镇 26 个村 3 659 户参与石榴基地和粮油高产创建，农户实现年平均收入 4.9 万元，人均年收入 1.2 万元，高于全县人均收入 3 600 元。

本篇撰稿人：河南省南阳市农业局　王志刚

人物导读 耿军治，男，1970 年 8 月出生，河南省三东明镇祁寸湾村人。2016 年河南农业大学组织的新型职业农民培训班（青年农场主培训）学员。他自筹资金 60 多万元，创办了卢氏县第一个家庭农场——军治家庭农场。2014 年军治家庭农场被评为三门峡市级示范农场，2015 年被评为省级示范农场，2016 年耿军治被三门峡市政府评为先进工作者，2017 年被东明镇评为 2016 年度先进工作者，同年被选举为东明镇第十五届人大代表。

荒山变绿洲 田园铺锦绣

——河南省/三门峡市/耿军治

从东部沿海城市回到家乡创业，耿治军不仅实现了自我价值，还带领乡亲们发家致富，他是科技兴农的典型，也是产业脱贫的代表。

返乡创业，上山做文章

耿军治返乡之前一直从事的是交通运输行业，曾做过小车司机，也曾经买车做过大货车长途运输。他在浙江打工时，接触了很多类似于小型农场的庄园，看到人家良好的经济效益、生态效益，想到家乡年轻人多数外出务工，致使大部分旱坡地撂荒，于是他辞去了收入可观的工作，承包了本村 200 余亩旱坡撂荒地，开始尝试农场种植。

撂荒的土地，多是交通不便、缺水缺电、缺乏劳动力所致。农场要发展、道路必须通。他租来挖掘机、铲车，相继修通机耕道路 5 000 多米。清除杂草、翻修田埂、深翻田地，努力改变农场的外部环境和田地状况。

他充分结合土地实际，因地制宜选择适宜的作物。从无到有钻研作物种植与加工技术，从随时需要别人指导到自己成为农业行家。学习管理经验，积极克服土地贫瘠、资源匮乏、资金不足、人员素质不高、可以借鉴的成功经验太少等种种困难。在他的辛勤努力下，撂荒多年的荒地变成了良田，昔日荒无人烟的山坡地现在生机盎然。各类作物生长茂密，一年四季丰收景象各异，成为一道靓丽风景线。

科学种植，建立绿色品牌

耿军治坚信，科学技术就是第一生产力。他先后参加了北京市农民科技教育培训中心组织的休闲观光农业培训班、河南农业大学组织的新型职业农民培训班（青年农场主培训）、河南农业职业学院组织的新型职业农民培育工程培训班、中国青年政治学院新农村发展研究院组织的第二期秦巴山片区科技特派员培训班。同时，原本对电脑知识几乎一窍不通的他开始自学电脑，浏览种植信息，学习先进的农作物种植技术与科学高效的农场管理技巧，使农场走上了科学种植、科学管理的模式，步入了跨越发展轨道。

2013 年初办农场时，他从豫东地区引进红薯良种，栽植红薯 150 亩，但由于遭遇大旱天气，且种植经验不足，红薯大幅减产。第二年，他痛定思痛，总结教训，采用地膜覆盖技术又栽植红薯 150 亩，天道酬勤，喜获丰收。他种植的红薯是鲜食保健用地瓜品种，味香甜糯，肉质细腻。为改进落后的生产方式，相继购买了拖拉机、根茎类收获机、旋耕耙、山地犁、起垄机、施肥覆膜机、淀粉加工等各种机械。修建热风炕房 3 座、100 吨冷库 1 座、淀粉沉淀池 100 立方米，在实现农业机械化方面，为山区群众作出了表率。

他知道，现在农产品质量安全是人们非常关注的问题，种植出绿色生态的农业，是他选择的发展思路。在军治农场，严格禁止使用农药和除草剂。科学配方，施用有机肥。几年来，农场以发展高效农业为目标，从豫东地区引进的红薯良种，填补了卢氏红薯品种退化的空白。先后在红薯高产、粉条加工和中药材种植、烟叶栽培等方面进行了大胆的尝试与探索。其“圪垯坡”品牌红薯粉条，一反传统生产模式，具有无公害、无添加、口感好、纯手工等特点，深受广大消费者青睐。现已成为全市的知名品牌，产品供不应求。现在，他的农场一年销售额达 90 万元，其中烟叶销售额 40 余万元，红薯系列产品销售额 30 万元，中药材销售额 20 万元。

在休息时，他也不让自己的大脑和双手停下来，埋头于农场农机具的加工改造与自制发明之中，以最大限度提高效率，节省人力、减缩成本。他不断琢磨，多次试验，改造、设计了许多省钱、便利、好用的种植或者加工作物所用的工具，先后摸索出红薯淀粉热风炕房干燥法和红薯烟叶旋耕起垄机、烟叶热式回潮器等等。这些小发明，他都毫无保留地推广给周边种植农户。

心怀父老，带领乡亲脱贫致富

卢氏县是国家级的贫困县，正需要他这样的致富带头人。他也从来没有忘记村里的父老乡亲。他为村民讲政策、讲市场，普及新知识、新思想，手把手传授先进技术。在他的带动下，周围相继建立了家庭农场6家。村里缺乏创业能力的3户贫困户，成为他家固定的员工，每户年收入都在1万元以上，他带动全村45户贫困户中的25户农民进行农副产品深加工，走脱贫致富道路。下一步，他还将通过中药材种植再带动剩余20户脱贫致富。

2017年，在县水利局的帮助下，耿军治的农场争取到了国家五小水利项目，对农场水、电、路进行综合治理。该项目正在建设中，已硬化道路1公里，埋设灌溉管道5 000米，修建200立方米蓄水池一座。项目建成后，不但可以改善自己的生产条件，而且可以使周边两个组300亩旱坡撂荒地全部通路通电，变为水浇地。这让他的干劲更大更足。

望着连绵起伏的远山，耿军治豪情满怀。他决心在观光农业、休闲养生方面趟出一条新路子，实现产业化、品牌化、集约化发展。山里汉子耿军治，荒坡变绿洲，田园铺锦绣，在希望的田野上，他将抒写更美的丰收景象，带领更多的农民收获黄土地的甜蜜芳香。

本篇撰稿人：河南省三门峡市农业局　伍东远

人物导读 王飞，男，1982 年 1 月出生，河南省夏邑县刘店集乡徐马庄村王庄组人。通过参加农广校组织开展的培训，掌握了种植技术和管理营销知识，转变了发展理念，创建家庭农场发展优质高效设施农业，果蔬事业搞得红红火火。他还积极创办田间学校，为附近村民传授发展经验，成为致富带头人。

新生代农民的创业创新梦

——河南省/夏邑县/王飞

回乡创业创建农场

初中毕业的王飞和其他农村青年一样外出打工，由于没有专业技术，打工几年也没有挣到多少钱，王飞就下定决心回到家乡在农业上创业发展。回家后，先是跟着父亲学种大棚蔬菜，由于种植规模较小，品种单一，技术落后，收益不太理想。

2006 年，王飞积极参加了县农广校举办的绿色证书培训班，学习大棚蔬菜栽培技术。随着技术的提高，王飞的生产规模也有所扩大，效益有了提高，每亩大棚蔬菜年效益达到 1 万元左右。本村和邻村的农民都向王飞来求教、咨询，如何解答菜农提出的问题，王飞感到有些力不从心。蔬菜面积扩大了，蔬菜的销售就会成了问题，如何解决大棚蔬菜销售问题，确保蔬菜卖个好价钱，王飞深感缺少市场营销知识。针对遇到的一些新的技术问题及产品销售问题，王飞认识到要进一步提高种植蔬菜的收入，不但要扩大蔬菜种植面积，提高种菜水平，而且要掌握更多蔬菜生产知识和市场营销知识。

2010 年春季，河南省农广校进村举办中专班，招收全日制中专生，王飞率先报名参加。由于农广校教学理论联系实际并指导到位，王飞在学习上如鱼得水，表现出良好的思想政治素质，他身为班长以身作则，积极进取、乐观向上，充分利用学习机遇，勤奋努力、如饥似渴地学习，学习了现代种植技术和经营管理知识、掌握了农产品市场营销的知识和技巧，学到了真本领，转变了经营理念，以优异成绩完成学业，获取了毕业文凭和职业技能资格证书。

2012 年，中央 1 号文件提出了大力培育新型职业农民，夏邑县被定为新型职业农民培育试点县，王飞又积极参加了县农广校举办的新型职业农民培训班，通过课堂学习、现场实践和外出考察参观，使他进一步转变了思想观念，增长了才干。为了争当新型职业农民，王飞在农广校老师的指导下进一步扩大了租地规模，租地 105 亩建起了家庭农场，创新发展优质高效设施农业。

依靠科技创新经营

在各级领导和农广校老师们的指导帮助下，他积极探索，形成了“人无我有，人有我优，人优我转”经营思路，探索出了“一年四季有活干，一年四季有钱赚”的经营模式。130 亩的家庭农场，主要种植果树瓜菜。其中，塑料大棚果树 36 亩，栽培有杏、桃、葡萄、李子等。栽培露地梨树 45 亩，苹果及猕猴桃等其他杂果 40 余亩，其余为瓜菜和粮食作物。年收入在 100 万元以上。

在经营过程中，王飞重点做到三点：一是敢于创业，科学决策，错开繁忙的管理和成熟季节，合理搭配种植品种，实行多种经营，确保获得最大的经营效益。王飞的农场，春节前后有大棚蔬菜上市，接着从五一上市的大棚杏，到六一上市的大棚葡萄，接下来是露天的各种杂果，到最后 10 月上市的黄梨。全年不断有鲜果有收入，但成熟期都不赶到一块，减少了集中用工量，避免了因集中管理大量雇用工人现象，管理起来也不费劲，既减少了劳动成本，又增加了收入。二是善于创新，积极探索，始终走在群众前头，确保在当地起示范带动作用。开始种植大棚蔬菜，当地发展大棚蔬菜多了，他就探索发展大棚果树，敢为人先。三是依靠科学技术，实行精细管理，力求产品优质高效。例如，王飞的大棚种杏，是采用野生毛桃作为砧木嫁接金太阳杏，结出来的果实个头大，味道甜，风味独特，既有杏的味道，又有桃的个头。由于是大棚内种植，整个生长期不用喷洒农药，品种好，受到众多消费者的欢迎。每年从开花时期就开始接受预订，还没等到五一上市，就被抢订一空。2016 年，在一般杏卖几块钱一斤的情况下，他的却卖到三四元一个的好价钱，而且供不应求，亩效益在 3 万元以上。再如，王飞的大棚葡萄采用无公害绿色管理方法，多施生物有机肥，整个生长过程也不用喷洒农药，结出来的果粒上色均匀，糖度高，成熟以后在树上可以挂果长达一个多月。6月中旬上市，价格也非常好，每亩效益达到3万元以上。王飞的露地水果，都是最新优质品种，又都采用绿色食品管理方法，增施了有机肥，果子个大、色艳、口感好，效益也都非常不错。

成为致富带头人

王飞创办家庭农场致富了，家里有小轿车接送孩子上下学，建了13间两层小楼，迈上了小康之路。为发挥示范带动作用，王飞在家庭农场创办了田间学校，积极地、毫不保留地向前来咨询的农民介绍生产经验。在王飞的带动下，刘店集乡徐马庄村成为远近闻名的大棚蔬菜专业村，并辐射带动周围的吴楼、三里、何庄、洪庄、孔祠等10多个村也先后成为大棚蔬菜专业村，还带动了周围乡镇如王集、太平、骆集等乡镇发展大棚蔬菜生产，形成了数万亩的无公害蔬菜生产基地。还带动不少农户发展优质果树生产以获得更高的经济收入。目前，王飞的家庭农场还成为新型职业农民培育的生产示范和实训基地，成为当地青少年科普示范基地。

王飞创业成功在当地起到很好的示范效应，得到社会各界的好评，2012年5月，被共青团河南省委、省委宣传部、省科技厅、省财政厅等11个单位评为河南省农村青年致富带头人。2013年，被夏邑县人民政府认定为首批新型职业农民，被农业部评为“风鹏行动·新型职业农民”获奖人。2014年，被夏邑县人民政府评为“十佳新型职业农民”。2015年，被河南省农广校评为全省十大新型职业农民，还光荣地加入了中国共产党。2014—2015年，农业部科技教育司、教育部职业教育与成人教育司、中央农广校、省农业厅、省教育厅、省农广校领导多次到王飞家庭农场考察调研。2014年，全国农广校校长会议代表专程来到王飞家庭农场考察参观。全国省内外新型职业农民培育机构和新型职业农民纷纷来王飞家庭农场参观学习。中央电视台、新华每日电讯、《中国青年报》、河南电视台、《河南日报》等重要新闻媒体都对王飞进行了采访报道。中组部、农业部举办的农村实用人才带头人示范培训班多次请他做专题讲座介绍创业经验。

本篇撰稿人：河南省夏邑县农民教育中心　何新明

人物导读 李建明，男，湖北省十堰市房县人，2000 年从十堰市教育学院毕业后，到广东工作。2013 年返乡建起了樱桃生态种植园，同年成立“房县八里旺樱桃种植专业合作社”。多次去陕西学习樱桃种植技术，2015 年参加湖北省新型职业农民（职业经理人）培训班，想方设法为樱桃找销路，终于通过电商进行樱桃预售，2017 年，2 000 亩樱桃销售收入达 3 千万元，亩平均收入达到 1.5 万元。

巧用电商卖樱桃　观赏农业效益高

——湖北省/房县/李建明

他，中等身材，留着短发，清癯的面颊透着坚毅，为全面掌握樱桃的育苗、嫁接、管理等全套栽培技术，不辞辛苦多次自费到陕西等樱桃种植基地学习取经；为解决社员们增产不增收的难题，拓宽樱桃的销售渠道，他多次奔走在十堰、武汉等水果批发市场找寻产品销路；为转变社员们提篮卖、等贩子上门收购的旧观念，他第一个吃起“电商预售”的螃蟹。他就是湖北省十堰市房县城关镇八里旺樱桃种植专业合作社理事长——李建明。

偶然的机会找到商机，粒粒樱桃牵他回家乡

生在农村，长在农村，天生叛逆的李建明，对父辈们日出而作、日落而息，辛苦一年却勉强填饱肚子，经济极为拮据的生活现状不愿接受。他不愿意走父辈们走过的路，想努力走出一条属于自己的康庄大道。2000 年，从十堰市教育学院毕业后，选择南下广东东莞“淘金”这条路。他在广东东莞电信局当过业务员，因勤劳肯干、勤学苦钻，很快就晋升为业务经理。在积累一定的人脉资源、资金和管理经验之后，他决定自己开公司。正当事业发展的风生水起时，一场金融危机的风暴

席卷而来，对他的企业也造成致命一击，被迫倒闭关门。正当他一筹莫展时，偶然的一个机会，他发现广东的水果市场十分火爆。随着人民生活水平的提高，城里的人渴望绿色天然的有机农产品，对绿色、无污染的水果需求旺盛。而自己家乡就盛产樱桃，来自湖北十堰的樱桃色泽鲜亮，肉质敦厚，口感清甜，糖度高、颜色艳红，深受当地人喜爱，并且有一定的知名度。在樱桃树下长大的李建明，对家乡樱桃有种特殊的感情，在落泊的日日夜夜，感觉家乡粒粒樱桃在牵着他的脚步。他眼睛一亮，何不在樱桃上寻找商机？何不回家乡在土地上做文章？何不把家乡的资源优势转变为经济优势呢？

决定了的事情说干就干。2013 年 6 月，他说服妻子一起告别繁华的大都市生活，返回生他养他的家乡——房县城关镇八里村。通过对市场调查了解到樱桃具有营养价值高、经济效益优、市场价格良好的特点，还是探亲访友馈赠礼品最佳选择，于是他选择具有广阔前景的樱桃种植业开始自己的第二次创业之路。李建明流转了村里 30 多亩土地，找亲戚朋友筹了 20 万元钱，又在银行贷了 50 万元，建起了樱桃生态种植园。2013 年 7 月，他联合周边邻居成立了“房县八里旺樱桃种植专业合作社”，带动全村农民增收致富。

创业的道路多坎坷，勤学勤思是关键

创业多艰险。看似简单的种植樱桃，要想种好，种出高效益，里面的学问可大着呢！首先面临的是高产高效栽培技术关、品种改良关、产品储存关、产品销售关等。有首歌唱得好“樱桃好吃树难栽”怎么办？一方面，去陕西看、学、问，了解掌握栽培技术，为学到真知，他一趟又一趟地来回，看别人怎么种植的，怎么搞好樱桃管理，怎么丰产的，虚心请教、为了巩固学到的知识，还在别人的樱桃园里无偿打工。2014 年、2015 年李建明先后两次自费参加陕西杨凌农业高新科技成果博览会，进一步了解市场需求。另一方面，他于 2015 年参加在武汉市东西湖农广校举办的湖北省新型职业农民（职业经理人）培训班，在培训班上，他勤学好问、刻苦钻研，并积极主动地与老师和同学们进行沟通，汲取同学们成功经验，在交流的过程中也建立了深厚的友情，为日后创业打下了坚实的人脉基础。在 2017 年湖北省农业厅调研房县新型职业农民创业时，李建明就谈到，通过培育得到许多收获，一是思想理念得到升华，在以前，由于小农经济意识的束缚，认为一家一户搞个一、二十亩的樱桃，自产、自销，每年挣个几万元钱也就可以了，自从通过参加新型职业农民创业培训后，彻底改变了这种思想，独木不成林，要想发展壮大，必需抱团发展，就联系了 60 个樱桃种植户，成立了合作社，还建立了几十亩的樱桃育苗基地，将好的产品推广开来，同时也获得了可观的效益。二是社交圈得到扩展，通过参加新型职业农民培育，让他有机会接触到很多领导、老师和同学，在创业的道路上，得到很多帮助和支持，少走了许多弯路。三是经营管理和技能水平得到提升，通过创业培训，使他懂得了如何规划企业发展、如何规避市场风险、如何有效地进行营销。

破解樱桃销售难，电商打开销售市场

樱桃相比其他的水果，保存期短、无法集中上市，社员们都是通过传统的销售方式，从山上采摘好樱桃放在竹篓里带到县城里面走街串巷去售卖，销售价格低，销售半径狭窄，优质产品难以走出县城，走进大城市。为了要让“八里旺”樱桃走出去，必须解决包装、运输、储存、销售渠道等问题。李建明凭着一股钻劲、拼劲，开动大脑一一摸索破解。他先后制订多种方案，尝试多种包装材料，最后采用竹编精美小篮盛装采摘下的新鲜樱桃（每份 1～2 千克），3 天内还能保持着樱桃自然的色、香、味，每份樱桃售价达 100 元，这样就解决了包装和少量销售的问题，但是，如何将全村的樱桃卖出去，卖上好价钱又是缠绕着他的一块心病。通过深思熟虑后，他把眼光投向了电商，想用电商平台进行销售，于是、他多方奔走，到十堰、下武汉，寻求政府和农业、科技等部门帮助，2016 年 4 月，在房县农广校的支持下，针对八里村樱桃种植户开办了以樱桃为主题的电子商务新型职业农民培训，使当地农民进一步了解和掌握电子商务知识。当年 5 月，“八里旺”樱桃种植合作社就与湖北裕农网捷科技有限公司携手打造樱桃“产业合作社＋电商销售平台＋快递公司冷链运输＋消费者”的“阳光搬运模式”，凸显电商营销在传统优质生鲜农产品中的优势作用，找到了解决房县樱桃因糖分足、易变质，果皮薄、易损坏，成熟期短、不易长途运输的问题，用“预售”与“活动营销＋生态旅游＋现场采摘”的方式来解决，利用网络营销平台、快运平台解决出山、出县难的问题，让房县樱桃的市场竞争力和占有率得到提升，借此提高产品市场价值，2016 年以网上电商预售的方式签单 5 000 余份，2017 年“八里旺”的樱桃还没有上市，就被佰昌、顺丰等电商预订，仅八里村 2 000 亩樱桃销售收入达 3 千万元，亩平均收入达到 1.5 万元。樱桃的线上线下销售，渐渐破解了销售难的顽症。

握住致富金钥匙，让樱桃成为山区农民致富产业

在自己壮大发展的同时，李建明心里始终装着社员，装着全村的父老乡亲，为社员们提供强有力的种苗源头保障、种植养护管理，防病治虫的技术培训，采收、保鲜、包装、配送等一条龙的服务，是李建明致富的金钥匙，也是他成功的保证。通过 3 年的努力，李建明在红塔镇唐溪村、油坪村建成高标准育苗基地 76 亩，有效带动了房县樱桃产业的发展，同时，李建明的创业历程和成功典范越来越被人们认可和尊重，房县县委书记亲自到他的基地进行考察调研，并协同多部门给予支持，《湖北日报》《十堰日报》《房县报》等多家媒体对他的事迹也进行了报道，为他的事业、合作社的前途、八里村的建设以及房县樱桃产业的发展注入了前进的动力。

谈及今后的打算，李建明将不断健全完善合作社管理规章制度，实行规范化管理；制定一套樱桃标准化种植技术规程，实现标准化生产；与科研机构合作加大研发创新力度，进行产品深加工，开发樱桃酒，延伸产业链，提高产品附加值；把樱桃产业发展与休闲、旅游、观光有机融合，达到“春赏花（欣赏樱花）、夏吃果（采摘樱桃）、秋观景（观光旅游）、冬看雪（观赏雪景）”，不断做大做强做响“八里望”樱桃产业，实现一、二、三产业融合发展，让社员们一年四季都有钱挣，能致富，并带动全县樱桃产业发展壮大。

作为一个新时代的新型职业农民，李建明以一颗对“农村、农业和农民”的拳拳爱心，以其不畏艰难的奉献精神、勇于探索的创新精神、脚踏实地的实干精神在房县樱桃产业发展中不断续写敬业奉献的新篇章。

本篇撰稿人：湖北省房县农广校　何永鹏

人物导读 秦娥，1985 年出生，女，湖北省恩施土家族苗族自治州建始县人。十几岁开始做生意，2016 年返乡创业，建立了德溢民生态农业开发有限公司，2017 年参加恩施土家族苗族自治州新型职业农民培育课程学习，将理论与实践相结合，她的农业公司集生态种植、黄桃加工、旅游农业观光等为一体，已建成富硒黄桃示范基地 500 亩、订单辣椒示范基地 1 500 亩、药材示范基地 300 亩、四季精品水果采摘园 100 亩。

发展特色农业　致富不忘乡邻

——湖北省/建始县/秦娥

十几岁就跟着父亲在外做生意，秦娥自己也没想到有一天她会投身农业，当她看到家乡肥沃的土地渐渐荒芜的时候，她有了带领乡亲们一起种地致富的念头。

立志返乡创业

80 后女青年秦娥，十几岁时，就跟着父亲在家里学做生意，卖些日杂用品。2004 年，随打工的人潮来到广东中山，到工厂打过工，从事过百货批发，开过美容美发店，经过多年摸爬滚打，捞到了人生第一桶金，且年收入不菲。

外出打工创业多年，但始终挂怀家乡的那座座青山、那些乡亲们。秦娥的家乡是最典型的山区，山连着山，山脚下是一片片肥沃的土地，而且就在城郊，区位优势明显。但传统的农业种植方式没能使大家脱贫致富，村民们还是不得不背井离乡外出打工谋生。留在家里的都是些老弱病残，很多田地都荒芜了，令人心疼！回乡创业带动乡亲们一起发展，成了秦娥最大的理想。

秦娥返乡创业之初，父母不理解不支持，旁人冷嘲热讽。“祖祖辈辈哪有种田种发财的？都是些山田，又不是平原，不可能搞机器操作，绝不可能赚钱！”秦娥的父亲当头给她浇了一瓢冷水，第一个站出来反对。“你要种你自己种，亏了赚了我不管！”她的母亲保持中立态度。“没得搞，种了卖不出，变不成钱！”“那个秦娥是吃多了！”乡亲们个个冷嘲热讽。

秦娥没有灰心，挨家挨户地串门，说明自己的想法，寻找合伙人，功夫不负有心人，终于有几个思想开放些的年轻人愿意和她一起发展。首先找村民流转来 200 亩地，利用在外打工的人脉关系，种植订单辣椒，给村民示范，让他们看看到底种了卖不卖得出。2016 年，自然灾害比较严重，加上高温高湿天气，对辣椒生长期造成巨大威胁，但小垭门村种植的辣椒每亩纯收入竟然达到了 2 000 多元。贫困户孙国斌，腿脚不便，生活拮据。秦娥找到他，要他一起种辣椒，他抱着试试看的态度种了 0.6 亩地的辣椒。等到辣椒采摘时节，公司上门收购，孙国斌获得收入 2 000 多元。2017 年，孙国斌家的地全部种上了辣椒。

创新发展理念

如何实现产业融合发展，让农民真正走上致富道路，这是秦娥长期思考的问题。为了解决这一难题，2017 年秦娥参加了恩施土家族苗族自治州农业局举办的新型职业农民培育精品果园培训班培训学习，并被评为优秀学员。在结业仪式上，秦娥发言，“通过这次培训，了解了农产品质量安全重要性，了解了国家对新型职业农民的扶持政策，了解了一、二、三产业发展的意义，了解了水果产业发展的现状和机遇，了解了硒资源的价值，以及水果肥水管理和病虫害防治相关技术。”经过一个星期各位领导、教授、导师的讲解和成功基地的实地参观学习，通过这次新型职业农民培训学习种植精品果园先进技术，不仅和省市县农业专家建立了沟通帮扶机制，增进了感情，而且在思想和技术上有了高质量提高，使她再次萌发了创业的新理念。做一个真正爱农业、懂技术、善管理、善经营的新型职业农民。切实做好做实各项产业发展基础工作，切实对准产业带动精准扶贫，不浮夸、不臆断，做新时代的农业发展领跑者。

引领脱贫致富

通过一年示范，村民们看到了种植订单辣椒是一个不错的致富门路，通过走乡串户地讲政策，谋发展，村民们积极响应。有劳力的，自己种，公司负责提供种子、肥料、技术，包收购；劳力不足的，把田地租给公司，在家门口打工，既照顾了家庭，又增加了收入。

为了找准产业，她带领公司几个人赴山东、河南、重庆和湖北考察学习有机蔬菜、精品水果种植技术。让她感受最深的是河南省商丘的王飞家庭农场，他的百亩四季采摘园，年净收入百万元！四季来财，游人一年四季来都有水果吃，生意火爆的很！考察回来后，发展辣椒产业的同时，她决定同步发展四季精品水果采摘园。种植黄桃、草莓、杏子、葡萄、李子、韩国梨的思路已经形成。

2016年，她成立了德溢民生态农业开发有限公司，这是一家集生态种植、黄桃加工、旅游农业观光等为一体的农业产业化企业。公司采用果蔬套种、以地养地的循环发展模式，协调推进一、二、三产业融合发展，规划设计有设施农业区、田园风光区、水果采摘区、休闲观光区。下辖建始县业州镇罗家坝村富硒黄桃种植示范基地、建始县小垭门种植养殖专业合作社、建始县宝塔山绿丰种植养殖专业合作社、建始县望坪绿有硒油用牡丹专业合作社等多家种植养殖专业合作社。

公司以“公司＋合作社＋基地＋农户”的发展模式，以业州镇罗家坝500亩优质富硒黄桃基地为示范园，引进外资、引进黄桃栽培技术、畅通黄桃销售渠道，在建始县大力发展黄桃产业。

公司现已建成富硒黄桃示范基地500亩，订单辣椒示范基地1 500亩，药材示范基地300亩，四季精品水果采摘园100亩，员工150多名，管理人员13名，帮扶贫困户48户，帮扶贫困人口158人。

近段时间，到德溢民生态农业开发有限公司草莓园里采摘草莓的人络绎不绝。周末，来自建始县长梁乡的张先生一家来摘草莓。张先生说：“我也是朋友介绍来的，说这儿的草莓是无公害种植，特别好吃，有几个品种，味道各不相同，我尝了一下，果然名不虚传。”

公司经过全方位的实地考察和市场调查，采取内引外联，与安徽砀山开展技术合作，在罗家坝村实施黄桃产业发展的规划初步形成。以果蔬套种、采摘、花卉、旅游观光为主题，形成一年四季有花看、有水果摘，带动周边农户抱团发展。这样既可以有效提高农户收入和带动贫困户脱贫，加快精准脱贫步伐，又可以改善生态环境，同时公司采取土地入股分红经营模式，不仅给农民增加了就业机会和经济收入，还让土地资源得到充分有效利用，实现了农业经济可持续发展。

本篇撰稿人：秦　娥
湖北省恩施土家族苗族自治州农广校　谢瑞礼

人物导读 王泽立，男，湖南省蓝山县人。2010年返乡创业，主营生猪养殖。2012年，他联合几家养殖户成立生猪养殖专业合作社，注册资金300万元，年出栏生猪3 500头。他参加过阳光工程培训和新型职业农民培训，有丰富的养殖经验和先进的养殖技术。同时，他还积极帮助乡亲，带动周边养殖户致富，他的合作社也带动了当地就业岗位40余个，影响了20余户养殖户。

干一行爱一行是事业成功的保证

——湖南省/蓝山县/王泽立

家住湖南省蓝山县土市镇浬源村的养猪大户王泽立用十年的时间，成为全县养殖大户、致富能手和合作组织带头人。

王泽立，有一种敢干、敢试的创业精神。目前，他承包了200余亩荒山，修建了5 000平方米的猪舍，存栏母猪200余头，年出栏生猪4 000余头，种植果园100余亩，并成立生猪养殖专业合作社，发展合作社养殖户8户，带动周边养猪农户20户，年向农户供应优质仔猪1 800余头。年总产值850万元，纯收入260万元。

从打工仔到猪场厂长，为创业之路奠基石

王泽立出生在一个农村家庭，1993年，他初中毕业后就南下广东打工，因一没学历、二没技术，干过泥水工、流水线员工、服务员等。他心想，“打工什么时候才能出人头地啊”。2004年，他通过朋友介绍进入广东一家大型生猪养殖场干起了临时工。在养殖场干了几个月，老板看他聪明好学又能干，派他到技校进行了3个月的养殖技术培训，回来后，他担任场里的技术管理员。在养殖管理中，经常出现这样或那样的问题，搞不懂的，他就拜他人为师，拜书本为师，在实践中慢慢摸索，一门心思钻进猪场里。碰到母猪夜里产仔，他经常守候在产房一直

到天亮，24 小时照顾母猪。他敢闯敢干，吃苦耐劳，遇到困难从不悲观失望，更不气馁退缩，而是积极进取，认真分析研究，努力学习科学的养殖方法。凭着这种埋头苦干、刻苦钻研的精神，王泽立不仅练就了一手养猪好技术，还掌握了许多企业管理知识，成了一名像模像样的猪场厂长。王泽立在养殖场一干就是 6 个年头。

创业遇挫折，总结经验再出发

打工毕竟不是长久之计，2010 年，看见周围许多人通过养猪富起来，自己在广东养猪场打工又挣了一些钱，王泽立于是决定辞职回家乡自己创业。他认为，目前的养殖业，要搞就要把规模搞大，把产业做大。万事开头难，他通过各种途径筹措资金 200 多万元，自筹资金 150 余万元，又向银行贷款 50 万元。在本村租了 200 亩的一片荒山，办起了生态养猪场。新建猪舍 2 000 平方米，配套新建一套生态循环粪污治理排放系统，存栏生猪 2 000 多头。

2011 年春，王泽立一次购进了 700 头仔猪。开始了艰难创业。养猪的活又脏又累，特别是夏天，猪舍粪便臭气熏天，苍蝇铺天盖地，让人恶心。一般人见了都会敬而远之、绕道而行，但他却毫不顾忌，一门心思扑在生猪养殖业上。自己动手清理粪池、药杀苍蝇、打扫卫生，使场内外保持干干净净。由于都是从外地引进的猪仔，在进场十几天，就出现了猪仔不适应的问题，先后死了十几头，王泽立便查资料、找书籍，问同行，咨询主管机构。从前自己虽然有一定的生猪养殖技术，但并不能独当一面，所以在遇到很多新的问题时不知所措。他找到了县畜牧水产技术推广中心的兽医师，在兽医师的帮助指导下对症下药，猪仔逐渐康复。在县畜牧水产技术推广中心工作人员的推荐下，他参加了县里的阳光工程培训，后来还参加了畜牧水产技术推广中心新型职业农民培训，学到了很多新的技术，并与畜牧局组成了技术帮扶对子。但在生猪出栏时，意外却出现了。由于猪肉市场行情不好，出售价格很低，虽然辛苦了一年，但他基本没赚到钱。对市场进行了细致的考察和深入的分析后，王泽立认为养猪市场前景是好的。自己养猪没有致富，关键原因是养的猪品种差，生长慢、出瘦肉率低，没有自己的品牌。因此，必须打破传统养猪观念，依靠科学、降低成本、创新方法，选育优良种猪。经过多方考察和畜牧站推荐，他一次性从正邦集团猪场引进纯种母猪 100 多头，开始走自繁、自养新型养猪致富之路。

规模科技养殖，带动乡亲创业致富

王泽立在经过申请、村委的推荐、乡里初步审核后，参加了畜牧水产技术推广中心组织的“新型职业农民培训的畜禽繁殖养殖员培训班”的学习。通过这次培训，他对“农民”这个词语有了新的认识和理解，领会到了一个新型职业农民的使命和责任。在专家教授的严格教学、现场辅导、实践操作、观摩学习、经验交流、跟踪指导、“一对一”讲解等多种方式的培训实践活动下，他增强了主动担当建设和谐社会责任感和强烈的环保、生态发展意识。掌握农副产品质量安全的标准、方法及安全生产规程，以及无公害农产品、绿色食品、有机食品认证标准和生产技术规范规程，使他更准确地掌握了农业种养的一些新技术和企业管理的新理念。

前几年，饲料价格飞涨、猪贩趁机压价收购，养猪越来越难。痛定思痛，王泽立看到一家一户养殖很难左右市场价格，要想改变被动养猪局面，在市场竞争中占领一席之地，只有成立一个养殖户参与、面向市场的中介组织。从种猪生产、饲料赊购、饲养管理、技术开发与普及、育肥猪销售等环节提供全程服务，才能解决一家一户解决不了的问题。他决定成立生猪养殖合作社。要在本地形成一个生猪养殖产业链。

2012 年，王泽立联合几家养殖户成立生猪养殖专业合作社，注册资金 300 万元。扩建标准化猪舍 5 栋，建筑面积 2 000 余平方米，存栏母猪 150 头，年出栏生猪 3 500 头，建设年产饲料 2 000 吨的饲料加工中心一座，年产肥料 600 余吨，标准化小型沼气池 3 个，共计 1 000 立方米，果园 100 余亩。王泽立成立合作社后，建立了与合作社成员的“基地+农户”关系，通过“五统一”服务模式为广大养猪户提供全方位的服务。“五统一”即统一供应苗猪、统一供应饲料、统一疫病防治、统一饲养管理技术、统一销售。王泽立的种猪场生产出来的仔猪全部经过免疫、驱虫、健胃以后才出售给养猪户，养殖户买回家基本是吃了定心丸。

品种是效益的根本，规模是效益的基础，管理是效益的关键，这是王泽立多年自繁、自养生猪的最深体会。在养殖过程中，当地党委政府、有关部门都给了王泽立极大的关心和支持，特别是土地流转、金融借贷、技术指导、用电用水和粪污处理等方面给予他最优惠的政策和资金的扶持。他将大家的关怀记在心中，时刻不忘回报社会。他把自己多年积累的养殖技术和经验，通过举办专题技术讲座等方式，无偿传授给周边村民和前来参观学习的外地养殖户，帮助提供种猪，登门进行技术指导，并从经济效益、社会效益等方面与养殖户算明白账，鼓励他们实行科学饲养、规范管理，良种改造。他的合作社也带动了当地就业岗位40余个，影响了20余户养殖户。

王泽立计划，2018年前再扩大养殖规模，预计扩建厂房至5 000平方米，存栏能繁殖母猪达到400头，存栏肉猪3 500头，年总出栏肉猪10 000头以上，在目前的基础上年总产值翻一翻，争取突破2 000万元。

王泽立十多年的养猪之路，用实际行动证明了：坚定的毅力、艰苦奋斗的精神是成就事业的基础，干一行爱一行是成就事业的根本保证。我们相信：王泽立的养猪事业明天会更好，明天会有更多的养猪户跟着他发家致富。

本篇撰稿人：湖南省蓝山县畜牧水产技术推广中心　李光顺　赵盛云

人物导读 刘建国，男，44岁，湖南省湘阴县南湖洲镇人、中共党员、大学文化、湘阴县十六届人大代表，现任湖南百树山生态农业发展有限公司董事长兼总经理。2013年7月注册成立湖南百树山生态农业发展有限公司，同时组建了湘阴县南湖洲镇七姑塘现代农业专业合作社，2014年以来先后荣获湘阴县“十大新闻人物”“优秀人大代表”“道德模范提名奖”“十大创业之星”等荣誉称号。

让现代农业成为职业农民致富的保证

——湖南省/湘阴县/刘建国

他的工作原本与农业没有任何关系，但他就是凭着一腔热情，要改变家乡落后的面貌，让现代农业为家乡注入活力，同时，又传承家乡优秀的农耕文化。

返乡创业，由外行变内行

1996年大学毕业的刘建国，先后在长沙市的有关通信公司和科技开发有限公司担任重要职务，2005年2月他注册成立湖南众信建设工程有限公司，主要从事系统网络软件开发及工程安装与维护。经过长期艰苦不懈地努力，积累了较为丰富的工作经验及一定的物质基础。2012年春节，刘建国回乡探亲，看到家乡的父老乡亲依然守着传统农业的生产模式，日出而作，日落而息，近二十年没有变化，看到百树山这片生他养他的热土很难与当今社会现代农业发展相适应，百树山的优良农耕文化难以传承发展，农民生活水平难以提高。刘建国毅然决定聘请职业团队打理长沙的实业，全身心投入到回乡创业中。2012年他开始筹备生态农业休闲园的建设，共投资 3 400 多万元，流转及租赁土地 1 066 亩，集中连片建设高标准钢架大棚设施蔬菜 210 亩，露天蔬菜 550 亩，改良水果 76 亩，原生态鱼塘 174 亩，餐饮住宿、办公及生活配套用地 56 亩。2013 年 7 月正式注册成立湖南百树山生态农业发展有限公司，同时组建了湘阴县南湖洲镇七姑塘现代农业专业合作社，发展会员 103 个，带领当地 480 人共同致富。

要让土地产生效益，没有科技支撑谈何容易。身为农业门外汉的刘建国敏锐地觉察到了自己的不足，在国家新型职业农民培育政策的大力支持下，主动报名参加培训，并于 2014 年顺利成为现代青年农场主教学班学员。在培训中他从不缺席、迟到、早退，认真做笔记，经常带着问题学，不懂就问，并与授课老师和同班同学建立了微信联系，经常向老师咨询生产中出现的问题，向同学交流生产经验，同时经常邀请县农业局专家实地指导。通过课堂学、外面看、同行补、专家扶，他的农业专业素养迅速提高。在县农业局的大力支持下，他不但因地制宜地制定了公司生产行业操作标准规范，还经常性总结经验教训，利用生物技术、信息技术、新材料技术和新能源技术等不断充实和完善标准内容，用现代农业理念助力生产发展，让公司迅速插上了科技腾飞的翅膀。2016 年，他荣获“岳阳市农村实用人才带头人支持计划人选”“湘阴县科普示范带头人”等称号。

发展生态农业，以质量创品牌

湘阴县南湖洲镇百树山庄，离县城 30 余公里，与益阳隔水相望，属资江风光带；离益阳市区 22 公里，距省会长沙 60 公里，属典型的省会一小时经济圈，特别适合发展以生态种养为主的中大型现代农业企业。

公司成立后，刘建国看准了公司的地理优势，坚定了走生态农业发展的道路。在县农业专家的指导下，结合自己的生产实践，他先后在蔬菜大棚内应用了防虫网、杀虫灯、黄板、性诱剂、生物农药、健身栽培、轮作换茬等病虫绿色防控技术，以及品种改良技术、测土配方施肥技术、优质高效蔬菜反季栽培技术等，率先建立了全县首个农业企业农残检测室。通过一系列农业新技术的应用和质量安全管控措施，2015

年，公司有18个农产品一次性通过无公害农产品认证。近年来，分司先后被评为湖南省“蔬菜特色产业园”、湖南省“四星级农庄”、岳阳市“农业产业化龙头企业”“优质初创企业”，基地“南湖洲镇辣椒”获评全国“名特优”产品。

“互联网+”助销售，做大做强现代农业

通过培训与学习，刘建国收获的不仅仅是技术能力上的精进，更是思想观念上的改变。为了让自己的产品走出去，2015年他携手南湖洲镇境内的各农业生产企业强强联合实现二次合作、农业互补，解决农业短板，推动“互联网+”与智慧农业的发展，共建农产品互联网销售平台，使“互联网+”在LBS、3D、资讯物联网、电商、微信等平台得到充分应用，使客户与基地直接联系起来，并深化农产品精细加工，组建了南湖洲蔬菜栽培技术协会，组建了一个集规模化种植、标准化生产、商品化处理、品牌化销售、产业化经营、现代化示范于一体的现代农业基地，对产品的生产、包装、宣传、销售流程等进行了统一规范。基地采取无公害农产品认证和“合作社+公司+基地+农户+农产品加工厂”的生产模式及“社区农超+配送中心+食堂托管”并结合线上线下的立体销售模式。产品通过网上终端主要销往周边及省会长沙各机关企事业单位食堂、公司自营社区生鲜门店及自营的单位食堂和家庭订单(礼品菜)，不但有效减少了销售中间环节，提高了产品竞争力，还通过自营食堂加工，进一步提高了农产品的附加值。同时，基地生产部门根据销售部门反馈的市场信息及时调整品种和数量，并及时通过网络平台将可供蔬菜品种和数量等信息反馈基地，与销售部形成良好对接，不但做到了销售快捷、基地零库存，而且实现了良好的销售价格。2015年，公司实现销售收入3 600多万元，利润460多万元；带动其他专业合作社和农户共同发展，实现销售收入1 000多万元；为当地提供劳动就业岗位120余人；通过产业扶贫使当地30多户贫困家庭实现了脱贫。2016年初，公司顺利通过湖南股权交易所挂牌，挂牌号为30200HN；2016年度销售额突破1.7亿元。2017年，公司种植规模达到1.5万亩以上，可望实现年产蔬菜6万吨、年加工蔬菜1.5万吨、年加工优质稻1.8万吨、年销售额2亿元以上。

湖南百树山生态农业发展有限公司的农业发展之路得到了各级党委政府的高度重视和大力支持，并受到了当地民众的一致好评。《湖南日报》、湖南红网、《岳阳日报》、湘阴电视台、《湘阴周刊》相继对刘建国及湖南百树山生态农业发展有限公司现代农业之路进行了大篇幅报道，目前刘建国正带领百树山农业人以勤劳、务实、创新的工作理念和精神面貌大力发展现代农业，铸造农业精品，谱写现代农业篇章。

本篇撰稿人：湖南省湘阴县农业局　李概明

人物导读　黄振华，湖南省株洲市炎陵县人。2014 年参加了炎陵县首批新型职业农民示范培训，2015 年成立了炎陵辉民水果种植专业合作社，引导村民走“合作社＋基地＋农户”的发展道路。2015 年加入炎陵县爱心协会，指导和帮助贫困家庭、残障人士种植黄桃，全县经他指导的农户涉及炎陵周边 4 个县市，19 个村 350 余户。

他用爱心点亮山村产业脱贫路

——湖南省/炎陵县/黄振华

在 106 国道炎陵与桂东交界的中村瑶族乡鑫山村，有一位远近闻名的黄桃产业“爱心”人物，他不但自己的水果产业做得让村民们羡慕，而且他一心帮扶贫困村民做好水果产业的事迹更让人尊敬。他，就是 2014 年炎陵县首批示范培育的新型职业农民黄振华。

爱钻研，不放弃任何学习机会

早在 20 世纪 90 年代，黄振华就开始种植梨、板栗，后来又发展种植黄桃。由于他不懂技术，不会管理，种下去的果树不挂果，更不用谈经济效益了。

2010 年 5 月，他听到乡里举办果树种植培训班，就带着好奇之心去听课，原以为老师只会指手画脚讲理论，学不到什么东西，没想到超出他想象。农业科技人员丰富的实践经验与理论知识，令他刮目相看，每一个生产问题都有针对性的讲解，就好像完全针对他的果树来讲的。此次培训完全改变了他对科学种植果树的看法。回到家，他把仅存活的一棵黄桃树按老师讲的进行了试验。等桃子成熟时，熟桃竟卖了 200 元。从此，只要有农业技术培训，他就会积极参加，认真听课并做好笔记，业余时间又积极与农户交流探讨。功夫不负有心人，2012 年 8 月，家中唯一的那棵黄桃树，在他的刻苦钻研与实践下，生产出的桃子卖到了 1 200 元。两年来的学习与实践，让他看到了科技的力量。那年冬天，他说服家人把家里的十多亩山区稻田和荒土按标准化栽培的要求，全部种上了黄桃，准备大干一场。

看着种下去的黄桃树在慢慢长大，为了更好地掌握黄桃标准化栽培技术，2014 年黄振华报名参加了炎陵县首批新型职业农民示范培训。在学习中，每一次实践及与老师交流，他都带着一股钻研精神，不把问题弄清弄懂决不甘心。也正如此，他的种植技术与管理水平明显提高，收入大幅增加。2017 年 8 月，他家十多亩四年生的黄桃产量 9 800 斤，收入 8.82 万元。

爱事业，抱团合作谋发展

自从参加新型职业农民培育后，他对国家政策与农业发展方向有了深刻的了解，尤其是当自己被列入新型职业农民培育的对象后，更感到责任的重大与担子的沉重。经过深思熟虑，他决定把发展当地的水果产业作为自己奋斗的事业来做。

“抱团”发展，让他找到了突破点。2015 年 3 月，他成立了炎陵辉民水果种植专业合作社，引导村民走“合作社＋基地＋农户”的发展道路，实现了全村农户统一技术服务、统一农资供应、统一产品销售的运行模式，目前已发展会员 68 余人。

为了做好黄桃产业，黄振华一直十分忙碌，自己边学边教，为了全村都发展该产业，他没有放弃帮助任何一个人。朱汉松，长期在外打工，家里的山田因缺水抛荒多年，黄振华多次与他沟通，终于在 2014 年冬帮种上了 220 多株黄桃。3 年来，从除草、施肥、修剪、套袋、病虫害防治，到黄桃销售，他都不曾离开。还有残疾人朱辉、贫困户方世友等等，为了帮助他们做好水果产业，黄振华全心全意去指导，帮助他们解决技术难点。据了解，全县经他指导的农户涉及炎陵周边 4 个县市，19 个村 350 余户。

献爱心，自己富还要大家富

从 2012 年冬发展黄桃产业以来，黄振华因为起步晚，并没有太多的经济收入，但是他有一颗赤子之心。为了去帮扶更多的贫困户，2015年3月，他加入了炎陵县爱心协会，用自己的技术和省吃俭用节约的钱去资助需要帮助的人。

龙溪乡仙坪村单臂残疾人凌振武，是典型的贫困户，其妻也无法正常行走。2017年正月，夫妻两人因车祸住院长达半年之久。“人残，产业不能残”，除了发动群众筹集住院费用外，黄振华还号召各乡镇发展黄桃种植的爱心人士，成立了“果树修剪专业组”，承担起他家120株黄桃的管理。从修剪、施肥、打药、套袋，到果实采摘上市，每次他都组织爱心人士前往。在他与爱心人士的大力帮扶下，凌振武重振生活的信心，2017年凌振武家的黄桃喜获丰收，产量达7 000斤，卖桃收入4.8万元。

在炎陵，像凌振武这样依靠产业脱贫的家庭还有很多，他们很多人都受到过黄振华的帮助，目前全县经黄振华帮扶的贫困家庭有39户，辐射带动发展水果产业的已不低于145户。正如他所说，帮扶贫困家庭，“授之以鱼，不如授之以渔”。

黄振华，一名普普通通的农民，在经过一系列系统的培育后，不仅自己找到了一条致富路，成为一名真正的新型职业农民，而且还身体力行地亲自带动其他人，让更多的人成为新型职业农民。

黄振华，值得我们为他点赞！

本篇撰稿人：湖南省炎陵县农业局　黄远太

人物导读 涂旭，男，湖南省长沙县人。2016 年参加长沙市新型职业农民培训，同年在长沙县果园镇花果村流转 110 亩农田，尝试“水稻＋龙虾”生态种养模式，当年就大获成功。在自己致富的同时也带动周边农户发展“稻虾共作”，并组织举办花果村首届龙虾美食节，带动了乡村旅游的发展。

农田玩出新花样
稻虾共生效益高

——湖南省/长沙县/涂旭

长沙县果园镇依天种养专业合作社负责人涂旭参加新型职业农民培育后，实施“水稻＋龙虾”生态种养模式大获成功，而后带动周边村民共同致富。

参加新型职业农民培育，尝试稻虾生态种养

2016 年，原本在外搞工程的涂旭因行业不景气，准备回乡创业。但对于创业做什么，当时的他并没有明确想法。就在涂旭冥思苦想之际，长沙县农业和林业局对外发布信息，当年 3 月份，长沙市将举办新型职业农民培训，内容是关于“水稻＋生态种养”的生产模式。

得知这一消息后，涂旭没有半点犹豫，立即报名参加培训。在学习过程中，涂旭发现稻虾种养模式不需要使用高毒农药和化学肥料，因为水稻在生长过程中产生的微生物及害虫为龙虾提供了充足的饵料，而小龙虾产生的排泄物又为水稻生长提供了良好的生物肥料，实现了优势互补，既提升了稻米和龙虾品质，又保护了生态环境，一举多得。同时，经过不少专家论证，“水稻＋龙虾”生态种养模式能让每亩增加 3 000 元以上的经济效益，且一次投入，多年收获。

了解到稻虾种养模式诸多利好时，涂旭很是心动。“每当夏季来临，长沙市民在夜宵摊上吃口味虾的场景随处可见。”涂旭介绍，但所食用的龙虾大多都是从外地购买，价格比较高，如果本地能够养殖龙虾，肯定会大有市场。嗅到商机的涂旭培训回来后，便立马在家乡长沙县果园镇花果村流转 110 亩农田，尝试“水稻＋龙虾”生态种养模式。

“水稻＋龙虾”效益高，还带动了乡村旅游开深沟、消毒、种水草、装防逃网……按照所学知识和技术，涂旭开始了养殖前的基础设施建设。

“我之前是搞工程的，只吃过龙虾，至于怎么养，可以说是‘七窍通了六窍’。”涂旭说，原本“门外汉”的他得益于新型职业农民培育，让他能够迅速了解稻虾种养的基本技术。

虽然有了一定的理论基础，但没有实践经验的涂旭并不敢掉以轻心。在刚养殖龙虾时，几乎天天待在稻田边，观察水质、龙虾生长情况等。同时，还聘请了湖南省农科院的技术专家作为顾问，不懂就问。几个月下来，这个养虾“门外汉”逐渐成为了半个专家。养虾不“瞎养”，有了技术保障后，涂旭养出的龙虾个大、味美，深受市民青睐。

5～9 月份龙虾成熟上市的时节，每到周末，涂旭的稻虾养殖基地旁便围满了前来垂钓龙虾的人，喧闹声此起彼伏。“来钓龙虾的市民络绎不绝，车辆更是排起了长龙。”涂旭说，“水稻＋龙虾”的模式不仅让他鼓了腰包，也带动了村庄的人气，助推了乡村旅游。

全省百名农场主来取经，带动周边村民同致富

2016 年 12 月中旬，湖南省举办青年农场主培训，内容同样是“水稻＋生态种养”生产模式。培训会上，有个现场观摩环节，地址便选在了涂旭的“水稻＋龙虾”基地。面对全省近百名青年农场主的接连提问，涂旭一一耐心解答，俨如龙虾养殖高手。专业、详细的解答令在场人员无不对其点头称赞。

初次尝试“水稻＋龙虾”生态种养模式便大获成功，这给了涂旭很大的信心。2017 年，他将面积扩大到 140 亩，并进一步完善了基础设施。

一人富不算富，全村富裕才韵味。经过一年的实践，有了经验和技术的涂旭开始带动周边村民实施“水稻＋龙虾”生态种养模式，并无偿向他们提供经验和技术。目前当地已有 12 户村民加入到了这一行列，

总面积超过 1 500 亩，“水稻＋龙虾”俨然成为了花果村的特色主导产业。

红火的产业得到了长沙县果园镇政府的大力支持。在涂旭的牵线搭桥下，2017 年 4 月 29 日～5 月 1 日，果园镇成功举办了首届龙虾美食节，巨大的客流在三天时间内吃掉了 6 吨龙虾。通过“水稻＋龙虾”生态种养这一模式不仅鼓了包括涂旭在内的养殖户的腰包，也带动当地人气和乡村旅游。

在涂旭的规划中，下阶段将牵头成立果园镇生态种养协会，指导农户有序养殖，形成产业链，打造自身品牌。

本篇撰稿人：涂　旭

人物导读 梁达明，男，1988 年 8 月出生，广东省佛山市高明区杨和镇河西居委会丽堂新村人，现为佛山市高明区杨梅丽堂蔬菜专业合作社理事长。2012 年被授予省级示范合作社、省级表彰单位。2013 年合作社被评为全国一村一品示范村基地、省菜篮子基地，2014 年被授予“守合同重信用”单位，2015 年被评为佛山市新型职业农民培训基地，获得广东省著名商标等荣誉。

80 后理事长的勇挑重担 带领乡亲致富忙

——广东省/佛山市/梁达明

2015 年获得中华农业科教基金会 2015 年度“风鹏行动·新型职业农民资助项目”资助；两次参加农村实用人才带头人培训和全国青年农场主培训，1988 年出生的梁达明已经挑起了一个广东省佛山市高明区盛丽农业发展有限公司董事长的重担，在他看来，带领合作社的成员奔向更好的生活，是他不变的追求。

临危受命，走出校园走进农门

2011 年，梁达明和莘莘学子一样准备毕业，他怀着说不尽的激动准备踏入社会。然而，家中传来的噩耗——父亲病危，彻底粉碎了他美好的憧憬。

当同学们为自己的将来紧锣密鼓准备的时候，他已经回到了养育自己二十多年的农村——丽堂新村。当时由父亲牵头的合作社刚刚起步，父亲却倒下了。不管是村民，还是合作社成员，都为此捏出了一把汗。难道丽堂新村和丽堂蔬菜专业合作社就要这样无疾而终吗？

正当大家都一筹莫展的时候，这个被大家称为“合作社社长儿子”

的大学生回来了。梁达明回忆说，回来的第一年是他人生中最痛苦的一年，最难熬的一年。那一年生活上不仅要照顾病危的父亲和伤心过度的母亲，还有一个还没毕业的弟弟；工作上，他对农业什么都不懂，只是一个才出学校的大学生。那时候，他每天只睡 4 个小时，每天都有忙不完的工作。早上 4 点起来送货，送完货回来在办公室写材料，做财务工作，有时候还有接待任务，下午要到田地跟农户学习种植技术，还要学习检测蔬菜等工作，一忙就忙到十一二点。那时候合作社的几个管理人员都怕他会倒下，劝他不要那么拼命，但梁达明还是咬咬牙坚持下来。

屡败屡战，以改革促合作社发展

经过一年多的不懈努力和摸索，梁达明基本上懂得了合作社的经营运作，并为合作社进一步的发展做好了计划。二十岁刚出头的他，同样避免不了同龄人犯的错误，有时候，他的期望很高，步子走得太快而脱离了实际。2013 年底，合作社的经营状况跌到了谷底。很多成员都说，他把他父亲和几个前辈打下来的江山败得干干净净了。对于这样的失败，梁达明并没有灰心丧气，“这就是我人生进步的第一个台阶。”

2014 年春，梁达明为合作社重新制定了新的发展方案，他提出合作社应该分三步走，第一步已经完成，合作社成员由 2011 年的 31 户发展到 2013 年的 51 户，种植面积达到 500 亩，年产值达到 500 万元，合作社成员每户年收入达到 15 万。

对第二步，他提出，要突破合作社发展的瓶颈，就必须要改革，无论是管理制度还是销售制度。为推动合作社扩规模、上档次、增效益。梁达明带领合作社大胆创新、锐意进取，成功吸纳多名大学毕业生，把管理人员全部换成了高素质、有文化的年轻人，把每个部门或者每个项目拆分开来，由部门负责人或者项目负责人全权处理该部门或者该项目的事情，包括财务也独立。在推动合作社制度化、规范化建设的基础上，实行“逆方向发展方针”，销售制度由原来的“批发为主，订单、零售辅之”变成“订单、零售为主，批发辅之”，把农产品销售方向由对准城市调整为对准城乡，既为广大居民和单位企业提供优质农产品及相应服务，又大幅节省物流成本和提高生产规划的科学性。同时，实行“基地+直销店”的互补模式，在基地建设家庭农场、在城乡不断增设直营店，利用直销店吸引基地游客，用基地巩固直营店消费者，取得了良好的经济效益和社会效益。2015 年底，合作社销售额突破一千万元，社员年收入每户约 20 万元。

跳出农业，思考农业发展

在国家强农惠农政策的鼓舞下，目前丽堂新村的每个村民都住上了 100 多平方米、2 层半的小别墅，屋前屋后有花园，每户都有小车。梁达明说，父辈们的心愿是希望看到丽堂新村成为真正的社会主义新农村，可惜这一心愿并没有在父辈的手中实现。但他同时也明白，这是一条很长的路，自己接下这个任务继续努力，看着自己的家乡在慢慢变化，乡亲们的生活慢慢地变好，这就是他最开心的事。

当大家都在喊农业难做的时候，梁达明反其道而行，扩大规模发展。他认为，许多做农业的人，都用农业的模式去思考，用农业的思维去做农业，这叫传统农业，难以有更上一层楼的发展。经过多次新型职业农民培训后，梁达明经营理念不断受到冲击和启发，经营思路不断拓宽。他说，要突破传统，跳出农业思维，用其他的思维去思考农业、发展农业。

现在合作社有了坚实的基础，他可以为合作社的下一步做计划了，他迎合当前农业发展的需要，建立了"职业农民培训学校"，为有需要、有兴趣的年轻人提供知识教导，并设立一些项目，让这些刚毕业的大学生或者年轻人进来主导这些项目，他认为这样既可以为合作社培养人才，也可以为他们以后更好的创业提供一个平台。

本篇撰稿人：广东省佛山市农业局　杨斯宁

人物导读 郁再俭，广西凌云人，1969 年生于下甲镇平怀村。现任凌云县下甲镇平怀村党支书、郁丰农业专业合作联合社董事长。他是全国劳模、广西壮族自治区党务先进工作者；他是党支书、带头人，人们又称他是“校长”“老师”。郁再俭，凭着对种桑养蚕事业的一腔热血，带领全村党员、群众大胆创新，闯出一条改写家乡历史的致富路。

产业致富　要用行动给群众信心

——广西壮族自治区/凌云县/郁再俭

“谁家寒食归宁女，笑语柔桑陌上来”“陌上柔桑破嫩芽，东邻蚕种已生些”在我国的农耕记载中，种桑养蚕有着悠久的历史。如今，百色市凌云县下甲镇平怀村党支部书记郁再俭，又让这古老的产业焕发了新的生机，给村民带来了无尽财富。

返乡扎根桑蚕业，自掏腰包富乡亲

平怀村位于下甲镇大山深处，半土半石又干旱少雨，村民最早以种植玉米、水稻为主。在这个看天吃饭的地方，“雨多饱一顿，雨少饥一年。”1969 年，郁再俭就出生在这里。

高中没毕业，郁再俭就因为家庭的原因，去广东的建筑工地上打工。赚了点本钱后，他又承包工程做起了老板；几年后，又边学医边开诊所，有了一定积蓄。

由于贫困，平怀村大量年轻人外出打工，大片土地撂荒。基础设施薄弱，开通半山的公路没人组织维护被荒废。2002 年，时任下甲乡党委书记的刘廷栋，出面力邀郁再俭回来接村主任的担子。想到家乡穷困、落后的状况，郁再俭决定接受邀请，为家乡出一份力。

回乡后，恰逢该县党委、政府大力动员群众发展种桑养蚕产业，郁再俭认为平怀村摆脱贫困的机遇来了。但长期靠种水稻玉米为生的村民，却不敢轻易接受一个新产业。经过多方动员，最终860多人的村庄仅几户亲戚勉强同意把稻田用于种桑。

郁再俭是胸怀桑弧蓬矢之人，为了让群众看到种桑养蚕的前景，他一下便要了50张蚕种，分给大家饲养。然而由于蚕房消毒等环节没有做好，蚕虫到了四龄时全部患病而成片死亡，群众开始怨声载道。

初次养蚕就以失败告终，这让郁再俭心里很“受伤”。但郁再俭没有轻易放弃，他决定找到问题的根源和解决办法，他一边请教县里农广校的技术人员，一边到横县等地考查、学习养蚕技术。回来后，他先领了30张蚕种自己试养，这些蚕长势非常好。到了四龄蚕后，郁再俭作了一个重大的决定，把所养的蚕全部赠给群众饲养，五龄后，蚕吐丝上茧。几天后，受赠的群众每家靠卖蚕茧收入了近1 000元。卖茧得钱的消息一下子传遍全村，群众又开始对种桑养蚕有了信心。经过几年发展，平怀村的桑蚕产业初具规模。

2007年，席卷全球的金融危机导致中国的丝织品出口受到了前所未有的打击，鲜茧狂跌至每千克8元，大量的蚕农欲毁桑种粮。在这关键时刻，郁再俭为挽救全村桑蚕产业，硬是自个掏钱把全村4 000多亩桑园承包下来，仅仅一年，郁再俭便因桑园亏了40多万元。好在到了2009年，蚕茧价格逐渐回升到24元/千克，到2010年，鲜茧价格涨至每千克40元。蚕农们见蚕茧价格转高，又纷纷来讨回桑园。此时身为村党支部书记的郁再俭毫不犹豫地将桑园退回给蚕农。

一亩桑地就有900～1 000千克的桑枝杆，因桑枝杆太多无法处理，既影响交通又造成环境污染。有次，郁再俭去宜州参观学习的时候发现当地的桑枝可是个宝，那里的人用桑枝生产食用菌，得到的回报甚至比养蚕更高。自此开始，郁再俭带领村民成立了桑枝食用菌生产基地，利用桑枝发展食用菌。

2010年，郁再俭报读了广西农业广播电视学校开办的农村中等专业实用人才培训蚕桑专业。在老师的指导下，郁再俭的蚕桑专业知识得到了系统的提升，综合利用的思路也更加开阔。郁再俭现学现做，在蚕桑综合利用方面迈开大步。利用老桑叶，发展豚狸；利用桑枝养殖山羊、种植食用菌；用桑椹果酿桑椹酒；用桑沙做成桑沙枕头、饲料；用桑粪和种菌后的残渣加工成有机化肥。他还在桑园里大量套种红薯，并利用红薯加工成红薯粉。截至目前，平怀村年养蚕收入1 500多万元，养豚狸收入170万元，生产桑食用菌收入98万元，生产红薯粉收入50万元，生产有机肥收入43万元。

三会一课搞创新，党员“舞动”产业链

“我在书上看到，桑树被称为‘神树’，没想到我们能把它的神奇变成现实。桑树的用途还远远不止这些，桑枝可以用来编织工艺品，树皮可以用来造纸，叶、果、枝、根、皮皆是很好的中药。今后我们将围绕桑树的特点，最大化地发挥其‘魔力’。”郁再俭说道。

要想把村民引向致富路，单单依靠“神木”还不够，关键还是在人。郁再俭培养了一支优秀的党员先锋队伍。“我是1991年入的党，回乡发展桑蚕产业时，最先找到的就是8名党员，每一名党员又分头找了10～20人，因此很快就发展起来。担任村支书后更感觉到，要依靠党员的先锋模范带头作用去开展工作。”目前，平怀村已有党员60名，全部都加入了各个产业协会，并成为了业务骨干。

为了把产业管好，郁再俭和他的团队探索出了一条“党总支＋联合社＋专业合作社＋基地＋贫困户”的新模式，并成立了桑蚕、豚狸、计生、互助、老年5个协会党组织，目前有352名群众加入协会。他又根据党员的管理经验、技术特长，把40名党员分到各个产业上，让骨干党员担任产业协会的会长，形成了“支部引领、协会经营、党员带头、群众参与”的新局面。

新局面，也有新困惑。村里有凌云县下甲镇农民养蚕专业合作社、凌云县下甲镇农民养殖专业合作社、凌云县郁丰农业合作社联合社、山羊合作社等4个合作社，但这些合作社都侧重于种或者养，有时候各个合作社在发展过程中会出现不良竞争的现象，这让郁再俭很郁闷。

2015年，郁再俭跟随自治区党委去山东考察时发现，当地在发展的过程也曾经遇到类似问题，但是他们通过成立“合作联社”让问题得到了解决。“合作社都加入合作联社，统一目标，统一管理，协调发展。目前整个凌云县的合作社都加入了我们的合作联社，我们统一管理、统一销售。”郁再俭说。

此外，郁再俭还创新出“一诺、二评、三导、四助”工作法。让党员年初作承诺，年中搞评议，针对问题作引导，依靠集体解难题，让党员在干事创业的舞台上有责任、有担当、有成就。平怀村党支部还把

“三会一课”和产业发展融合起来，把党员会议开成了现场会、议事会、交流会。

通过创新党员教育管理模式、创新“三会一课”形式，让党员队伍在产业链上锻炼，使他们成为“当家人”“领头雁”；同时，党组织引导专业协会集中资金、技术和人才，重点投、培植特色产业和有竞争力的公司，实行规模化发展。有效地解决了农户在产、供、销、运等环节中，村组“统”不了、政府“包”不了、农民“办”不了的问题，推动了全村经济的快速发展。

基地校长忙授课，育人带富成果多

郁再俭成了远近闻名的致富带头人，他的荣誉也纷至沓来。这几年他相继获得百色市优秀共产党员、自治区劳动模范、自治区万元增收工程带头人、百色市第二批农村实用拔尖人才、全国劳动模范、自治区优秀党务工作者等荣誉。

随着桑蚕产业的发展壮大，平怀村从远近闻名的贫困村一跃成为百色市最富村、自治区级生态示范村，同时还成为中央党校和广西大学林学院的学习实践基地，郁再俭则受邀担任名誉校长。从 2010 年开始就受邀到各地讲课，至今他已经在区内外讲了 2 000 多节课，每上完一节课就与学员们创建一个微信群，方便沟通，目前他的微信群就达 2 000 个，而听过他课的人已超过 3 000 人。

2010 年 3 月份，百色市组织干部培训，安排了一节课在平怀村，并且让郁再俭给领导们讲课。“从没上过讲台的我当时有点懵，但是很快我就把心态调整过来，我结合现场情况把当时产业发展的经验和前景讲给领导们听，这些实实在在的经验一下子就把大家吸引住了。”郁再俭至今对第一堂课记忆犹新。

后来，当地有些领导陆续调往平果、乐业等县去任职，他们又陆续邀请郁再俭去给当地的农民讲课。“在发展产业过程中，我们经历过的挫折很容易引起学员们的共鸣，而且我们是带着项目去，带着发展产业的方法去的，很容易就能把学员们的心抓住。课讲完后，都会被要求在当地搞基地，进行试点发展。”郁再俭说。

郁再俭举例说，凌云县桥里乡有个专门种植柑橘的合作社，因为柑橘地感染了病害，连续几年亏损上万元。听了他的课后，该合作社加入合作联社。“我们推荐他们种植鸡骨草、山药根。由于他们没有经费，我们村 5 个合作社各投了 10 万元进去，帮助他们起步，去年收获时，除还掉 50 万元外，他们合作社几个人还每个人赚了 6 万块钱。”关于郁再俭“讲课”的故事，类似的成功案例不胜枚举。

2014 年，凌云县农业局举办新型职业农民培训班，郁再俭自己又一次成了学员。在培训班上，郁再俭的现代农业经营理念得到升华，眼界更广阔了，郁再俭也成了凌云县首批认定的新型职业农民，并享受农业局专家的跟踪服务。“有党和国家的好政策，有农业局专家做后盾，面对未来我们充满了信心。”郁再俭激动地说。

本篇撰稿人：广西壮族自治区凌云县农业局　杨秀政

人物导读 王恩武，海南省澄迈恩农农业有限责任公司和澄迈恩农专业合作社负责人。1994 年中专毕业后在农村开诊所，在此期间，发现牛大力的药用价值和市场前景，2009 年弃医从农，开始种植牛大力，2011 年组织成立了澄迈恩农农业有限责任公司和澄迈恩农专业合作社，采用“公司＋合作社＋农户＋基地”的经营模式，目前已带动农户 50 户，帮扶贫困户 15 户。2016 年被选为澄迈县第十五届人大代表。

乡村医生到职业农民的华丽转身

——海南省/澄迈县/王恩武

说起牛大力，很多人可能不知道它是什么？牛大力又叫猪脚笠、山莲藕、金钟根、倒吊金钟、大力薯，是一种中药材，主治腰肌劳损、风湿性关节炎、肺虚咳嗽、肺结核、慢性支气管炎、慢性肝炎等疾病。而就是这样一味普通药材，却让一个有着稳定收入的乡村医生转变成了一个新型职业农民。

转型道路多艰辛

王恩武自 1994 年中专毕业后，直至 2009 年一直在农村开诊所，在这期间拿到了执业医生证书，15 年的医生生涯让他在当地备受群众尊敬，不仅医术大有长进，也积累了一定的财富，在老家盖起了三层的小洋楼，日子越过越红火。

2008 年的一天，王恩武对妻子说，要关闭现在经营顺利、收入稳定的诊所，去种植牛大力，他的妻子十分不理解，并强烈反对，甚至对他说如果一意孤行就跟他离婚。

原来王恩武在从医期间，一直都很留意牛大力这种药材的功效在治病过程中的应用和市场需求。他发现牛大力都是野外生长，但是野生的资源只会越来越少，而市场上对牛大力的需求却越来越大，市场前景看好。于是他趁空闲时间，自己去广东、广西和海南等地考察市场行情，学习种植技术。

经过一段时间的考察，王恩武跟妻子算了一笔账，按每亩最低 1 万斤的产量，每斤保底 10 元，亩产值就是 10 万元。而且牛大力种植不怕冷、不怕水、不怕旱，病虫害较少，易生易长，管理简单，前期投资较大，后期投资较少，平均下来每亩投入 1 万多元，三年采收一次，每亩年产值能达到 3 万多元。妻子听后，虽然心里还是觉得干农业太辛苦，但是看到王恩武干劲十足便随他去了。

勤于学习快成长

说干就干。2009 年，王恩武关闭了自己的诊所，承包了 100 亩的荒地，于 2011 年组织成立了澄迈恩农农业有限责任公司和澄迈恩农专业合作社。因为启动资金有限，很多事都得自己动手，包括搭建育苗大棚、铺设喷灌灌道、整理基地道路、搭建临时厂房，能自己做的都尽量自己去做。从育苗到种植，每一步都是在他的严格管理下进行，经过一年多的培育，看着基地里绿油油的牛大力，仿佛财富在跟他招手。

王恩武有乡村医生的基础，虽说对牛大力药用价值比较了解，也去学习了牛大力的种植技术，但对公司的经营管理和合作社的管理不了解。要想做强做大一个合作社，并不能像做医生一样只要自己技术过硬就行，还要有文化、懂技术、会经营，所以一看到有参加青年农场主学习的机会，他马上报了名。因为表现活跃，认真负责，他被大家推选为了班长。作为班长，他克服工作事务繁杂的困难，坚持每天听课，做好笔记，主动与老师和学员进行交流，并充分利用新型职业农民培育这个平台，跟学员保持密切联系，并进行了多方面的合作。

通过系统学习农业企业创办的基础知识、农产品营销基本技巧和现代信息技术应用等课程，并到外地实地考察，学习特色农业发展经营的先进经验，探索发展自己的品牌，王恩武逐渐成长为一个善经营、会管理的新型职业农民。特别是去广东韶关学习归来后，他开阔了眼界，学习了广东的新技术新理念，跟学员们交流多了，资源共享了，更有干劲了。通过了培训，他明确了发展目标，厘清了发展思路。

现在的他，对农业爱到骨子里，只要他人在澄迈县，每天都会到自己的基地去看看，干干农活，晚上跟工人睡在工地，别人都笑他说跟工人在一起的时间比跟老婆在一起的时间还多。因为妻子当时的不支持，所以他一度累了也不敢在妻子面前喊累，现在妻子看到他对牛大力种植如此热爱，也看到了牛大力种植的美好前景，改变了当时的态度，变成了王恩武最坚定的支持者。

带富乡亲谋发展

在看到种植牛大力的大好前景后，王恩武不忘周边的困难群众，他发动鼓励困难群众加入他的合作社，并免费给农户提供种苗，保底价回收牛大力，他不仅带动了本县的群众，并且带动了白沙、昌江、儋州、临高的群众。他采用“公司＋合作社＋农户＋基地”的经营模式，与当地农户签订农产品购销合同，积极支持农户发展蔬菜规模化种植，对资金暂时有困难的农户，采取担保抵押的形式，为其提供种子种苗发展种植，保价与农户签订收购合同。事实证明，该模式对于带动农户致富、推动当地经济发展发挥了重要作用，目前已带动农户 50 户，帮扶贫困户 15 户。2016 年，王恩武被选为澄迈县第十五届人大代表。

从开始的“公司＋合作社＋农户＋基地”的简单合作模式，发展到“企业＋市场＋品牌＋科技＋基地＋农户”的全产业链资源整合模式，以企业为龙头，带动基地、农户等互动参与，促进当地经济发展，形成多赢的良好局面。

接下来，王恩武计划，首先扩大基地规模，建立组培厂，自己生产组培苗，发动更多的农户种植牛大力；其次注册属于自己的商标和品牌，提高产品的辨识度；最后改进生产技术，实现绿色生产，申请农产品质量认证，保证农产品质量安全。

关于未来的发展，王恩武信心满怀，合作社将继续肩负行业使命，以生产健康、安全、绿色农产品为己任，以谋求成员利益和带动农民增收为最终目标，依托基地优势，努力延长产业链条和提高产品附加值，积极引导牛大力地方种植业向规模化、标准化、品牌化发展，为构建产业化、市场化、集团化的合作社体系而努力。

本篇撰稿人：海南省农民科技教育培训中心　霍敏霞

人物导读 骆美霖，四川省眉山市丹棱县葡萄协会会长。2013 年大学毕业回乡创业，在青年农场主培养计划指导下成立了科美家庭农场，2015 年成立丹棱县葡萄协会，将丹棱葡萄送到了家乐福、沃尔玛、红旗连锁等大型商超以及高档水果专卖店，目前协会成员 1 000 多人，葡萄种植面积突破 5 000 亩。因为对丹棱葡萄产业作出的突出贡献，骆美霖多次受到县、市、省级部门表扬。

返乡创业成最美葡萄园主

——四川省/丹棱县/骆美霖

所有的开头几乎都没有设定好的理由，就像所有的道路都不一定按照计划在走。

成立农场对于放弃留在大城市工作机会的骆美霖而言是一个很偶然但是又必然的决定。当时的理由很简单，想寻找真正的自己，而不是一些看似耀眼的头衔：重庆商报实习记者、西南大学校刊责编、重庆市慈善总会自愿者、重庆太平人寿总部最年轻的经理，任何一条都足以成为她留在重庆这个繁华都市的理由，但是最终她选择了回到家乡。

有时候人的决定很奇妙，一种力量让她不甘于沿着以前的轨迹走完这一生，人始终想成为她最想成为的自己。

从新闻系高材生到葡萄专家

2013 年大学毕业回乡创业的骆美霖，在选择方向时感到很迷茫。

一个偶然的机会让她参加了四川省农科院主办的现代青年农场主培养计划。高质量的导师配备，行业知名专家授课，系统的农业知识培训，组织去各个地方优秀的基地参观学习，拓宽了眼界，启发了创业的思维，打开了视野。

恰逢丹棱正在创建葡萄观光示范园区，骆美霖在政府的帮助下，在青年农场主培养计划老师和专家们的指导下成立了自己的科美家庭农场，总面积 150 亩。

“最初我仅仅是想有个自己的园子，种葡萄来卖，比上班收入高就很满足了。但是种植过程中，我又想反正都是种葡萄不如种高级的葡萄，同样的土地能创造更高的价值。缺乏经验，我就去看别人的园子，别人种什么我种什么，一口气在园子里种了 10 多个品种的葡萄。”在谈到园子的建设过程时，骆美霖这样说。

人的才华是被激励出来的，当时的骆美霖绝不会想到学新闻出生的她会成为葡萄专家。因为不同的葡萄品种种植要求不同，整个 2013 年到 2014 年，骆美霖完全就是在恶补葡萄专业知识中度过，每天钻在葡萄园，无论是整理枝条还是施肥灌水全部亲力亲为，在第一线获取知识，遇到不懂的地方立即向老师们求救。从对葡萄一无所知，到现在不仅所有种植技术由她自己掌握，还熟知各类元素在葡萄上的表现，包括葡萄病虫害的预防和治理。

迎难而上开创新天地

开始以为这些就足够了，肯定会迎来大丰收，但是现实很残酷：第一，品种太新了，丹棱都是买低价葡萄的经销商，那么多葡萄光靠采摘根本解决不了销售问题；第二，全国葡萄价格混乱，销路很不稳定。骆美霖这才明白种什么固然重要，营销更重要。

“创业是个很系统的工作，生产和销售两头都不能放松，首先要对园子定位，为什么要种高档葡萄？什么样的方式才能卖出我预期的效果？会遇到什么样的困难和风险？青年农场主学习班的老师和同学以及丹棱县农业局的专家为我提供了很多信息和借鉴，比如上海的马陆葡萄、重庆的吴小平葡萄，引导我如何去做营销和产品推广。”在创业之初的困难期，骆美霖毫不讳言当时的困境，但是她相信有困难才有突破的机会。

于是，她经过多方思量找到一种方式，把园子划成两个，一个生产园，主供批发；一个采摘园，主要靠附加值高的采摘。两个园子，根据客户群采用不同的管理方式，生产园以符合大众市场需求为主，采摘园以高端客户群为主，以有机为标准精细化管理，通过改良肥料的类型，提高果株自身免疫的方式，培育出更健康，更符合市场趋势的绿色葡萄。

2014 年底，科美农场通过大量调研和对用户分析，通过微博、微信等网络公众平台，对农场品牌及种植理念进行宣传和推广。推出了无激素、无农残，无转基因的星级葡萄概念；借助附近热门旅游资源和县城近郊交通便利的区位优势，以消费者体验＋口碑传播＋公众号信息推送，增加信息粘连性，开发观光采摘客户，同时联手顺丰速递开通了全眉山地区第一条葡萄生鲜快递专线，通过精美的礼盒包装将科美农场的星级葡萄送向全国各地，2015 年实现销售收入 400 多万元，极大地鼓舞了她从事这个行业的信心。

独乐乐不如众乐乐

只有自己做好不如让大家一起做好，这也是作为丹棱县首批现代青年农场主所承担的责任和使命。在骆美霖经历了 2014 年四川葡萄因为天气原因造成上市时间推迟，和陕西辽宁的葡萄上市时间相撞导致价格低迷销路成难的困境后，她萌生了大胆的想法：我要做丹棱的葡萄品牌。品质我们可以控制但是价格我们始终被动，其原因就在于我们没有自己的品牌，无法树立丹棱葡萄的形象，无法在消费者心中将丹棱葡萄同其他葡萄区分开来，假如我们有自己的葡萄品牌，那么我们就会拥有定价权，我们可以走出一条属于自己的道路。

基于这样的想法，骆美霖大胆地把自己学到的培养方法和学习模式复制出来，动员更多的种植户加入。她走访了很多农户，了解他们习惯的种植方式。2014—2015 年，她在对农户进行技术指导的同时也将种植信息同步给对应的经销商，所有的种植经过，包括枝条管理、花序管理、果形管理、施肥、灌水、杀菌等都一一记录。等到葡萄成熟，经销商前来采购，当大家都以为这是经销商第一次来访时，神奇的事情发生了，他们根本不和往常一样去挨个走，而是直接找到那几个记录数据的种植户，给他们下放订单，而且价格比市场价高三分之一以上。

成功了，虽然还没有形成明确的品牌，但是骆美霖通过自己的方式给丹棱葡萄做了一个产品追溯，经销商不用再耗费时间考察，就可以选定供应商，因为她已经太了解这几个农户的葡萄了。在 2015 年的夏天，骆美霖以此作为标杆，成功地和成都水果配送中心搭上线，将丹棱葡萄送到了家乐福、沃尔玛、红旗连锁等大型商超以及市区的高档水果专卖店的卖场上，每天的发货量在 10 万斤以上，帮助周边农户每斤葡萄价格提升了 2 元左右。

"穷则独善其身，达则兼济天下"。一个人的葡萄有品牌不叫成功，让一众人的葡萄都感受到品牌的效益才是成功。经过一年的准备和市场检测，骆美霖很有信心，她向县政府领导汇报并提出成立丹棱葡萄协会的想法。经过精心的筹备，在 2015 年 11 月 30 日，丹棱县葡萄协会正式剪彩成立，以农校为技术依托向农户提供种植技术支持，通过信息公众平台记录并向葡萄主销区的经销商提供咨询，让他们全程参与葡萄种植过程。而协会作为纽带，用运作市场的方式运作农业，对农产品进行包装，记录种植全过程，申请商标，把农场直接变成商场。通过严格的葡萄内部分级，明确定价，对口销售。实现农户和商户双赢的局面。

目前协会成员 1 000 多人，葡萄种植面积突破 5 000 亩，从统一技术培训到统一种植标准再到提高葡萄质量，真正让丹棱葡萄在外销市场上立好品牌大旗。因为对丹棱葡萄产业作出的突出贡献，骆美霖多次受到县、市、省级部门表扬。

本篇撰稿人：四川省丹棱县农业局　牟婷婷

人物导读 周俊英，生于1983年8月，广元三禾农业开发有限公司总经理。2009年西南农业大学毕业后，与8位大学生组建大学生创业团队，以“智力与管理”方式入股，吸纳社会资本，2014年成立广元三禾农业开发有限公司。2015年以来，周俊英引领该企业在广元市陈江、红岩、丁家等19个乡镇带动贫困村34个、贫困户1 467户。周俊英及三禾农业先后被评为“广元市大学生优秀孵化团队”“广元优秀企业家”“广元市100位农业产业发展领军人”等称号。

大学生创业　圆梦三农

——四川省/广元市/周俊英

就业不成，萌发创业梦想

跑过销售、当过服务员、做过钟点工……2009年大学毕业后，周俊英几乎每年都要换几份工作，不是自己专业不对口，就是工资待遇低，种种原因始终让她无法找到一份称心如意的工作。

大学生就业难，这是当今社会的普遍现状，自己到底该走哪条路呢？周俊英一直很迷茫。

在一次同学聚会上，得知好些同学毕业后也还没有一份称心如意的工作。看着活力四射的同龄人，周俊英萌发了联合创业开公司、种植特色蔬菜水果的念头。“这样不仅能带动靠土地吃饭的老百姓致富，还能解决我们的就业问题，让知识创造财富。”

思路决定出路。和人社部门领导沟通，寻求支持；说服有经济实力的亲戚朋友入股，解决融资问题；和大学老师密切联系，保证专业技术支撑；广纳有专业特长和渴望创业的大学生加入，解决人才问题……一项项工作在精心谋划后朝着预期目标顺利推进。

2013年，在利州区龙潭乡杨家岭农业创业园租地50亩进行科技农业试验试种；2014 年初，周俊英响应国家“大众创业、万众创新”号召，与 8 位大学生组建大学生创业团队，以“智力与管理”入股方式，吸纳社会资本，2014 年成立广元三禾农业开发有限公司，主要从事农业生态种养、农产品加工、销售、出口、农业科技咨询和乡村休闲农业旅游观光等。公司注册资金 2 000 万元，由广元南洋电子企业出资 1 800 万元，并由周俊英任公司总经理。

产业化经营，把梦想变为现实

如果说广元三禾农业开发有限公司的成立，让周俊英的创业梦想萌发。那么，接下来周俊英带领的团队做的基地建设、产品初精加工等工作就是让梦想变成现实的有效路径。

在周俊英的推动下，广元三禾农业开发有限公司先后在昭化区边远山区和利州区城郊流转土地 2 815 亩，从事生态蔬菜种植与农业开发。

其中，在利州区龙潭乡杨家岭农业创业园流转土地 50 亩、利州区荣山镇岩窝村流转土地 470 亩，在昭化区陈江乡雷鸣村的七里坪生态现代农业园区流转土地 965 亩、沙坝乡长梁村满家坪流转土地 679 亩、红岩镇广吉村的邓家坪流转土地 339 亩、大朝乡牛头村的大树丫与牛滚凼流转土地 312 亩。建成“大学生创业园”1 个，“校企合作科技园”1 个，“生态农业观光采摘园”3 个，并辐射带动周边乡镇农户参加订单生产。先后试验推广日本真仙茄子、黄秋葵、韩国泡椒、金菇、橡桐等特色农林产品，年均带动农户种植达到 5 000 亩以上。为保证农产品的鲜活品质，周俊英自筹资金建成陈江乡雷鸣创业园区冷储物流设施 1 处 300 立方米。

有了基地作为保障，周俊英开始了产业化经营：

坚持产地加工，减工降耗。打破工厂建在工业集中区，农副产品异地加工的传统，充分利用当地的生态环境、劳动力等资源，推行就地建厂加工和仓储农副产品，实现减工降本、降耗增效、群众增收的有机结合。在陈江乡七里坪现代农业园区和香溪乡场镇建成农产品初加工厂 2 处 4 000 平方米，精加工厂 1 处 1 000 平方米，大大提升农产附加值。

引进新产品，打造品牌。坚持用品牌抢占市场，注册“三禾春”品牌 1 个，创建“秋葵花茶”“生态鸡蛋”“三禾真仙茄”“韩国泡椒”“昭化跑山鸡”“昭化榨菜”等品牌，推广引进日本真仙茄、金菇、韩国高菜、美国橡桐等优质农产品。

运用“互联网+”，加大产品营销。建成“好农哥”农村电商公司，大力推“OTO”互联网销售模式。2015年以来，实现农产品销售5 600余万元，成功向日本出口农产品近1 000吨，实现出口创汇150万美元。

创新发展模式，帮助更多人圆梦

企业的核心竞争力在于创新。

基于此，周俊英和其团队主动顺应市场需求，紧密结合当地经济社会发展实际，不断完善和提升着企业的发展模式。

在陈江乡等亭子口移民库区、边远山区，广元三禾农业开发有限公司租用荒地1 000余亩，进行标准化整理改造后，将整理好的土地实行二次分配，反包给当地愿意耕种的农户、库区失地移民和困难群众实行订单式标准化种植，通过“反包倒租”“三金”（薪金、股金、佣金）、集体股权量化等与农户的利益联结模式，极大提升了农业生产效率，提高了群众发展产业增收致富的积极性。

周俊英与四川农业大学等建立校企合作关系，创新“智力配股”机制，对大学生和科技人才实行智力配股分红，总结推广“统一供种供苗、统一测土培肥、统一田间管理、统一投入品渠道、统一组织营销，配套基地建设、配套农机服务、配套专技人员”的“三禾农业生产管理模式”。坚持企业联盟抱团发展、优势互补共闯市场、共抗风险的经营理念，先后引进深圳索尔顿、陕西青木、四川华军、四川绿岛等多家龙头企业到广元抱团发展，引进10余种国内外特色优势农林产品在广元试验种植后并大面积种植。

自己的梦想变为现实后，周俊英决心帮助更多的人圆梦。她坚持以社会化产业扶贫为己任，将困难群众聚在产业链，富在产业链。坚持每户贫困户每年1个产品订单的帮扶措施，大力实施扶贫带动战略，推行“免租金”“优先用劳”“送农技、送种子”“贫困助学”等扶贫增收措施。

“把种子交给老百姓自己种，到时按照协议价格进行回收……让老百姓富起来，我们和他们的梦想也就都实现了。”周俊英说。

2015年以来，周俊英引领该企业在广元市陈江、红岩、丁家等19

个乡镇带动贫困村 34 个、贫困户 1 467 户，发展订单农业。种植韩国泡椒、海椒、真仙茄、大头菜、高菜、金露等特色蔬菜 1.2 万亩，实现困难群众亩均增收 4 000 元以上，实现加工劳务 240 万元、农业产值 7 000余万元。同时，为 26 户困难群众免除土地返包种养租金 10.2 万元，支付科技服务费 50 余万元，免费发放种子 15 万元，扶持解决贫困大学生就业 12 人，助学贫困户大学生 3 名。

如今，在周俊英的经营领导下，三禾农业已逐步成长为广元市创业创新优秀农业企业，所创新的“三禾模式”被广元市委书记王菲批示，要求在全市进行推广学习。周俊英及三禾农业先后被评为“广元市大学生优秀孵化团队”“广元优秀企业家”“广元市 100 位农业产业发展领军人”等称号。

本篇撰稿人：四川省广元市农业局科教服务中心　陈少华　孙　燕

人物导读 叶良刚，一个土生土长的新安人。怀着对家乡的热爱，他精心打造正禾农业生态园，让故土永葆绿水青山，为村民换来“金山银山”。自主创业的他，通过新型职业农民培训掌握种养科技，在循环农业、绿色发展上“做文章”，葡萄、蜂蜜、山鸡、土猪、小龙虾等绿色食品不仅为种植户、养殖户带来收益，也为农旅融合发展、生态园产业升级注入强劲动力。

绿了荒山　富了村民

——四川省/江油市/叶良刚

初夏时节，走进位于江油市新安农业公园的正禾农业生态园，立刻被眼前的美景陶醉：道路两旁，暗香浮动；果蔬园里，绿珠初醒，待熟的葡萄宛如一串串诱人的珍珠；餐饮区内，觥筹交错，游客们尽情品味跑山鸡和生态有机蔬菜烹饪的美味佳肴……

正禾农业生态园是一座由绵阳市正禾农业开发有限公司独资兴建的现代农业生态园，该园区占地面积 1 500 余亩，通过“公司＋基地＋农户”经营模式不断发展壮大。短短五年的时间，一个集特色水果种植、生猪饲养、旅游观光为一体的农业生态观光园蔚然成型，成为绵阳乃至四川现代农业领域的一匹黑马。“生产绿色有机农产品，就是我们的发展目标。”正禾农业公司负责人叶良刚说。

科学规划，荒山变公园

起初，建设农业生态园只是叶良刚的一个梦想。叶良刚曾在云南某部队农场工作，2010 年从部队转业后，本可以轻松成为一名科级干部的他，赶上了国家土地流转政策的大好时机，为了减轻地方就业安置压力，他毅然选择了自主择业。“当时，新安农业公园建设如火如荼，作为一名土生土长的新安人，建设家乡的热情时刻萦绕在心头”。在市、镇两级政府的支持下，通过自己的调研考察，叶良刚决定在新安建设一座独具特色的农业生态园。

说干就干。2012 年底，叶良刚与合伙人共同注册成立了绵阳正禾农业有限公司。公司先后流转土地 700 余亩，其中包括 300 余亩撂荒地和 200 余亩荒坡地。为了合理利用这 700 余亩土地使其发挥最大效益，公司聘请专业设计公司斥资 50 余万元进行规划设计，一个以特色水果种植为主，兼具种养循环、休闲观光旅游为特色的农业生态园跃然纸上。

按照规划，生态园分为特色水果种植区、生态养殖区、休闲观光区三大区域。特色水果种植区包括猕猴桃、葡萄、油桃、土李子、贵妃枣、枇杷、柚子等 450 余亩，珍稀苗木及花卉苗圃 50 亩；生态养殖区包括生猪饲养标准代养场 2 个，垂钓休闲垂钓鱼塘 2 口；休闲观光区分餐饮区、住宿区、游乐区、生态停车场等多个分区。2016 年，这些规划全部成为了现实。

“这一片原本是荒山，杂草丛生；那一片是撂荒地，多年无人耕种。真没想到，不到五年时间，这里果真变成了迷人的乡村公园！”叶良刚的妻子郭芙蓉对建设生态园一直持怀疑态度，如今置身于这风景如画的生态园，“咯咯”地笑得合不拢嘴。

科技引领，产业蓬勃发展

“农业规模化、生产标准化并不是一句简单的口号，真正要干好还得靠科学技术”。叶良刚深有感触地说道。

2013 年春天，第一批种植的猕猴桃开花了，但是雄树与雌树花期不遇，夏季结出的果实比想象中少很多。为了解决这些技术难题，公司安排叶良刚以及技术骨干先后两次参加由江油市农牧局组织的“新型职业农民培育工程”培训班，叶良刚等人获得新型职业农民资格证书。在一个产业周期的磨炼过程中，花期不遇调节技术解决了猕猴桃雌雄花期不遇技术难题；通过对病虫防治、疏花疏果、整形修枝、储藏加工等技术的刻苦研读，解决了猕猴桃高产栽培技术难题；通过对品牌打造、营销网络建设等知识的吸取，叶良刚拓宽了视野，开阔了眼界，一个更远大的梦想在他心头油然而生……

不仅如此，公司还与省农科院、西南财大、西南科技大学等科研院校积极合作，共同研发特色水果高产栽培集成新技术、培育葡萄新品种，成功掌握了葡萄促成栽培、猕猴桃蜜蜂授粉等多项关键生产技术，为产业化规模化经营打牢了基础、增添了后劲。目前，正禾与省农科院合作研发的 6 个新品种已进入试种阶段。公司还采取“走出去、请进来”的方式，先后组织以返乡创业农民工为主体的技术队伍前往浙江、成都等地考察学习，提升了技术人员的专业技术水平。2016 年，公司被命名为“江油市返乡农民工创业园”核心区。

2015 年，为了适应规模化种植需要，公司引进和安装了滴灌、喷灌等节水灌溉系统，配备了夜间光照系统，年出栏 1 100 头的生猪养殖基地为种植基地提供的有机肥，最大限度减少化肥施用量，设施农业明显提高了产品口感和品质。目前，种养生态循环系统已经形成，猕猴桃、葡萄、贵妃枣等 6 种水果取得了国家有机认证。科学种植带来了丰厚的收入，2016 年，生态园有机水果经济收入达 500 余万元，2017 年有望突破 830 万元。

精细布局，做大乡村旅游

“这片区域的葡萄按株订购认养，每株每年 118 元。”叶良刚告诉笔者，葡萄订购认养方式不仅给公司带来了丰厚的收益，更满足了游客体验农事活动、健康身心的心理需求。当天，来自成都的陈刚夫妻驱车前来为订购认养的 10 株葡萄修枝、套袋，轻松与愉悦荡漾在他们脸上。现在，种植、采摘体验已成为节假日里生态园内的保留节目。

借助规模种植基地，公司不失时机地布局乡村旅游。自 2015 年起，公司先后追加资金建成 600 余平方米的餐饮区，16 间（套）客房的住宿区，1 000 余平方米的水果展示品尝区，300 余平方米的休闲垂钓区，300 平方米的烧烤区，100 平方米的儿童游乐区，2 000 余平方米的正禾文化广场，1 000 余平方米的生态停车场。先进的设施，完善的功能，让生态园成为了一个远近闻名的乡村公园，一个休闲度假的绿色农庄。

为了满足游客的“好吃嘴”，公司还在园内分区饲养土猪、跑山鸡，种植野菜，养殖优质小龙虾等特色烹饪食材，各种独具特色的生态菜肴轻松锁住了游客的好胃口。“去年，某保险公司在园里举行年度聚会，一共坐了 80 桌呢。”叶良刚介绍，无论是集体活动还是朋友聚餐，都能让他们充满期待而来，收获满意而归。2016 年，生态园接待游客 6 万人次，实现旅游收入 120 万元，2017 年预计达到 230 万元以上。

创新模式，带领村民致富

公司不断发展壮大的同时，叶良刚没有忘记带领村民奔上致富路。“生态园周边村民年轻一代都外出务工了，解决留守老人的生产生活问题是企业肩负的责任”。叶良刚介绍，日常在园区务工的老人有二三十人，每遇种植或收获季节，每日务工人员最多可达上百人。

在正禾农业生态园，村民可获得“流转租金＋务工工资＋利润分红”3 份收入。家住新安镇许家桥村、52 岁的许先成老人，将 8 亩承包土地流转给公司，2016 年 8 亩土地流转费 6 400 元，务工工资 23 000 元，利润分红 16 000 元，总计收入 45 400 元。每每提及此事，许先成老人脸上总是乐开了花。据了解，仅务工收入一项，村民最高年收入可达 3 万元以上。

谈及未来，叶良刚信心满满。公司将继续实施品牌战略，通过入驻淘宝、京东等电商平台、完善产品包装等措施打响“正禾”特色有机水果品牌；同时与另外几家农业企业抱团打天下，积极打响“果语花溪”特色水果区域品牌，不断提升新安水果的知名度和美誉度。另一方面，将瞄准前景广阔的森林康养产业，着手配置建设森林康养基地，走出一条农旅与康养融合发展的崭新之路。

本篇撰稿人：四川省江油市农业局科教中心　黄　龙

人物导读 曾军，四川省蓬溪县金果子庄园负责人。2013年，放弃在贵州的事业回到家乡蓬溪县吉星镇开始创建金果子农庄，经过四年艰苦创业，陆续投资上千万元，将金果子庄园打造成为辐射成渝地区，集休闲、娱乐、旅游、度假、科普为一体的实体产业和旅游产业相结合的生态农业庄园。同时，金果子公司牵手创维集团，帮助吉星镇桂枝村、盐井沟村实现脱贫。

打造山坳里的“世外桃源”

——四川省/蓬溪县/曾军

近年，四川省遂宁市各区县大力发展乡村经济，特别是农村产业发展和乡村旅游取得显著成效。2017年五一小长假期间，蓬溪县吉星镇芭蕉沟呈现出一片热闹的场景，来自遂宁、成都、重庆、南充等地的市民驱车来到位于芭蕉沟的金果子农庄，他们一下车就拿着篮子到山腰开始采摘挂在树上红艳艳的樱桃，欢声笑语响彻整个山野。

金果子农庄的主人——曾军，正是经过多年来的艰苦创业，圆了自己和世人一个世外桃源梦。

乡村旅游，带来创业新商机

走进金果子农庄，一下车便被这里停满大半个停车场的汽车所震撼，据农庄接待人员介绍，这些都是从遂宁、成都、重庆、南充等地过来采摘樱桃的游客，他们准备了一个能够停放500辆车的停车场，哪知道五一假期第一天就来了这么多人，停车场都停了一大半了。

来这里游玩采摘樱桃的大多是以家庭为主，几乎每个家庭都是带着孩子和老人来的。每个人手中都提着一个由农庄准备的采摘篮子，边采摘边品尝，采了这树又去那树，欢声笑语让这个原本比较安静的山野顿时热闹了很多。接待人员说，今年的樱桃是第一年成熟，本来准备了300多个篮子，今天一早游客都拿得差不多了，现在只剩下这么几个，如果不是有游客采摘完还回篮子，后面来的游客都没有篮子用了。

据悉，金果子农庄因今年是樱桃第一年成熟开园采摘，不用门票进园随便吃，带走再按斤数称重。金果子农庄现有300多亩樱桃挂果，预计产量达到6 000斤，同时还有接待300人就餐的农家菜馆，满足上百人露营的帐篷等。

四年创业，打造综合性生态农庄

2013年，曾军放弃在贵州的事业回到家乡蓬溪县吉星镇开始创建金果子农庄。经过3个多月调研，他翻山越岭，深入吉星镇10个村实地调研土质、农产业发展现状、产业发展前景等，拟定了一份创业发展规划：发展吉星贡米、特色水果（大樱桃为主）、红香椿三大产业。

他陆续投资了上千万元，在吉星镇流转土地3 500余亩，完成苗圃建设100亩，种植大樱桃1 800亩、台湾脆皮李600亩、皮球桃300亩，并带动群众种植红香椿3 000亩、吉星贡米3 000亩，只为将金果子生态农庄打造成综合性生态特色农业产业基地。

2014年，曾军参加了蓬溪县农广校组织的新型职业农民培训，获得四川省新型职业农民证书。通过培训，他厘清了思路，决定扩大土地面积和经营规模，修订产业规划，调整产业结构，当年投资500万元，组建了蓬溪县金果子农业科技有限责任公司，成立了“蓬溪县金果子水果种植专业合作社”“吉星贡米专业合作社”“蓬溪红香椿专业合作社”“吉星镇樱桃种植专业合作社”。依托专业合作社发展，产业覆盖吉星镇牛王村、盐井沟村、桂枝村、田沟村等四个村。

2016年，公司实现效益130万元以上，常年在公司务工的人员300人左右。目前，其合作社有入社社员78名。其中，团体社员7家（专业合作社5家、龙头企业1家、家庭农场1家）、经营业主23家、入社的村三职干部14名，普通农民30户、贫困户2户、五保户2户。同时，金果子公司积极承担社会责任，牵手创维集团，帮助吉星镇桂枝村、盐井沟村实现脱贫，为脱贫攻坚注入了新活力。

一朝迎客，经济效益超预期

目前，经过四年的艰苦创业，曾军的金果子公司不断发展壮大，大樱桃、脆皮李、枇杷等特色水果陆续上市，成为辐射成渝地区，集休闲、娱乐、旅游、度假、科普为一体的实体产业和旅游产业相结合的生态农业庄园。

金果子农庄第一次开园，没有像周边的樱桃采摘园那样收门票，而是免费入园采摘，要带走才给钱。由于遂宁地区各区县种植樱桃的比较少，周边的樱桃采摘园离遂宁城区比较远，而且樱桃只有一个星期左右的采摘期，所以这次他们这里的游客量大大超出了预估。

曾军说，“本来我们预计五一假期三天能够采摘一半的樱桃，之后在一个星期左右采摘完，结果五一假期第一天就来了这么多人，我们的工作人员和志愿者都不够用了，我就亲自上场给这批从重庆来的游客讲解我们金果子农庄的情况。每一批游客都会有工作人员带领进园采摘，同时讲解农庄情况，做到让来的每一个游客都对我们庄园有所了解，为我们以后的枇杷、李子、香椿等产品采摘做好铺垫，起到宣传作用。”

本篇撰稿人：四川省蓬溪县农广校　杨洪全

人物导读 杨欣，80后创业家，成都市青联委员、蒲江县第十八届人大代表。现任成都泰禾农业科技有限公司总经理。2016年，他领办的蒲江县鹤山惠风猕猴桃协会被评为成都市科普示范农技协会，杨欣被评为成都市科普示范带头人。这个“痴迷”于猕猴桃有机种植的人，用行动诠释着兴农、爱农的决心。

坚持做有机的“新农人”

——四川省/浦江县/杨欣

杨欣生于1984年，是一个典型的80后青年。在四川农业大学读书时，就读于工商管理专业的杨欣同时辅修了农学。毕业后的他，带着学农、爱农的愿景，一心投入到“蒲江猕猴桃”产业链的大军当中。

十年的创业奋斗之路，杨欣不仅积极探索和推进猕猴桃优质种植技术，还协助蒲江县科协进行多次培训推广，深入到农户田间地头解决实际问题，用自己的经验所得惠及全县乃至全国的猕猴桃种植户。

坚守有机，晚结的果更丰硕

杨欣生于遂宁的一个小山村，偶然路过蒲江的他被深深吸引，这里的空气、山水、产业，都在他的心中默默播下了一颗种子：以后要到蒲江开拓自己的事业！2006年毕业后，杨欣进入位于蒲江的中新农业工作，从此开启了他和猕猴桃一生的缘分，他立志：要做最好、最安全的有机水果！

经过几年的努力，他已经做到了中新农业的技术总监，但这却远远不能满足他内心创业的梦想。辞掉让人艳羡的工作，拉上几个志同道合的同学，他成立了绿垦公司，踏上了创业之路。大学生创业，缺乏市场经验是致命伤。几经尝试却始终无法得到回报，伙伴们也纷纷离去，杨欣还欠下了几万元的债务。“怎么办？还该继续吗？”杨欣说，他一直有着自己的梦想，哪怕起早贪黑，哪怕黑夜独行在收果的山路上都不能浇灭他的坚持。抛开失败的过去，他决定为心中的梦想再努力一把。

2013 年，杨欣在蒲江承包土地 100 亩，成立成都泰禾农业科技有限公司。从改土、育种、选苗、栽种、基地建设开始，缺乏资金，他自己动手，严格设定标准保证质量。哪怕是一根铁丝、一个石条，都要按照国际标准来实行。他吃住都在基地，就连大年三十也睡在基地。凭着这股韧劲儿，他在猕猴桃的种植技术上有了越来越多斩获。

俗话说：好事多磨。2015 年，眼看猕猴桃树已经三年了，经过他的呵护培育，果树比旁边农户种了 4 年、5 年的树还要粗壮，而且在第二年已经开始挂果，那是传统农民没法做到的事儿。满以为会是一个丰收年，哪知天公不作美，正值花期，一场前所未有的冰雹突袭基地，屋瓦掀翻、围墙倒塌，猕猴桃树更是一片惨状：枝丫断了，花蕾损了，就连地上孕育的小苗也都全军覆没。

“撑住”是杨欣当时唯一的信念。容不得半点哀伤，他自己动手，顶着烈日用所学没日没夜地挽救心中的梦想。因为坚持有机种植，猕猴桃树有了自己的调剂功能，尽管打击沉重，竟然也结出了 2 万余斤的硕果，而且得到各方专家、政府、顾客一致好评。杨欣说，“这是坚持有机带来的回报与满足”。同年，泰禾猕猴桃有机证书申请了下来，这更坚定了杨欣和团队百倍的信心：坚持做有机的新农人！

科学种植，有机认证市场认可

为了掌握有机种植的技能，杨欣积极地参加各类农技培训，获得了蒲江县新型职业农民和成都市高级农业职业经理人证书。2016 年正值猕猴桃生理成熟期的最后阶段，连续的烈日晒坏了大半果实。人们都说，明明可以采摘获得丰收，杨欣却坚持：“不早采，为的是让大家真正吃上放心、有水果味儿的水果，付出更多的艰辛也值得。”而事实证明，杨欣是对的。最终收获的果实品质极佳，获得了市场的认可。

几年的坚守下来，如今的泰禾已经在成都造、蒲江有机产业示范区建设中树立了行业标杆，成为行业内小有名气的有机产品商，被中国优农果品协会授予“最具培育潜力的优质果品基地”，“泰禾”也纳入了国家重大研究项目——品牌价值提升工程研究子项目。

2015 年，杨欣的公司正式获得了国家有机产品认证证书，成为全国唯一一家通过有机猕猴桃多品种有机认证企业，也是全省唯一一家与四川农业大学进行猕猴桃“低碳种植”技术合作研究的企业。其旗下的有机基地——蒲江县花田家庭农场的各项建设都领先于行业标准：精准的灌溉系统一套、农业物联网监控系统一套、已建成有机科普中心一座，为农场的一、二、三产业融合发展打下了坚实基础。

作为蒲江县唯一一家进行有机猕猴桃种植技术系统化研究的企业，泰禾还积极助推蒲江和绵阳游仙区进行规模化商业推广种植，如今面积已达 700 余亩。不懈的努力换来了大家的认同，2016 年，中国科协农技中心秘书长杨利军、成都市科协副主席周光志、眉山市科协主席李伟先后到协会有机基地调研。

为将技术推广开来，服务于更多的种植户，2014 年 6 月，杨欣领办蒲江县鹤山惠风猕猴桃协会并任会长，依托协会组织带领更多的猕猴桃种植者参与到“有机”种植行业中来。目前，县内外农业科技人员到基地参观学习人数已达 600 余人。

本篇撰稿人：四川省浦江县农发局科教中心　李　静

人物导读 陈华东，四川省仪陇县三溪农业发展有限公司董事长。2014年10月，陈华东流转土地500余亩，投入资金1 200余万元，回到家乡立山镇燕子岩村，建立三溪农业发展有限公司。通过农户、基地、合作社、企业一体化运作模式，走种养结合、绿色生态的循环发展道路，带动了用户脱贫致富，改变了家乡落后面貌。

返乡创业 建设美丽家乡

——四川省/仪陇县/陈华东

四川省仪陇县立山镇燕子岩村地处偏远，曾是有名的贫困村。由于传统农业利润低，加之交通不便，村里的青壮年劳动力大多外出务工，整个村子显得寂寞和萧条。然而，近三年来，这个山高沟狭、交通闭塞的小山村里酒香四溢，鸡鸣羊叫，充满了生机。当地村民说，村子发生如此巨大的变化，得感谢陈华东。

改变家乡落后面貌

2017年3月8日一大早，三溪农业发展有限公司董事长陈华东正在给公司员工开早会，了解公司的运行情况，解决工作中遇到的实际困难。现年45岁的陈华东是土生土长的燕子岩村人，1995年外出打工，干过电器维修，搞过设备安装，积累了一定资金后，萌生了回乡创业的想法。

2014年春节回乡时，陈华东看到大量土地被撂荒，村民的生活和以前相比没有多大改变，这让他感触很深。“农业是可持续发展产业，还能带动村民共同致富，我在外面打工也不是长久之计，我要投资家乡发展。”

了解到陈华东有回乡创业的打算后，镇村两级干部都非常支持，介绍其到县农广校参加新型职业农民培训。通过学习，陈华东进一步开阔了眼界，学到了种养业实用技术，了解了国家新型经营主体建设相关政策。经过县农牧业局专家指点，陈华东决定走生态种养之路，发展生态循环种养业，建设美丽家乡。

2014 年 10 月，陈华东流转土地 500 余亩，投入资金 1 200 余万元，在立山镇三溪村、燕子岩村种草、养鱼、喂羊，建大棚养蝗虫蚯蚓喂鸡，走生态种养业之路并成立三溪农业发展有限公司。

带领村民共同致富

创业初期，由于缺乏技术，除渔业项目外，其他项目均以失败告终，经过沉痛反思，陈华东决定调整发展思路。

2015 年春，陈华东采取订单种植模式，动员村民种高粱和玉米，公司进行统一回收。2015 年下半年，陈华东办起酒厂，用酒糟养羊喂鸡。回收高粱秆和玉米秆养羊，养蝗虫蚯蚓当跑山鸡的食材。

陈华东又挨家挨户做工作，动员村民与他一起发展生态种养业。村民周安仲一开始在三溪农业发展有限公司打工，见陈华东初次创业失败后，对陈华东发展生态循环种养业的想法失去了信心，离开公司外出打工。陈华东打电话对其耐心引导，邀请他回来养羊，并派他参加县农广校中等职业教育培训，系统学习畜禽养殖技术，如今。周安仲掌握了中草药防疫技术，并将技术灵活地运用到了山羊养殖过程中。

整合资源促进发展

三溪农业发展有限公司积极推广零风险惠民项目，采用代养模式发展养殖业。公司与农户签订鸡、羊代养合同，统一提供鸡苗和羊崽，负责技术指导，实行保护价收购。陈华东还为贫困村民陈虎流转林地 50 亩养殖跑山鸡，每批次免费提供已饲养两个月的小鸡 400 只左右，全年喂养两批次，并统一进行回收，陈虎年收入可达 6 万元左右。

经过近三年时间的摸索，该公司实现了农户、基地、合作社、金融、企业一体化运作，采取全链流转、利益链接的全新农业发展模式，实现了农业增产、农民增收的目的。

据介绍，该公司还打算整合基地周边 3 个村的资源，通过土地流转、土地入股、资金入股等多种合作方式，建立牛羊养殖、高粱及牧草种植、家禽养殖等农民专业合作社，走种养结合、绿色生态的循环发展道路。

本篇撰稿人：四川省仪陇县农广校　余庆明

人物导读　彭玉先，土生土长的火炬村人。1981—2016 年，彭玉先任火炬村的党支部书记，开始了带领村民致富的“征途”。从修建公路，到选择刺梨，再到成立合作社，彭玉先用行动书写了对火炬村民的挚爱和忠诚。“鞠躬尽瘁”是彭玉先对全村人幸福的承诺。

刺梨花开喷芳吐惠
致富道路鞠躬尽瘁

——贵州省/贵定县/彭玉先

一个贫困户的脱贫，靠什么实现？一个贫困村的脱贫，又该如何实现？贵定县昌明镇火炬村带头人、新型职业农民彭玉先，用生动的实践给了我们答案。

为了不再出门难、上学难

20 世纪 50 年代，彭玉先出生在贵州省贵定县昌明镇火炬村，全村共辖五个村民组：扁歪、朗木关、小罗雍、大唐山和芭蕉冲。土生土长的彭玉先，对家乡贫困的状况了如指掌，也感到十分担忧。1981 年，彭玉先当选为火炬村党支部书记，一干就是 30 多年。也正是这 30 多年的探索和实践，让全村“旧貌换新颜”。

2002 年的火炬村，还是一个道路不通、没有经济来源的省级二类贫困村，尤其是大唐山到芭蕉冲这两个村民小组的 11 公里通组路，状况恶劣、亟待解决。俗话说“要致富，先修路”，对于这样一个贫困村，脚下的路无疑是首要解决的大问题。

为了争取资金，彭玉先只身来到黔南州交通局、县民宗局、县农村工作局等多家部门寻求帮扶。经过多次不断地努力，共筹得了修路资金 14 万元。资金有了，劳工劳力却成了摆在前面的难题，由于村里没有支柱产业，许多年轻人早已外出务工，留在村里的只有妇女、老人和儿童，基本没有劳动力。彭支书看在眼里，急在心里。

他多次召集大唐山和芭蕉冲两组村民召开村民小组会，然而讨论并没有得到一致的解决办法。他还不放弃，一一打电话给这两组在外务工的年轻人，请他们“回家”。这一次，他的用心良苦，受到了村里人的认同。得知村支书争取到了资金修路，绝大部分年轻人都放下手中的工作，决定先回家修路。经过两年七百多个日夜风雨无阻的努力，在保证安全零事故的前提下，彭玉先带领村民用勤劳的双手铺出了一条通往希望和致富的水泥硬化路，解决了全村出门难、走路难、上学难的问题。

用事实说话，让村民看到效益

“路修通了，要为乡亲们谋一份产业”，这个计划浮上彭玉先的心头。

多年来，火炬村以种植水稻、小麦为经济来源，但大多农户只能填饱肚子，一旦遇到干旱和洪灾，便会颗粒无收，村民生活没有保障。机遇恰恰出现在 2002 年，国家开展第一轮退耕还林，贵定县政府鼓励火炬村扁歪组种植刺梨，并由农科院挂职副县长台东桥带领的农业专家指导组进行指导。

彭玉先自己的家就安在扁歪组，他通过学习政策率先展开尝试，利用自家及周边村民的土地种植了 60 亩的刺梨。由于当地土壤属于黄壤类型，土层深厚、土壤肥沃，适宜刺梨生长，经过三年的精心培育，这 60 亩刺梨收获了十余万斤刺梨鲜果，当年就有了几万元的收入。

初次尝到了刺梨丰收带来的经济效益，彭玉先嗅到了商机。他组织各组村民参加县农工局的各类技术培训，到都匀市、龙里县、惠水县、省农科院等多地实地考察学习刺梨种植，发动全村村民大面积推广刺梨种植。

然而，改革总是面临很多怀疑和非议，创新总是要付出艰辛的努力。对于世代种植水稻、小麦为生的大多数农民，田土里面只能耕种水稻和小麦的思想根深蒂固，要拿出自己家的土地来种植山上不起眼的刺梨，许多村民不同意。但彭玉先觉得，说再多也无济于事，让事实证明他的想法是否正确。“既然不能让全村村民都种植刺梨，那就让小部分村民先实施刺梨种植项目，让这部分村民先尝到甜头，再带动全村村民共同致富。”彭玉先打定了主意。

2007 年，彭玉先借着阳光工程培训、新型职业农民培育的机会，带着村支两委成员及农业经营主体带头人来到龙里县茶山引进优质刺梨苗木贵龙 5 号。当时，销售方出价 0.45 元/株，他没有还价：“我们出 0.5 元/株，但是所有刺梨苗木必须优质刺梨苗，我们是要长期合作的，不是一次就过”。销售方爽快答应了，这批苗木首先在扁歪组大面积推广种植，接着朗木关和芭蕉冲组的村民也加入了刺梨种植的行列。但他觉得这还不够，要大面积发展刺梨产业，必须要全村都动起来。经过与支部党员的商议，他决定组织 50 名农业经营主体带头人参加新型职业农民培育，系统学习刺梨田间管理、刺梨鲜果采摘、刺梨苗木育苗及鲜果的运输等技术及经营理念。通过参加新型职业农民培育，技术员手把手地田间指导和到省农科院系统学习，村民渐渐改变了种植观念。2017 年，刺梨种植已经在全村大面积推广，并且形成了刺梨种植、管理和销售规模，随着刺梨鲜果及刺梨苗木的价格上涨，火炬村村民的收入也在一路飙升。

就是要带领集体共同致富

为了让村里的刺梨种植驶上快车道，实现统一生产和统一销售，经过多次村民大会讨论，火炬村决定成立合作社。成立之前，彭玉先又开始了忙碌的奔走，经过不懈的努力，贵定县火炬种养殖农民专业合作社注册成立，合作社种植刺梨规模 3 532.5 亩，共有社员（职工）305 人。“这些入社农户中优先考虑为精准识别户，并且带动周边农户 90 余户。由于得到上级部门的技术支撑和合作社统一管理，现在合作社每亩土地最高可收获刺梨 3 000 斤”彭玉先说。此外，合作社培育的刺梨苗木销往全省各地，且签订合同，保证三年挂果，如出售的苗木未实现三年挂果，则原价支付赔偿金。

近年来，火炬种养殖农民专业合作社成为了县里的龙头企业，经过大力发展刺梨种植业，刺梨鲜果及苗木销售在发展村集体经济和带动当地农民增收致富方面起到示范性作用。由于带来了非常好的社会效益，火炬村还被贵定县授予“刺梨种植专业村”的荣誉。2016 年，合作社销售刺梨苗木共计 288 630 株，单价 0.89 元/株，共计销售刺梨鲜果 220 余吨，年总销售额高达 305 万元，年总利润 210 万元，村集体经济收入达 35 万元，2016 年底入社农户平均每户分红达 5 万元，多者至 10 万元，现火炬村农民人均可支配收入达到 10 912 元。

“发展才是硬道理。”彭玉先说，合作社就是要秉承“带头致富，带领集体共同致富”的理念，拓宽思路，大力积极发展刺梨种植产业，并且以刺梨产品加工、刺梨种植园旅游相结合的方式，多渠道增加村民的经济。如今的火炬村，村民们在彭玉先的带领下实现脱贫致富，对未来的生活充满信心。

本篇撰稿人：贵州省贵定县农广校　王新艳　佘其菊　丁霁成　刘永泉

人物导读 向绍乔，是江口县鱼良溪村的村民，今年49岁。现任兴乔果蔬专业合作社社长的他，通过掌握无公害蔬菜栽培、测土配方施肥、蔬菜病虫害防治等专业技术知识，带领村民调整种植结构，优选辣椒品种，以设施栽培等多种种植手法拓展产业规模，让辣椒种植户的日子“红红火火”。他创立并坚持的“十统一”，为保护群众利益发挥了了不起的作用。

辣椒产业链 带富乡邻

——贵州省/江口县/向绍乔

他，是一位辣椒产业致富链的编织者；他，是江口首位“省级残疾人自强创业示范基地”的创建者；他，更是新型职业农民艰苦创业的榜样和骄傲。他就是江口县鱼良溪村村民，兴乔果蔬专业合作社社长向绍乔。

返乡创业，合作社经营出效益

向绍乔说起搞辣椒种植、加工、销售，那真是如数家珍。闵孝及周边乡镇百姓都称赞他是“辣椒王”。

金秋时节，在江口县闵孝镇鱼良溪兴乔果蔬专业合作社辣椒种植示范基地，只见一串串火红的辣椒挂满枝头。向绍乔喜滋滋地向笔者介绍：“这一片种的是‘曼迪金条’，是为湖南和重庆的客户种植的。”

向绍乔，今年49岁。由于小时候家境贫穷，父母每天担着蔬菜到城里去卖，来回往返20多公里。那时，向绍乔就在想，如果在本地能把蔬菜种好并在家门口就能把菜卖掉，父母就没有这么辛苦了。带着梦想，他曾只身跑到广州增城市三江蔬菜基地当学徒。在打工的岁月里，向绍乔学到了不少东西，他悟出一个道理：要想干出一番成就，就必须自己创业。

2011年向绍乔回到家乡，用自己打工辛苦攒下的50多万元注册成立了江口县兴乔果蔬专业合作社，共发展社员50多人。合作社承租了100亩土地，选择辣椒种植作为发展壮大蔬菜产业的突破口，通过一年的劳作，向绍乔收获50多万元。为扩大种植面积，合作社采取“公司＋基地＋农户”的形式，将辣椒产业扩大到了全县的6镇2乡。

职业培训，种植模式有了新境界

2013—2014年，受市场影响，辣椒种植的效益持续下滑，企业连续两年亏损，向绍乔也颇感压力。经过认真分析，他发现主要是由于品种不优，没有形成产业链，没有深加工，加上各自为战，缺少自己统一的品牌。正当他一筹莫展时，得知县农牧科技局农广校在开办新型职业农民培育蔬菜产业培训班，便主动报名参加学习。

2014年11月，新型职业农民培育（生产经营型）蔬菜产业培训班开班。通过15天的培训，他系统地学到了无公害蔬菜栽培、测土配方施肥、蔬菜病虫害防治等专业技术知识，进一步激发了他带领乡亲们发展蔬菜产业、帮助弱势群体脱贫致富的豪情。

培训结束，他顺利地拿到了新型职业农民证书，成为江口首批新型职业农民。经过深思熟虑，他想到只有不断应用新技术，才能使自己的辣椒生产、加工上规模、上档次、上品牌。向绍乔利用所学知识和所掌握的信息，一方面和农广校的跟踪服务老师钻研学习大棚种植、露地种植辣椒的技术，带头应用新品种、新技术，配合农业农村部门做好技术推广示范工作，并及时反馈有关信息；另一方面结合自身实际，在县农牧科技局的帮助下，扩大辣椒种植规模，农广校老师建议他种植高产优质辣椒新品种“曼迪金条”，改普通种植为特色辣椒新技术种植。2015年，他首次试种特色辣椒“曼迪金条”800亩并获得丰收，2016年辐射带动周边乡镇600多名社员种植特色辣椒，在种植中，实行统一供种、统一技术操作规程、统一回收、统一加工销售，为当地农民开辟了一条稳定的增收辣椒产业致富链。

带富乡亲，产业化道路越走越宽

向绍乔致富不忘弱势群体，他拿出20万元帮助本村残疾人发展辣椒种植。本村唐帮旭，50多岁，聋子，全家5口人，爱人弱智，向绍乔扶持他发展辣椒种植30多亩。唐帮旭的2个儿子、1个女儿在兴乔合作社务工，月收入3 000多元，2016年，实现脱贫致富。本村严守涛，60岁，瘸子，向绍乔帮助其发展辣椒种植20多亩，亩收入4 000元，其大儿子在合作社务工，月收入3 000元，现全家过上了殷实生活。

合作社与湖南、四川、重庆等地客户建立长期供求关系，搞起了辣椒订单种植，辐射带动订单农户1 583户，订单面积1万余亩，解决社会就业1.5万人。

“自辣椒进入采摘期以来，每天都能摘3～4万斤。”向绍乔掰着手指给笔者算起了账：目前，这种辣椒的市场价为4元/千克，平均亩产2 500千克，除去种植、管理及用工成本，每亩纯收益至少可达3 000元以上，效益是种植普通粮食的3倍。去年7月下旬到9月上旬辣椒采摘高峰期，仅一季辣椒，就可为乡亲们赚上千万元，为订单户销售辣椒1万多吨。

“我发展种植的辣椒都是无公害的，从秧苗、施肥、打药、浇水全部实行台账式管理，环环有记录。加工生产的‘净山红’牌系列泡椒、糟辣椒畅销周边省市。下一步，我准备再投资100万元，增加两条现代化辣椒加工生产线，扩大辣椒加工生产规模，将腌制、泡制辣椒年生产量从原来的100万斤提高到1万吨以上。目前，我已与上海厂家达成协议，预计今年7月底就能投入使用。”向绍乔对辣椒产业的前景充满了自信和期待。

一花独放不是春，百花齐放春满园，历经风雨见彩虹。向绍乔一家富裕了没有忘记本地父老乡亲，更没忘记为他打工的农工们，他把自己掌握的技术经验无私传授给农工们，手把手地指导农工搭棚、育苗、移栽、施肥、喷药，把大棚和露地种植辣椒的程序、注意的事项写成文字，散发给椒农们，为当地农民树立了榜样，在他的影响和鼓动下，附近的农民也纷纷转种起了辣椒，很快在闵孝镇鱼良溪村就发展到1 800多亩，许多农户靠种植辣椒走上了致富之路。如今，他的企业从最初种植辣椒100亩发展到现在的上万亩，合作资产从起步时的50万元发展到现在的3 000多万元，合作社先后被评为“市级重点龙头企业”“学生配送营养餐企业”“省级残疾人自强创业示范基地”“江口县新型农民培育实训基地”。带动乡邻上千户实现家门口就业，帮助全县262户残疾人、贫困户脱贫致富。

为保证辣椒订单种植户的经济效益，2017年，向绍乔对生产销售辣椒实行“十统一”管理，即：统一提供种子、统一提供农资、统一提供技术培训、统一配方、统一管理、统一采摘、统一收购、统一加工、统一包装、统一销售，使辣椒种植实现规模化、标准化、现代化。

本篇撰稿人：贵州省江口县农牧科技局　杨永华

人物导读 家住涪洋镇涪洋村新场组，生于1977年的仡佬族农民黎安宝，根植家乡土地，以山养山调结构，利用家乡荒山草坡，修建标准肉牛圈舍7 640平方米，发展生态养牛业，带动家乡农户种草养牛年增收1 000元/人以上，实现家庭年纯收入50万元以上。黎安宝一家是涪洋镇有名的酿酒之家，日均酿煮玉米300～400千克，酿酒150千克以上，酒糟全作为肉牛饲料，形成产加销有效链接，让村民看有形象、学有榜样。

生态养牛成就职业
绿色引领带富一方

——贵州省/务川县/黎安宝

夏末秋初的涪洋镇，只见清澈见底的涪洋河穿村而过，滋润着两岸沃野绿源，养育了两岸生生不息的万千村民。河畔曲径林深处，便是新型职业农民黎安宝领办的市级龙头企业——天宝畜牧有限公司。

扎根学技术，精喂细养育产业“龙头”

一方水土养育一方人。

年近四十的黎安宝，家住在涪洋镇涪洋村的新场组，是个地地道道的仡佬族农民。黎安宝说话实在，从不添油加醋，但说起养牛来却头头是道。他说自己父亲是做牛生意的，长期贩牛、养牛、售牛；自己则从小在家放牛、喂牛，跟随父亲走南闯北做牛生意，20多年的经历对牛有特殊的感情。

“牛需要勤喂、精养、细照料，随时与牛零距离接触、亲近”黎安宝说。2014年4月，黎安宝以600万元注册资金成立了务川天宝畜牧有限公司，建成了养殖面积45亩的标准肉牛养殖场，年养肉牛1 200

头以上。

“肉牛养殖成功与否，疫病防控是关键。”黎安宝时时刻苦钻研肉羊养殖技术，把握疫病防控关键环节，确保养殖场区无疫情。2015 年秋天，为了提升科学化管理的技能，黎安宝参加了务川新型职业农民肉牛养殖培训班学习，学习了解肉牛标准化养殖技术、市场营销、农产品质量安全等与养殖息息相关的专业知识。在参观学习、实习实践中，黎安宝与省、市、县农业专家建立起沟通帮扶机制，及时掌握肉牛养殖的关键技术、市场营销节点，创新了管理模式。

黎安宝说，公司饲养肉牛采用的是纯圈养模式，通过从山东等省外分批购牛回乡育肥再外销，从根本上解决了本地牛群不足的问题。肉牛在家饲养育肥 3 个月后即可上市，最多也不超过半年。“买来喂的牛架子要大，胃口要好。刚一上圈就要立马给牛驱虫健胃，提高食欲，勤养精喂，效益才会好”。黎安宝说，肉牛始终在无污染、无公害环境中饲喂，以青饲料为主，精饲料为辅，是真正的无公害饲养。2015 年底，公司的养殖场顺利通过“三品一标”认证。

坚持“可持续”，循环农业守护质量安全

在黎安宝的精心照料下，2015 年肉牛出栏 432 头，实现销售收入 520 多万元；2016 年出栏 724 头，实现了销售收入 980 多万元。2017 年初实现产值 200 万元，存栏肉牛 252 头。目前公司总资产 590 万元，其中固定资产 230 多万元，公司于 2016 年获得遵义市龙头企业称号。

“绿水青山就是金山银山”，黎安宝始终坚持绿色发展、生态养殖的理念，将产业发展融入城乡统筹、新农村建设中，构建起种养结合、循环高效一体的现代化农业体系。

2016 年初，公司争取肉牛产业扶持资金 450 万元，创办以构树、甜高粱为主的饲草基地 3 100 亩、划区轮牧草地 1 600 亩，修建蓄水池 300 立方米、饮水点 10 个，青贮池 660 立方米，沼气池 200 立方米，粪污处理场 480 平方米，无害化处理池 1 个，安装了养殖监管系统。在饲养环节，从不添喂浓缩饲料、饲料添加剂，推进肉牛生态养殖。

依托家乡独特的气候和生态资源创建的构树基地和甜高粱基地，将肉牛粪便进行无害化处理后作为构树、甜高粱追肥使用，再将沼液无偿送给当地蔬菜基地、菜农作为蔬菜追肥施用，有效处理了牛场垃圾，提

升了基地土壤有机质含量，促进了构树、甜高粱、蔬菜的生长发育。基地严禁施用化肥农药，从源头确保构树、甜高粱、蔬菜产品质量安全。

“全力构建以人性化推动产业化、规模化推动效益化，以疫病可控、粪污可控、成本可控、产出率可控、品质可控，推动现代畜牧标准化，以合理的社会分工来明确目标责任化、以生物科技引领养殖健康化、循环增收促进互动化肉牛产业发展大格局。”黎安宝说。

引导劳动力，“产业＋务工”带富乡邻

一人富不算富，乡邻富共小康。黎安宝面对村情民情，依托养殖场，增办构树肉羊养殖场，采用“公司＋基地＋养殖场＋农户（贫困户）”产业发展模式，按300元/亩标准流转涪洋、水坝、永和等4个村土地3 000余亩，种植构树、甜高粱等饲草，按季聘工、按工计酬，引导当地270余户农民（其中，建档立卡贫困农户100余户）就近转移就业增收，常年支付农民工资80余万元。

通过采用向农户赠送饲草种子、种苗、回收秸秆等方式，带动乡亲发展生产。2016年，黎安宝投入资金60万元回收农户玉米、稻草、高粱、大豆等农作物秸秆150万千克以上，让农户有种有收、清洁田园。

如今的“天宝”，让人刮目相看。公司养殖的生态肉牛远销浙江、湖南等地，肉牛养殖与饲草种植已成为涪洋镇涪洋、永和、水坝、小坪等村农户脱贫增收的新门路。

脚踏家乡深情的土地，面对饱含希望的青山绿水，黎安宝情不自禁地说：下一步将加大投入，改扩建肉牛养殖场，构建羊养殖场，搭建饲草基地围栏，建设3 000亩以上优质饲草基地，保持年存栏肉牛2 000头、肉羊1 000只，出栏肉牛800头以上、肉羊500只以上，实现年产值1 500万元以上，组织本村农民参加职业技能培训，让每户农户掌握1～2门实用技术，参与养殖场和基地建设增收。

本篇撰稿人：贵州省务川县农广校　黎旭祥

人物导读 汪发友，是修文县小箐乡龙山村土生土长的农民。他有干劲，敢担当，带领村民修公路、兴水利，让村子的面貌焕然一新。他还领办成立了夏家沟果蔬种植农民专业合作社，依靠科学种植技术，发展起生态农业，形成绿色、循环的产业链条。如今，以种植桃、李子、西红柿、辣椒、白菜等果蔬为主的夏家沟生态农业园，正吸引着众多外地游客竞相参观、采购。

合作共走致富路

——贵州省/修文县/汪发友

阳春三月，走进位于修文县小箐乡龙山村的夏家沟生态农业园，满目果蔬，生机盎然。一坡坡桃李花开争妍，一颗颗蔬菜翠绿欲滴，大有“三月春光无限好，此园果蔬分外香”的怡人之感慨。这个以种植桃、李子、西红柿、辣椒、白菜等果蔬为主的生态农业园，就是享誉全县的果蔬经营能手、远近闻名的新型职业农民汪发友打造的。

勤奋耕耘，种植户形成合力

现年42岁的汪发友，是一个地地道道、土生土长的农民。从小弟兄姊妹多，家境比较贫穷。1992年，初中毕业的汪发友就跟着哥哥们学习种植。兄弟三人团结互助，辛勤地耕耘在自己的几亩责任地里，日子过得还算红火，乡亲们也都投来羡慕的眼光。

但汪发友不满足，想到“种出来的水果蔬菜和修建房屋的水泥、钢筋，都要靠人背马驮才能出入夏家沟，没有公路，生产生活实在是困难”。作为夏家沟土生土长的他，从小就吃够了基础条件差的苦头。日夜的冥思苦想，他琢磨着解决“出路”。

2011年金秋时节，喜获丰收的一天，汪发友与两位哥哥商量，合伙创办农民专业合作社。他自信地说：“合作力量大，办好合作社，团结更多的人发展果蔬种植，既增加种植户的收入，又能扩大我们的种植规模。需要解决路的问题，大家就凑钱把毛路修通。”

说干就干。汪发友开始不遗余力地到处奔走，动员了夏家沟自然村寨的 14 家人，请来了修文县农业局专家指导，召开了合作社成员会议，开始创办“修文县夏家沟果蔬种植农民专业合作社”。初期入社的 14 家村民作为正式成员，注册资金仅为 15.3 万元，经过短短两年的发展，合作社就吸收了当地农户 144 户，壮大了队伍，扩大了规模。

带富村民，“合作”修路兴水利

合作社建起来驶入正轨，汪发友就开始积极探索果蔬种植的高效模式。引进新品种，研究新技术，科技搞生产，忙得不亦乐乎。经过大伙儿共同努力，合作社以辣椒、西红柿、莲花白为主建成了专业蔬菜基地 1 500 亩，以桃、李、葡萄为主建成了水果基地 500 亩。年种植生产蔬菜 2 800 亩（次），产量达 5 000 余吨；桃、李、葡萄等水果总产量达 400 多吨。做到了蔬菜周年供应市场，桃、李年年有售。

汪发友带领合作社成员实行了统一购种、统一种植、统一管理。结合时令季节、种植品种及市场供求实际等情况，积极做好科学指导和市场销售工作，最大限度地帮助社员避免种植不当而造成损失。随着发展，合作社已成为贵阳市小有名气的无公害蔬菜保供基地。社员农户年销售净收入达 400 余万元，户均净收入达 2.5 万元。汪发友自己得到一份股东分红和管理补贴，年收入 5 万多元。合作社的实力也逐步壮大，2014 年，合作社拥有流动资金 250 万元。

汪发友发起兴办“合作社”，给当地老百姓带来了直接的经济效益，为农户提供了发家致富的平台；农户对合作社需要做的事也都全力支持。修建夏家沟汽车毛路的事情，汪发友一声招呼，夏家沟合作社成员就及时地凑钱，找来挖土机等修路设备及工程人员，一个冬季就把出入夏家沟的毛路全部修通，结束了夏家沟人背马驮的历史，初步解决了运输艰难的问题。汪发友的“合作”设想，变成了现实。

夏家沟合作社的所作所为，一下子就传遍当地村寨，得到小箐乡党委、政府的高度重视，进而给予了基础设施项的大力支持。相继治理了河沟、硬化了公路，修建了生态小水窖、大水池，水利设施初具成效，有效提高了果蔬生产的运输和防洪抗旱能力。

生态结合，靠“培训”再富村民

“合作社”取得经济效益的同时，汪发友打开了全新的视角。“夏家沟山水环绕，林木青翠，果蔬基地成形，水质优良，空气清新，道路、通信畅达等优越的自然环境条件，创建生态农业园一定行!”通过向专家咨询，2013 年 4 月，汪发友毅然地创建了发友生态农业园。将合作社交给哥哥的女儿汪丹打理，他则专心经营生态园。他觉得，农业产业与生态相结合，能够充分发挥果蔬基地更大、更好的平台优势。

2016 年，以生态农业园为主要销售平台，汪发友与省外客商合作，在小箐龙山村农副产品交易市场共销售了桃、李、辣椒、延晚西红柿等产品 6 000 余吨，实现了农户总收入 1 200 万元。受益农户领取货款时心里乐开了花，双手竖起大拇指称赞汪发友，“行！你就是我们的致富带头人”。生态农业园也有 30 多名管理人员，汪发友按月给务工的村民发工资，解决了劳动力的就业难题。

“做一个有文化、懂技术、善经营、会管理的新型职业农民”，带领乡亲们共同致富，是汪发友多年坚守的信念。他不断努力学习果蔬种植技术、学习组织管理方法、学习农业法律法规；不但自己学习，还精心组织“合作社”“生态农业园”的种植户参加技术培训，并聘请了农广校高级农艺师、蔬菜站专家、土专家与自己一道手把手传授技术，带出了龙山村、天生桥村、杨和林等几十个果蔬种植大户。

天生桥村的种植户以前种植西红柿总把握不好技术，汪发友不厌其烦地给他们传授技术——培苗、上架、打花打枝、施肥。通过学习，他们的规模由几亩发展到十几亩，产量也大幅提升，收入大涨。汪发友谦虚地说：“学习是我生活和工作的第一件事情，时代的步伐快，容不得自己不学习，自己不懂的东西太多了”。SYB 创业培训、合作社建设培训、农业产业化培训、农村实用人才带头人培训等，都有他认真学习的身影。2016 年，他积极参加修文县农广校组织的生产经营型新型职业农民培育蔬菜园艺培训，同修文县蔬菜种植户共同商讨种植技术、品种选用、销售管理等知识，收获满满。

在组织管理方面，他心系成员，以服务百家、带动千家为服务目标，努力发展合作社和生态农业园果蔬产业，确保了“合作”创业兴业的成功，实现了“合作办社、合作兴园、共同致富”之梦。汪发友靠着团结合作、科学管理，提高了自身参与现代农业的技术和管理水平。

他多次被授予贵阳市诚信市民称号，所创合作社被贵阳市组织部、贵阳市农委授予“农产品质量安全诚信 A 级合作社”称号，同时被评为贵阳市农业产业化经营重点龙头企业。诸多荣誉更加增强了他的自信与力量。2017 年，仅辣椒一项，他又拿下了 1 500 亩的销售订单、种植订单，也就是辣椒生产与销售合作“双订单”。汪发友说，自己的人生定位就是当好职业农民，立足于“合作”发展农业产业项目，坚持可持续发展理念，把合作社、生态农业园做强、做大、做好，为更多的人提供就业机会，带动与促进农业经济的发展，为建设社会主义新农村建设“秀美修文”作出应有的贡献。

本篇撰稿人：汪发友

人物导读 李迎春，男，彝族，生于1975年10月，中共党员，大专文化，弥渡县牛街彝族乡荣华村委会大核桃箐村人，现任弥渡县大帅茶厂有限公司董事长。荣华村是弥渡县边远特困少数民族村，从小被灌输“想办法走出这穷山沟”的李迎春并不甘心在外扎根，而是返乡创业造福村民。他带头创办弥渡县大帅茶厂，加工生产“弥帅”系列绿茶、红茶110吨，2016年实现销售收入1 200万元、利润360万元。公司每年收购鲜茶叶550吨，带动农户750户，户均增收近3 000元。2009年，李迎春被县劳动局评为“创业之星”，成为了当地的创业兴业典型、致富带头人。

李迎春的四条路

——云南省/弥渡县/李迎春

李迎春曾是一名解放军，在部队屡获功勋，多次被授予“训练标兵”“四合教训员”“擒敌能手”等荣誉称号。

“1996年退伍，我发现自己并不能安心在外扎根，心里一直记挂着亲戚朋友，每次回到家我都觉得很心酸。我感觉到‘走出穷山沟’并不是我真正想要的，我希望亲人们都过得好。”李迎春回忆道，经过多番思考，他辞去了在外的工作，返乡自主创业。

专注深加工，送“家乡茶”走出去

1996年退伍回乡后，一面看着家乡几千亩绿油油的茶园，另一面则是茶农们不成规模、粗加工的绿茶在市场上销量不理想，家乡的亲人们难以摆脱贫困，李迎春心里很不是滋味。“弥渡县有着500多年种植茶叶历史，也有环境和资源优势，由于没有正规的生产、加工、宣传和销售渠道，茶叶的销量小，价格低，村民难以获利。”

李迎春有了创办茶厂的念头。荣华村委会地处牛街乡西南端，境内山高坡陡、箐深水冷，而弥渡县是大理白族自治州古树茶资源最多、古树茶最集中的地方。经过几番走访调查，2007 年 12 月，他带头创建了弥渡县大帅茶厂，在彝乡建起了集生产、加工、销售为一体的绿茶生产线。他引进绿茶生产设备，针对市场茶叶畅销的形势，加强大帅茶厂的茶园建设和管理。

李迎春认识到，仅在加工和包装上下功夫是不够的，要发展就必须苦练内功，办基地、创品牌，提升茶叶品质。他开始走“公司＋基地＋农户”的科技兴茶之路，重点打造古树茶拳头产品，挂牌保护古树茶资源 760 亩。2009 年，他大胆提出“弥帅”茶叶要振兴就必须创建自己的品牌，走品牌兴茶之路。为拥有自己的品牌，他聘请技术人员到云龙和普洱、南涧等地进行学习，创制了彝族“土家香茗”茶系列七种品牌。2010 年，李迎春投资 20 万元从景东和普洱引进无性系良种云康十号等品种，创办了茶树良种园，组织茶农到茶园无偿参加培训。

“必须建立基地，形成规模。公司与茶农签订产品定购合同，多管齐下培育基地，茶农把零散的茶园连成片；实行连锁经营，在弥渡、下关、昆明乃至全国等地兴办了 10 多个茶叶经营连锁店，把彝族土家香茗茶的七种品牌推向周边。”李迎春说。

领办合作社，培育产业富茶农

近年来，李迎春多次参加弥渡县农业农村部门组织的新型职业农民培训，别人的成功经验和市场需求告诉他，要走一条新型合作化的道路，带领全村共同致富。在牛街彝族乡政府的支持下，他带头将彝乡的茶叶种植大户组织起来，成立了牛街彝族乡茶叶专业合作社，实行“三统一”，即统一标准、统一品牌、统一包装，共打“弥帅”牌。茶叶的原料品质得到了充分保障，质量也迈上了新台阶。

2008 年 9 月，在县有关部门的支持下，他又召集全县有影响力的茶叶种植生产户成立了弥渡县迎春茶叶种植产销农民专业合作社，并担任理事长，进一步扩大合作的影响和范围，形成产业“合力”。为了持续发展，他积极参加弥渡县农业农村部门组织的新型职业农民培训，并组织社员到普洱、南涧等地外出考察学习先进技术和做法。合作社对所属范围的茶农进行帮扶，培训茶农达 1 100 多人。

目前，大帅茶厂茶叶生产基地已达 5 000 亩，联结农户 300 余户，扶持茶农无性系良种茶苗 100 万株，供应茶叶专用肥、有机肥 100 多吨，带动了基地农户生产茶叶的积极性，基地农户每年茶叶收入达到 3 000多元，最高达万元以上，激发了当地农民通过种茶来脱贫致富的积极性。

“5 500 多亩茶园年产干茶 40 多吨，产值已达 1 200 万元，入股农户也从开始的 8 户发展到了 20 多户。”李迎春说，如今，“弥帅”品牌已成为弥渡县茶叶的主导名牌产品，年产量达到 110 多吨。合作社的优质大叶茶种植基地 2 000 亩及 4 个茶叶单品也通过了中绿华夏有机食品认证，前景十分喜人。

走上生态路，热心公益馈村民

致富不忘乡邻。为了实现更好的生态效益和社会效益，改善荣华村委会大核桃箐村的居住环境，2013 年李迎春自筹资金 20 万元从大理、玉溪购进 15 000 棵观赏性樱花套栽到村边茶农 2 500 亩茶园中，着力打造“迎春樱花园”，并且投资 18 万元修通了村中连接茶园 6.8 公里的樱花观光通道公路，让茶园和乡村的面貌焕然一新。

他还发现，由于家乡地处偏僻，孩子们上学难。“十年树木，百年树人。只有好的学校环境、尊师重教的氛围，才能留住教师，学生才能接受更好的教育。”李迎春说。为使家乡的孩子们拥有良好的学习环境，2014 年 2 月，李迎春捐资 2 万元用于当地小学校园绿化，改善了孩子们的读书环境。

几年来，李迎春对茶产业的执著钻研，不但自己的公司获得了良好收益，也推动了全县茶产业的发展。2009 年，李迎春被县劳动局评为农村致富带头人“创业之星”，2013 年公司被评为州级重点龙头企业，2016 年“迎春茶叶种植产销农民专业合作社”被命名为国家级示范社。

本篇撰稿人：云南省大理白族自治州农广校　曹德贵

人物导读 现年24岁的苏伦，本是云南省建水县一名普通的生猪养殖户。自从2015年参加云南省现代青年农场主培育后，他大胆应用生猪养殖的新理念、新技术，凭着勤奋、智慧和胆识，不但自己走出了一条“养猪发家”的致富路子，还带动周边群众开展科技养殖，成为当地广为称赞的养殖致富明星。

养殖技术科学　模式更要科学

——云南省/建水县/苏伦

掌握养殖技术，门外汉终获成功

2010年，在父母的支持下，苏伦自筹了10万元钱开始发展生猪养殖。但由于养殖经验不足，生猪一旦突发疾病，他便感到无所适从，“那年生猪高热病袭卷自己的猪场，50头生猪发病死了三分之一，投的钱几乎都打水漂了。”

幸运的是，苏伦参加了建水县临安镇畜牧兽医站组织的生猪养殖技术培训班。临安镇畜牧兽医站定期发放《生猪标准化养殖》等教材和养猪科技明白纸，请来了县畜牧兽医专家给养殖户讲授健康养殖、高致病性猪蓝耳病防控、重大动物疫病的免疫程序等技术知识，苏伦第一次系统地掌握了生猪养殖技术，找到了生猪发病的原因。

第一次养猪失败的经历并没有击垮苏伦，反而更加坚定了他的决心。吸取经验，他第二次踏上养猪创业之路，这一次他更加上心。养猪又脏又累，夏天猪舍粪便臭气熏天，苍蝇铺天盖地，一般人见了都绕道而行，他却毫不顾忌，自己动手清理粪池、打药杀蝇、清洁卫生，场子内外保持得干干净净。养殖过程中遇到技术难题，他便查资料、找书籍，有时还要专门跑到更远的地方找专家咨询。

功夫不负有心人，他的生猪没有再发病、膘肥体壮，甚是喜人。但是，由于养殖品种全是本地杂交猪，很难进入大中城市的猪肉市场，价格被压得很低，虽然辛苦了一年，但基本没赚到钱。一心想致富的苏伦陷入了沉思，难道养猪致富这条路，走不通？

在州县专家的帮助和指导下，他对市场进行了细致的考察和深入的分析。原来，养猪市场前景是好的，之所以收入有限，原因在于猪品种差，养殖技术水平低，生长慢、出瘦肉率低，不被市场接受。要想改变这个现状，就必须改良品种，改进落后的设施和养殖模式，实行科学化、规模化的养殖。

2013 年，他一次性从昆明国家级优良种猪场引进纯种母猪 20 多头，原种公猪 1 头，产下的二元母猪进一步杂交。纯种猪对饲料、疫苗等要求非常高，培训老师深入猪场手把手地教他配制各种猪饲料，帮助他开展口蹄疫、猪瘟、蓝耳病等疫病免疫，通过一年多的养殖实践，苏伦积累了一定的良种猪饲养技术，终于迎来“收获”。所养的猪达到了二元杂交优势，不仅产仔率平均提高到了 12 头以上，而且生长速度快、酮体瘦肉率高，当年就销售肥猪 300 多头，纯利润 10 万元。

扩大良种繁育，汗水凝结出经验

有了收入，就有信心。苏伦和爱人商量，决定扩大规模，在原有的 10 个育肥圈基础上，再建 10 个母猪圈。精喂细养，小心观察，为了把种猪养好，提高配种率、保胎率和成活率，每当种猪产仔时，他就钻进产房里昼夜管护；遇到冬天严寒就加温，猪得了病就求教兽医，后来学会防疫就自己动手。总之，苏伦不知道有多少个不眠之夜是在猪的产房里度过的。

辛勤的汗水没有白流。在自繁、自养、自防养猪实践当中，苏伦不仅掌握了育肥的技能，而且在配种、保胎、繁育仔猪等方面都积累了经验。“母猪要保持适当的膘情，过肥了不保胎或产仔少，瘦了则出死胎或流产。产仔前 7 天用土霉素连喂 7 天可以保胎，产仔后口服链霉素，过一个小时后吃奶；同时，猪群养防结合起来，按时防疫注射，做好防疫灭病，定期消毒，讲究卫生，控制发病。”苏伦熟练地说道。在养猪过程中，他掌握了一整套的饲养管理和防疫灭病技术，产仔成活率不断提高，效益不断提高。由年产 20 窝，窝产 6～10 头，育成率 80%，提高到年产 25 窝，窝产 11～13 头，育成率达 95%以上。

2015 年苏伦参加了云南省现代青年农场主培训，培训后他的经营理念更进一步。他紧紧抓住生猪养殖的大好时机，在父母的支持下成立建水县腾丰畜牧养殖有限公司，占地 110 亩。经过多方考察，他一次性从广西引进陆川原种母猪 60 头，从昆明天佑、惠佳种猪场引进 LY 母猪 90 多头，长白、约克公猪各 1 头、杜洛克种公猪 4 头，实现了猪种良种化。接着改扩建猪场，母猪存栏达到 450 头，购进母猪产床 105 套，母猪限位栏 260 个，仔猪保育床 80 套；新建和改造肥猪圈 23 栋，每栋存栏 260 头，安装漏粪地板，自动喂料喂水、自动消毒、自动清粪装置，使猪场的喂料、饮水、清粪、消毒设施也实现了自动化。

发展循环农业，新模式造福乡邻

“培训开阔了我的眼界，不仅养殖技术设备要科学，养殖模式也要科学。”苏伦决定发展生态养殖、循环农业。他先后自费去全国各地学习生猪养殖技术，在养殖园附近承包了 60 亩土地发展种植业，种植金丝蜜枣，还在园内建起鱼塘，形成了一条特色的养殖链。他计划加大投资力度，引进高端的检疫、屠宰设备开设屠宰场，开办自己的肉店树立品牌，让老百姓都能吃上“绿色放心肉”。

如今，建水县腾丰畜牧养殖有限公司固定资产 329 万元，总资产 961 万元，2016 年收入 585 万元，存栏优质能繁母猪存栏 450 头，年出栏肥猪 4 000 多头，销售仔猪 4 500 多头，在云南省红河州成为首个自动化程度较高的养猪场。

品种是效益的根本，规模是效益的基础，管理是效益的关键，这是苏伦经过多年的养殖实践得出的体会。他把自己多年积累的经验，无偿传授给群众，对有养殖愿望的贫困户，他免费提供母猪、仔猪和养殖技术，帮助他们脱贫致富，带动本县、元阳、绿春、金平周边县 14 个村发展养猪业，并无偿为 142 户农户提供种母猪 280 头，为 25 户农户提供仔猪 150 头，并不定期登门为农户进行技术指导，鼓励他们实行科学饲养、直接带动 500 多户农户从事生猪养殖，每户年均养殖收入增加1 000元。

苏伦还积极回馈乡邻，支持村上的公益发展。捐助 2 万元支持村内学校教育事业，捐助 3 万元支持村内老年事业，成为建水县的创业兴业典型、致富带头人。“成绩属于过去，创新谋求发展，和谐诞生希望。”苏伦对未来充满了信心。

本篇撰稿人：云南省建水县农民科技教育培训中心　赵　旭

人物导读 杨海，男，汉族，云南屏边县玉屏镇人，现年44岁，中共党员，初中学历，补嘎村委会党总支书记。2011年，杨海开始试种猕猴桃，是屏边县玉屏镇补嘎村第一批试种农户。五年的经验使他建成了屏边有名的猕猴桃种植样板基地，成为了当地的“产业致富能手”。2016年4月，杨海被中共屏边县委评选为优秀共产党员。

他用猕猴桃圆了村民的小康梦

——云南省/屏边县/杨海

培训学技术，打造屏边“样板地”

“屏边县的自然条件得天独厚，空气清新、水源洁净、土地也无污染。”说起自己的家乡，杨海充满了深情。屏东县常年光照充足，年平均气温16.5℃，年均降雨量1 657毫米，土壤肥沃，微酸性沙质土占全县总面积的90%以上，非常适宜种植猕猴桃。

正是考虑到家乡的优势条件，2006年，杨海从四川苍溪县引进猕猴桃试种，成为众多试种农户中的一分子。在试验种植的第一年，由于不懂技术，他种植的猕猴桃苗几乎全部死亡。但杨海没有放弃，他总结经验教训，积极参加了屏边县农广校举办的猕猴桃种植技术培训，向猕猴桃专家请教学习，边干边摸索。

经过系统的培训，杨海掌握了猕猴桃栽培技术，第二年猕猴桃的成活率就达到了90%以上。功夫不负有心人，经过5年的努力，他的猕猴桃试种成功，并收到很好的经济效益，亩产值达4万～5万元。由于技术模式科学合理，他的猕猴桃地也成了屏边的“样板地”，为屏边猕猴桃种植提供了技术借鉴，也为屏边把“猕猴桃”产业确定为主导产业提供了有力的科学依据。

从一个“门外汉”，到猕猴桃种植能手，杨海说：“必须依靠科学，科学种植、科学管理，农广校培训班的专家给了我经验。”

无私传帮带，为农户提供经验

“屏边的猕猴桃是中国最南端的猕猴桃，成熟期比陕西、四川等产地要早熟 1～2 个月，品质也优于这些地区。”杨海自豪地说。由于猕猴桃品质好，市场价格也相对较高，他种植的 8 亩猕猴桃迎来丰收。平均卖价每千克 30 元，亩产值高达 5 万元。仅 2015 年、2016 年两年，杨海就收入了 70 万元。

周边村寨的农户听闻他种猕猴桃发了家，纷纷前来请教学习，县内外的学习考察团也蜂拥而至。杨海感到很开心，他毫无保留地传授给村民。屏边县农广校在新型职业农民培育的培训期间，多次把学员带到他的“样板地”现场观摩学习，并请他指导。

据统计，3 年来，杨海累计向周边农户传授猕猴桃种植技术 1 000 余人次，接待县内外考察团 30 余个，参观人员也达到了 1 500 余人次。他也成了远近闻名的“猕猴桃大王”。

领办“合作社”，村民共圆“致富梦”

如今，作为补嘎村党总支书记的杨海，不仅要带头创业，心里更装着“共同致富”的梦想。2015 年他通过流转土地，扩大猕猴桃种植面积达 300 亩，带动补嘎村农户发展猕猴桃种植 3 500 亩，使补嘎村成为屏边县猕猴桃种植面积最大的行政村。

2016 年，他率领村民成立了补嘎猕猴桃产业合作社，让村里种植猕猴桃的农户都加入到合作社来。他无私地向村民传授种植技术，指导科学种植，替大伙儿对接销路。合作社对产品实施“三统一”，即统一品牌、统一包装、统一销售。进一步提升产品的市场竞争力。

“下一步，合作社计划将种植面积由现在的 4 800 亩，扩大到 10 000 亩的规模，努力把猕猴桃产业培植成为村民脱贫致富奔小康的支柱产业。”杨海坚定地说。通过自己的刻苦学习和技术攻关，杨海为屏边县发展高原特色产业作出了积极探索，成为屏边县新型职业农民创业兴业的典型。

本篇撰稿人：云南省屏边县农广校　毛应清

人物导读 苏家成，重庆市江津区朱杨镇人。年轻时一心想要跳出“农门”的他，在深圳当上了“总工”后，重新返乡务农，创业搞起了泥鳅养殖。他爱学习、好钻研，给泥鳅装上“跑步机”，用野菊花养殖土鸡，用“工程师”的思维走出了一条循环农业、种养结合的生态道路。

“总工”返乡创业记

——重庆市/江津区/苏家成

三年前，他是深圳一家企业的总工程师；如今，他是江津朱杨镇一个山坳坳里的养殖户。曾经的老板打来电话，以 50 万元的年薪邀请他回深圳，却被他婉言谢绝。他就是重庆市江津县的泥鳅养殖大户，苏家成。

不当高薪“总工”，决心回乡务农

1996 年，大专机电专业毕业的苏家成离开家乡，来到深圳的某光盘设备制造企业打工。凭借着不懈的钻研，1999 年时他就成为了厂里的总工程师。“老板对技术人员非常看重。”苏家成介绍，当时公司的业务一度做到东南亚，自己在业内“小有名气”，年薪达到 30 多万元。

时间到了 2010 年，光盘制造设备行业的利润下降，苏家成开始考虑转行。2012 年一个偶然的机会，苏家成听说，在老家江津有片荒山地正对外出租，这让他动了回家做农业的念头。于是，2013 年春节回家时，他就以 500 元/亩的租金租下了江津区朱杨镇板桥社区九组的 20 多亩土地。苏家成决心扎根养殖，满怀希望和信心。

用“工程师思维”搞养殖，自创泥鳅喂养新模式

习惯了与机器打交道，乍一接触农业，苏家成还真觉得困难不少。然而，带着工程师的逻辑性、系统性思维，苏家成一路摸索、尝试，并

最终坚持了下来。

“以前的职业对我影响很深，也让我栽了大跟头。”苏家成介绍，第一年他打算养牛，所以种上了近 20 亩饲料作物，但牛犊还没买，他就有了其他想法——挖水塘养泥鳅。花费 20 万元，苏家成将土地挖成鱼塘，并以 28 元/斤的价格从四川购入 1 000 斤种苗。但因缺乏成熟技术，不久泥鳅全部死亡，一下子亏了 15 万元。

这让苏家成警觉，做农业项目不能心急。2014 年初，他将泥鳅品种改良，换成了台湾泥鳅，还专门请来技术员，从泥鳅育苗到饲喂学得仔仔细细。经过一番折腾，终于成功地掌握了泥鳅的人工孵化技术，将最初的 500 多尾种鳅，繁育到了 2 000 多尾。

但苏家成的泥鳅养出来却肉质不理想，他又不得不开动脑筋。他将鱼塘改建成阶梯形，增大泥鳅的活动量。他还发现，自家散养的土鸡常常偷食当地村民种植的菊花，下的土鸡蛋带着淡淡的清香，他决定用菊花喂养泥鳅，结果泥鳅的肉质也变得异常鲜嫩。此后，苏家成又开发了鸡蛋羹喂养、益生菌喂养等方式。2015 年 9 月，他的泥鳅开始上市，最高卖到了 20 元一斤，仅一批泥鳅就让他获利了 6 万多元。

开发“富硒”农产品，土鸡飞上电商台

最近，土鸡也被苏家成纳入了自己的“利润增长点”。他给 2 000 多只蛋鸡正式吃上了“营养料”。根据时令，苏家成向土鸡饲喂菊花、桑叶和金银花等中药材。其他养殖户的鸡发生疫情时，他这里却从未出现问题。一段时间下来，苏家成的农场形成了菊花、蛋鸡和泥鳅一体化的复合业态。

一年出产 2 万多斤泥鳅，日均出产 600 枚土鸡蛋，怎样销售出去?苏家成说，去年他和妻子跑遍了重庆主城、江津和永川等地的农贸市场，终于建立了常规销售渠道。但他并未就此止步。为提高附加值，他为泥鳅、鸡蛋申请了富硒认证，并为农场申请了商标，还通过朋友圈来扩大销路，为当地一家富硒产品的电商平台供货。

截至目前，苏家成在 20 多亩的土地上，实现了年收入近 30 万元。谈到下一步的打算，他计划以土地流转的形式带动周边农户扩大规模至 100 亩，并打通电商渠道。如今水泥路修通了，他还准备开办生态观光农家乐，以农旅融合的思路带动养殖和农产品的销售，苏家成对未来充满信心。

本篇撰稿人：重庆日报　王亚同

人物导读 雷媛媛，陕西省合阳县雨阳富硒农产品专业合作社理事长。2009 年，成立了开发安全优质特色农产品的农民专业合作社，现有成员 428 人，成员年人均收入比非成员高出 31.8%，同时带动周边农户 860 户以上，解决周边农村闲散劳动力 1 000 余人。雷媛媛还积极参加各类公益活动，帮扶贫困学生，开展农民培训，先后被评为“陕西省巾帼创业先锋”“渭南市最美女性”“渭南市巾帼建功标兵”“陕西供销十佳人物”“合阳县 2016 年首届最美职业农民”。

在黄土地上播种梦想的人

——陕西省/合阳县/雷媛媛

在陕西合阳，提起雷媛媛可以说家喻户晓。大家知道她是一名女企业家，却少有人知她作为陕西省首批高级职业农民的奋斗历程与感人事迹，她通过自己创业，“让产品走进千家万户，带动农民实现致富梦”!

勇于担当，为民谋福创新路

参加新型职业农民培育，不仅提高了雷媛媛的科技文化素质，更重要的是让她的思想观念和技术能力得到了极大的提升，精神境界已经发生了质的飞跃。她认识到，一个新型职业农民，必须能够紧密把握市场的需求，清醒地认识自己的优势与不足，发挥优势创业。经过反复的思考与调研，雷媛媛终于厘清了自己的创业思路。

如何让更多的人吃上放心安全的农产品，如何带动更多的农民增收致富，是雷媛媛头脑中反复思考并决心全身心投入的事情。为此，2009 年她牵头成立了开发安全优质特色农产品的农民专业合作社——合阳县雨阳富硒农产品专业合作社。

通过广泛的调查走访、实地考察，她认为合作社的产品必须立足于合阳独特的地理资源优势，必须通过提高农产品的附加值增加农民的收入。她了解到，谷子是我国最原始最古老的作物，合阳具有耕种谷子的悠久历史，且处于谷子的主产区，组织农民开发小米产品，具有很好的市场前景，能够实现让城乡居民吃上营养、放心农产品，又让广大农民增收致富的目的。因此，她最终选定将谷子作为重点开发的农产品。

大胆创新，优质服务聚民心

让产品走进千家万户，带领农民实现致富梦是雷媛媛创办合作社的目的。参加新型职业农民培育后，雷媛媛的经营思路更加清晰，她坚持诚信、优质、高效、配套、满意的服务宗旨，树立创业、创新、创牌的经营理念，不断提高服务质量和水平。合作社创新经营，坚持走产业化、规模化、标准化的现代农业发展路子，建立了“合作社＋专家大院＋生产基地＋销售网络”的经营机制和农资服务“六统一”、科技服务“六无偿”、农产品收购“六上门”的惠民利民服务机制。以优惠价为社员提供优质高效的复合肥和生物肥，免费喷硒溶液，提供科技信息、技术传授、技术培训、解难答疑等便民科技服务，以高于市场价10%～20%的价格收购成员富硒农产品，让农民成员年收入快速增长，深受广大成员的欢迎。

陕西

截至目前，合作社现有成员 428 人，注册资金 860 万元，投资1 000多万元新建的生产办公新厂即将投入使用，建成谷子种植基地5 000余亩；2016 年底综合收入 2 000 多万元，盈利近百万元，成员年人均收入比非成员高出 31.8%；同时带动周边农户 860 户以上，解决周边农村闲散劳动力 1 000 余人，亩增效益提高了 30%以上，有力地推动了当地经济和产业发展，受到广大成员与当地政府的赞誉。

打造品牌，提升质量闯市场

实施名牌战略，打造陕西名牌是雷媛媛参加职业农民培育后的又一重要思想收获。她始终把提高产品质量作为重要工作来抓，编制了质量管理手册和三层作业指导书，确立了质量方针，明确了质量目标，取得了质量管理体系认证证书，其重视产品质量的程度，是同类合作社中少有的。

加强了质量监督和追溯体系建设，使产品质量的合格率达100%。同时，建立了售后服务体系，及时答复处理消费者意见，使消费者满意度达到99.6%。合作社严格按照绿色食品标准组织生产，2015年取得了绿色食品证书，是合阳县为数不多的绿色产品企业。经过持之以恒的努力，好家米商标被评为陕西省著名商标，同时取得了产品包装设计专利；好家米牌富硒小米荣获后稷奖，2015年被陕西省政府评为陕西省名牌产品，并奖励10万元。

经过深入调研，合作社以开展电子商务为突破口，建立了雨阳电商销售平台，坚持线上和线下销售相结合，不断拓展销售渠道，努力提高产品的市场占有率。目前产品已销往全国20多个省（自治区）及300多个县（市），产品受到广大消费者的好评。已建立了网站和微信公众平台，并在淘宝网开设了官方旗舰店，配合省供销社在天猫网销售合作社的产品，与TPS跨境电子商务平台、北京拾贝分享公司等联合、协作，共同开发网上市场，收到了显著效果，网络销售占到产品总销售额的一半以上。

同时，积极参加政府举办的各种产品展销会、推介会、对接会等，利用一切机会不断提升产品的知名度。如今，好家米牌富硒小米已经走出陕西，远销北京、上海、深圳、兰州等城市的商场超市，成为代表合阳的特色名牌产品，并享有良好的口碑。

不忘初心，追求梦想无止境

几年来，雷媛媛带领雨阳人不仅践行“为食者谋健康，为耕者谋利益”的企业使命，还带头响应党和政府的号召，积极投身产业精准帮扶工作。2016年合作社经过摸底确定六个村120户468人为脱贫帮扶对象。对贫困户成员实行谷种补贴与免费喷硒政策，以低于市场价10%的优惠价供应优质农资，同时享受无偿培训、农资优惠价供应、农产品优惠价收购，无偿提供测土配方等方面的优惠政策。合作社以高于市场20%的价格收购贫困户生产的农产品，累计扶贫贴补资金20万元。

作为高级职业农民的雷媛媛，积极参与社会公益活动，先后给延安泥石流灾区、白家寨村、嘉德村、全兴寨村等自然灾害区捐款累计达50余万元，资助贫困学生30余名，向妇联、中小学、幼儿园捐赠数万元。每年投资15万元以上免费为合作社社员喷硒溶液和新品种谷种等，投资10万元聘请专家免费给群众农技培训达30余场次。2016年牵头成立了合洽爱心基金会，并带头捐款11万元。她先后被评为“陕西省巾帼创业先锋”“渭南市最美女性”“渭南市巾帼建功标兵”“陕西供销十佳人物”等。同时她担任合阳县女企业家协会会长、合阳县工商联执委、合阳县妇联副主席等职务。

本篇撰稿人：陕西省合阳县雨阳富硒农产品专业合作社　赵岳刚

人物导读 王宇祥，陕西省佳县祥盛农场主。2010 年，开始创业养殖土鸡，2012 年注册成立了佳县祥盛农场，并带动 6 村 30 个贫困户走上养殖脱贫路，2017 年佳州圣翔土鸡蛋被农业部认定为无公害农产品。2016 年王宇祥被陕西省农业厅授予“高级职业农民”称号，同年 9 月当选为县人大代表；2017 年被陕西省农业厅授予“陕西省优秀职业农民”称号，4 月被陕西省委省政府授予“陕西省劳动模范”称号。

养土鸡圆致富梦

——陕西省/佳县/王宇祥

跋涉是真诚的起点，拼搏是前进的号角，面对人生的曲折，她痛定思痛。面对生活的艰辛，她勇往直前。面对职业的选择，她满怀激情。她就是佳县祥盛农场主王宇祥。一个地地道道的陕北农村妇女，凭着满腔热情和执著信念，在养土鸡的道路上闯出了一片新天地，实现了养鸡致富创业梦。

艰苦创业，勇挑家庭重任

王宇祥的创业经历并非一帆风顺。20 岁的王宇祥怀着青春的梦想出嫁。然而，天有不测风云，26 岁那年寒冬王宇祥的丈夫因车祸离她而去，带走了她的笑容，留下 3 个孩子。王宇祥曾一度陷入困境，想了很多很多……这位平凡的母亲很快走出了阴霾，暗暗下定决心撑起这个家，创业的种子深深埋在了她的心底。

2005 年国家鼓励农民创业的精神如一块石头投入安静的乌龙河，打破了寂静的乌镇小山村，农村各类产业如雨后春笋般拔地而起，各项惠农政策如涓涓细流灌入她久旱的心田，创业的种子开始萌动。2007 年开始王宇祥尝试了通过给别人打工的方式来养猪、养羊，结果都不理想。2009 年夏季，很少出门的她到米脂、榆林、西安等地考察，大开眼界。2010 年春节刚过，她就开始建鸡场并从杨陵巨隆公司购买了1 000只罗曼粉雏鸡。她多次试验、总结的养土鸡配方——苜蓿、黄豆有机搭配派上用场，她如照顾自己的孩子一样从早到晚精心照顾着小鸡，土鸡蛋比普通鸡蛋价格稍微高一点出售，年底结算，刨去成本，不赚反亏，一家人唉声叹气，但她却没有灰心。

创业如一首歌，听起来很美，但实践起来却非常艰辛，很多困难是无法预料和想象的。她想继续扩大养殖规模，却遭到家人的坚决反对，没有人相信山里的苜蓿还能喂鸡，更没有人认可土鸡蛋的优势。

王宇祥一直坚定自己的选择，每年在苜蓿刚要开化的时候在山上砍一个月苜蓿，保证够一年吃。2011 年，她购买了 3 000 只罗曼粉雏鸡，和儿子一起开着三轮车穿梭在周边乡村，母子经过两个寒冬和酷夏的奔波，“先吃蛋后付钱”的真诚销售模式终于成功了。佳县、乌镇、榆林等许多超市都有她的土鸡蛋，王宇祥的脸上终于露出了笑容。

创建农场，扶危济困不忘本

民以食为天，食以安为先。食品安全已成为老百姓关心的热点，成为国家关注的大事。精明能干的王宇祥摸准了当前的消费需求，为保证人民群众吃到放心、安全的土鸡蛋，2012 年王宇祥注册了佳县祥盛农场。2014 年 9 月农场被佳县农业局认定为“佳县祥盛农场”。2015 年王宇祥和儿子从杨陵巨隆公司购买了 10 000 只种鸡，自己留养 6 000 只，其中 4 000 只喂养一个月后以成本价分给了 6 村 30 个贫困户，并且多次把鸡蛋无偿捐赠给贫困户和孤寡老人、山区小学。

走进王宇祥的鸡舍，里面干净敞亮，早晚都能听到优美的音乐，一排排的鸡像训练有素的士兵一样，6 000 只鸡的鸡舍闻不到特殊的粪味。原来她每天清理 1 次鸡粪，集中处理堆沤，把鸡粪追施到自己种植的黄豆、玉米田块，无公害的黄豆、玉米作为鸡饲料，形成资源利用的良性循环，实现种养结合多赢。从雏鸡品种选择、疫病防治、消毒、饲料配比等环节，王宇祥都要求规范科学，特别在饲料的配比上有独到之处——就是用炒熟的黄豆、玉米、谷糠、红枣、苜蓿按一定比例，有机搭配。独特的饲养方式增强了鸡的抗病能力，保障了安全、健康、美味的原生态鸡和土鸡蛋。

打响品牌，土鸡蛋变“金蛋蛋”

王宇祥仍不满足当前的成功，经过多次外出考察学习，认定家庭农场要健康持续发展，就必须要提高产品质量和扩大宣传。2016 年 3 月她注册了“佳州圣翔土鸡蛋”商标，2017 年佳州圣翔土鸡蛋被农业部认定为无公害农产品。王宇祥的创业事迹被当地传为佳话，榆林电视台、佳县电视台曾多次采访报道，佳县祥盛土鸡蛋很快在当地家喻户晓，成为人们餐桌上的“香饽饽”“金蛋蛋”。

新的一天开始了，王宇祥每天早晨喂完鸡后坚持跳绳 100 次，风雨无阻，周而复始。王宇祥的学习如跳绳一样，从未间断过，她多次参加了省农业高新科技成果博览会、妇女企业协会和职业农民培训学习。2015 年 4 月佳县祥盛农场被榆林市农业局授予“市级示范农场”，同年 12 月佳县祥盛农场被陕西省农业厅认定为“陕西省示范家庭农场”。2016 年王宇祥被陕西省农业厅授予“高级职业农民”称号，同年 9 月她当选为县人大代表，12 月农场被榆林市妇女联合会认定为“榆林市巾帼创业就业示范基地”；2017 年 1 月她被陕西省农业厅授予“陕西省优秀职业农民”称号，4 月被陕西省委省政府授予“陕西省劳动模范”称号。

面对众多荣誉，王宇祥的脚步并未停歇。她请来了沼气专家李发宝，研究用沼气雾化出来的沼液喂养鸡，提升鸡的营养成分，同时改善鸡场环境。在这位普通而不平凡的农家女的奋斗下，养鸡的明天一定会更美好。

本篇撰稿人：陕西省佳县坑镇区域农业技术推广站　穆贵孝

人物导读 赵永跃，陕西宁强县汉源生猪产业合作社党支部书记。2006年，赵永跃回乡创业发展生猪养殖，2009年成立宁强县汉源生猪产业合作社，目前已发展社员123户，年营销总额4 200万元，利润40万元以上，社员人均纯收入8 000元以上，户均增收2.4万元以上。2012年，他开始建设“畜-沼-肥-菜”循环经济现代化农业园区，2015年园区产值达2 800万元。

农民脱贫致富的“领头羊”

——陕西省/宁强县/赵永跃

在这儿可以倾听鸟儿唱歌；在这儿可以眺望青山绿野，欣赏茂密的枝叶随风荡漾；在这儿可以看到成百上千种树木。这儿是宁强县汉源街道办事处石墙院村，这儿出了一位高级职业农民赵永跃。

石墙院村距宁强县城10公里，山大沟深、树高林密，相对封闭的地理位置和得天独厚的自然生态优势为发展无公害绿色农业创造了绝佳条件。赵永跃在此修建起了蔬菜大棚，修建起了与连片养猪场圈舍相接的沼气发酵罐，修建起了加工有机肥的生产线，修建起了一个集“畜-沼-肥-菜”四位一体循环发展的现代农业园区，年产值达2 000万元以上。如今，他已经从一个地道的农村娃成长为农民脱贫致富的“领头羊”。

门外汉变成养猪能手

10年前，进入石墙院村只有一条乡村小路，遇到雨雪天气变得更加泥泞难行。沿道路、小河沟两侧只有稀疏的农田和平地，因日照时间相对较短，粮食产量普遍较低，大量的山坡地也实行了政策性退耕还林，本村大部分劳动力加入了外出务工的队伍。

当时，30岁的赵永跃已从事运输行业多年，已有一定经济基础的他，本可以全家搬迁至交通便利的县城附近，但对于家乡难以割舍的情怀，促使他发誓要带领村民发展经济。经过多方考察，他最终选择了生猪规模化养殖项目。

2006年，赵永跃投资60余万元新建成年出栏2 000头生猪规模养殖场，引进良种二元母猪80头。作为一个生猪养殖的“门外汉”，为了钻研良种猪饲养管理技术，他吃在猪场、住在猪场；为了掌握母猪繁育技术、提高仔猪成活率，他和妻子将床铺搬进了母猪产房，一住就是2个月；为了搞好疫病控制，他购买了大量养猪方面的书籍和杂志，经常向畜牧部门请教，并和其他规模养猪户进行经验交流。

经过2年多的埋头苦干，又恰逢2007年生猪价格暴涨的好时机，生猪养殖场为他带来了丰厚的回报。一时间，由赵永跃创办的养殖场成为了全县最大的规模化猪场，前来取经的农户络绎不绝。面对渴望增收的农户，他毫无保留地将自己生产经营和技术管理的经验倾囊相授，还经常上门帮助规模养殖户规划圈舍、指导生产实践。

如今他的养殖场已被省农业厅认定为“省级生猪标准化规模养殖示范场”。建场以来，已带动生猪适度规模养殖农户2 000余户。

合作社带领乡亲共同致富

随着宁强县生猪规模养殖户数量迅速增长，养猪户技术水平参差不齐，加之生猪市场价格周期性波动对生猪养殖效益影响巨大。如何采取有效的组织方式改善农户养猪观念、降低生猪养殖成本与市场风险、提高生猪出售价格，成为当时摆在规模养猪户面前的难题。

2009年，赵永跃联合当地6户养猪户发起成立“宁强县汉源生猪产业合作社”，当年便吸纳会员56户。合作社在生产经营中实行：“五统一”的运作方式：统一养殖标准和技术规范、统一供应种猪及仔猪、统一供应饲料、统一防疫、统一商品猪销售。

目前，该社已发展社员123户，年生产及销售生猪2.57万头，商品仔猪8 000头，统一购置饲料1 300余吨，在兽药及其他养猪设施设备上花费100万元以上，年营销总额4 200万元，利润40万元以上，社员人均纯收入8 000元以上，户均增收2.4万元以上，每年培训农户500余人次，年带动发展50户以上农户从事生猪适度规模养殖。

自己富了，身为产业合作社党支部书记的赵永跃没有忘记周边邻里的乡亲。为了帮助周边乡亲们一起富起来，他给乡亲赊销种猪；没技术的，他还无偿上门给指导；等到生猪出栏缺销路的，他又以最低保护价回收商品猪。仅去年他就给周边 18 户贫困户赊销种猪 430 余头，指导更是随叫随到。赵永跃说，“我也是从苦日子里一步步走过来的，希望通过我的努力，让更多的乡亲富起来。”

种养循环打造绿色品牌

随着养殖场规模扩大，以及周边适度规模养猪户数量增长，规模养殖污染问题显得尤为突出，采取有效措施处理畜禽粪污迫在眉睫。2011—2012 年，他通过多方努力，成功争取到省级农业财政资金大型沼气工程及万吨有机肥加工生产线项目。通过项目实施，有效解决了自身及周边 30 余户规模养殖户养殖污染问题。其中，年沼气发电 8.6 万千瓦时、年产生物有机肥 5 000 吨以上。

畜禽粪污的处理与资源化利用是全国性的难题，粪污经沼气发酵后依然存在沼液排放难的问题。发展种养结合、通过土地消纳，是从根本上解决畜禽污染的最佳途径。他自 2012 年开始规划发展“畜-沼-肥-菜”循环经济现代化农业园区。截至目前，园区占地 800 余亩，年出栏生猪 5 000 余头，年产销各类蔬果 1 500 余吨，2015 年产值达 2 800 万元。园区建设既解决了畜禽污染，又实现了蔬菜的绿色无公害种植与生产，还解决了大量的农村剩余劳动力就业问题。

作为山里的“立体绿色农业”，赵永跃在生产过程中，实现零排放、零污染。2017 年 3 月初，他又筹资 600 万元栽植了 600 亩红心、黄心猕猴桃和大樱桃，新建 1 个阳光育苗房。目前，他又投放 350 头母猪，发誓要把立体绿色农业干到底。他说，“虽然这样成本较高，但保护好一方水土是我应尽的职责，我有信心把绿色无公害蔬菜、水果的品牌打出来。”

展望未来，赵永跃踌躇满志，宁强县汉源生猪产业合作社将以“畜-沼-肥-菜”循环经济为重点，遵循“绿色、生态、健康”发展理念，通过加大投入，科学规划、合理布局，完善基础设施建设，开发具有务农型、采摘型、品尝型、观赏型、体验型为主的特色休闲观光示范园，为农业发展、农民增收、农村富裕贡献力量。

本篇撰稿人：陕西省三秦都市报社　李永利

人物导读 田珍，陕西省平利县田珍茶业有限责任公司董事长，安康市职业农民协会常务副会长。2002 年与丈夫开始务茶创业，2016 年公司年销售收入达到 3 650 万元，直接带动农户 1 231 户，实现户均增收 10 200 元，帮扶建档立卡贫困户 392 人，人均增收 3 237.24元。先后被评为陕西省劳动模范，陕西省第十二次党代会代表，共青团陕西省委候补委员，第十二次妇代会执委，安康市第二、三、四届人大代表，县巾帼脱贫先进个人。

茶乡里飞出“茶凤凰”

——陕西省/平利县/田珍

提起陕西平利，人们首先想到的是女娲故里、名茶之乡、绞股蓝原产地。田珍自幼置身绮丽茶海，接受浓郁茶香的熏陶，对茶有着难以割舍的情怀。由于她对茶农这份职业的崇拜和对家乡人民共同富裕的不懈追求，乡亲们亲切地称她为“茶凤凰”。

茶香助力创业梦

作为秦巴山区的农业县，国家重要的水源涵养地，长期抱着生态资源的“金饭碗”，却受种种瓶颈制约而难以摆脱贫困。16 年前，23 岁的田珍和周边千千万万农民一样，山上几窝玉米，山下几块稻田，院内几间瓦房，院后养两头猪。田珍虽有几多茶愫，无奈机遇难求，家庭日子过得艰辛、清淡。几多思量，田珍兴业致富的梦想何时能以实现？

机会终于来临。2002 年，平利县委、县政府提出“生态立县”战略，实施茶产业率先突破发展，大力扶持农民兴茶致富。这一年，平利茶业风生水起、一批批种茶大户声名鹊起。也就在这一年，刚刚与茶乡有志青年胡学华结为伉俪的田珍，怀揣致富梦想，开始了她的茶经之旅。

铆足了劲准备务茶兴业的田珍，起步就遇到“地从何来”的难题。自己仅有3亩地，何以兴业？要实现创业梦想，一定要有大一点规模的茶园。她思量着怎样才能从农户中流转到土地。本村属镇政府所在地，人多地少，她把目光聚焦到3公里外的梁桥村，那里土地条件宜于种茶，但世代以种粮为生，舍不得把“吃饭”的粮田变成茶园，更不敢把增收希望寄托在一个弱女子身上。

田珍毫不气馁，苦口婆心地与干部群众讲茶叶发展前景、算对比账，并以年每亩325千克稻谷市场准价收购、吸纳劳动力到公司务工为承诺，终于从24户村民手中流转水田32亩，签订了20年的流转合同。由此开启了兴业创业的历程。

16年来，田珍以自己的勤劳、诚信、执著与聪慧，一心一意务茶兴业，先后通过合作联营、订单经营等方式流转土地2 300亩，建立茶叶标准化生产基地、茶叶加工厂和清洁化生产线，从当年为几千元钱发愁的小茶农发展到拥有自己控股的经营公司，从一个普通农民成长为有尊严的职业农民、农民企业家，从一名普普通通的农家媳妇成长为远近闻名的“茶凤凰”。

培训扬起兴业帆

说起田珍的创业路、兴业史，乡亲们都会竖起大拇指：“这个女娃不简单!”但其中的艰辛不易和酸甜苦辣，也许只有她自己知道。

创业之初，为了节约成本，她和丈夫胡学华每天骑自行车到数公里之外的茶园干活，骑摩托车拎布袋跑几十公里收购鲜叶原料。为了提高茶叶加工能力和茶叶品质，在银行“无质押不放贷”的情况下，到处向亲朋举债，引进加工设备建加工厂。夫妻俩初入茶行时，不懂技术，便多次到兄弟市、县学习，聘请专家到茶场传经送宝，并将学来的茶叶种植、制作技术与自己潜心研究的成果相结合，不断攻克技术难关，申报自己的科研成果。公司生产的“一品香”“女娲银峰”名茶和绞股蓝因品质优异备受各地客商青睐，供不应求。1千克春茶竟卖到了1 200元，创下了“一斤春茶千斤谷”的奇迹，每亩茶园实现利润达2万余元，更坚定了她务茶兴业的信念。

时至今日，田珍不愿谈自己创业兴业的艰辛，但对夫妇俩潜心学技术、学管理的经历记忆犹新。她曾骄傲地说：“我们夫妻俩都是职业农民”。的确如此，田珍夫妻从2012年开始，先后参加了县、市、省组织开展的职业农民培训，接受相关部门和技术单位上提供的帮扶指导。他俩真正成为了懂技术、善经营、会管理的职业农民，真正扬起了兴业致富之帆。

“种茶不懂，就找田总”“机械不懂，就找胡总”。这是乡亲们对他们夫妇被聘为茶叶产业指导教师的肯定，也是乡亲们渴望致富的一种实实在在的依赖。在2015年陕西省新型职业农民技能竞赛中，胡学华获得果桑茶园艺工一等奖。在2016年安康市职业农民协会成立大会中，田珍当选为常务副会长。如今的田会长，正忙碌着职业农民协会富硒农产品交易中心建设，正忙碌着平利乃至安康陕西茶叶产业的发展。爱人胡学华每年用近三分之一的时间，去重点产茶镇、村、农户中从事技术指导和茶机维修服务。

田珍夫妇，运用所学知识，把握市场需求，扩大经营规模，调整产业结构，提升企业管理水平，取得了显著成效。2016年，田珍茶业公司采取土地流转新增土地规模650亩；围绕产品结构调整，改扩建茶叶加工厂4 500平方米；引进建成绿茶、红茶、黑茶、白茶和绞股蓝清洁化生产线各一条，茶叶加工能力由原来的300吨提高到500吨。公司研制的女娲银峰、女娲红茶曾多次在名优评比中获得金奖，先后取得了QS食品安全生产许可证、质量管理体系认证和有机食品认证。2016年底，公司总资产达到3 590万元，其中固定资产达到2 105万元，年销售收入达到3 650万元，利润达到560万元。企业先后被认定为安康市农业产业化重点龙头企业，被授予“全国巾帼建功先进集体”、陕西省“十佳茶企”称号，2016年被认定为省级现代农业园区。

真情共筑致富梦

一个年方不惑的女人，以一颗农家子弟的“匠心”，以三亩水田起家，靠科学务茶兴起了一份产业，走上了创业致富的康庄大道。但她认为“一家富了不算富，只有大家富了才算富”。作为连续三届的市人大代表，她说“当代表就是要作出样子，带领群众脱贫致富”。她现在经常想的不仅仅是如何把自己的公司经营好，更多的是如何带领村民共同致富——这是一种沉甸甸的社会责任。

近年来，田珍茶叶公司采取流转农户土地、吸收就业、合作联营、订单经营和领办农民合作社的方式，直接带动农户 1 231 户，实现户均增收 10 200 元，人均增收 2 550 元。特别是从 2016 年开始，公司积极参与脱贫攻坚，采取流转租赁、劳务用工、股份合作、订单经营和资金兜底等方式，在本镇中原、梁桥、千佛洞、金沙河等村直接帮扶建档立卡贫困户 131 户 392 人，投入资金 126.9 万元，实施茶产业带动脱贫，使所帮扶对象户均增收 9 687 元，人均增收 3 237.24 元，达到当年脱贫标准。2017 年公司获长安镇党委、政府授予的“扶贫之星”称号；法人代表田珍被县扶贫局、妇联评为巾帼脱贫先进个人。

扶贫路上有真情。小康路上更要有真情。如今的“茶凤凰”又孕育了更大的梦想：紧随国家“一带一路”步伐，做大做强富硒茶产业，不仅让村民以茶脱贫、以茶致富，更要让安康富硒茶走出国门，共筑茶叶致富梦。

本篇撰稿人：陕西省平利县农林科技局　习明晶

人物导读 张鹏炜，毕业于西北政法大学法律专业，2014年开始创建绿韵现代农业科技示范基地，帮扶带动产业面积3 000多亩，在区域内建成职业农民蔬菜培训基地、乾县农业科技培训基地、乾县职业农民蔬菜专业协会，培养了100多名职业农民和农业科技带头人。同时，还建立了残疾人就业扶贫基地。解决农村剩余劳动力就业200多人，其中精准脱贫户就业达到53人。2014年、2015年被西安市莲湖区人民政府评为“残疾人扶贫事业先进个人”，2016年被评为省级优秀职业农民。

跨界搞农业 创出新境界

——陕西省/乾县/张鹏炜

张鹏炜曾从事五年的律师工作，后又投身于高压电器生产行业。基于对乡土的依恋和农家情怀，他毅然放弃了令人艳羡的工作，回到家乡，为乡亲们、为他深爱的热土，闯出了一条致富道路。

回乡种田，义无反顾

五年的律师工作，八年的创业经历让张鹏炜明白，农业要发展，必须改变传统的经营模式，要科学种植、理性种植。回到家乡后，他先后经过5年多的调研，走访了全国很多现代农业园区，也总结了很多先进的种植经验，多方面的考察、调研让他觉得，自己离一个农业内行人还很远。

2014年，张鹏炜毅然加入了农广校的新型职业农民培育队伍，以学生的心态和要求不断充实自己。经过专业培训和不断的学习，他的思想观念和技术能力等得到了不断提升，他深深感到党对农业科学发展的重视，对广大农民群众的关怀和爱护，从而下定了创业兴业的决心。

这一年，他拿出自己的全部积蓄，承包下了近千亩的土地。对于他的决定，家人和亲戚朋友都认为风险太大，有的甚至极力劝阻。张鹏炜却下定决心。2014 年 5 月，他开始创建绿韵现代农业科技示范基地，示范基地位于乾县大杨镇大杨村，距县城 8 公里，交通便利，水源充足，地势平坦，适宜从事蔬菜、水果及其他农产品生产、加工。

与时俱进，科学种植

在他的辛勤劳作和科学管理下，第一年生产就获得了大丰收，他取得了创业的初步成功，取得了产值 500 多万元，净收入 200 多万元的成绩。第一年有了盈利之后，张鹏炜并没有被这个小小的胜利冲昏头脑，创新成了他考虑的首要问题。张鹏炜清醒地认识到，市场时刻在变化，苦干不如巧干，在实践中必须做到人无我有，人有我新。

为此，张鹏炜不断学习科学种植管理知识。他订阅了有关农业生产的书籍及报刊，闲暇之时反复学习。另外，在县农广校的大力支持和指导下，绿韵现代农业科技示范基地已经成为集“绿化苗木、设施蔬菜、有机水果、畜牧养殖、休闲观光”为一体的生态农业示范基地，现拥有耕种面积 1 258 亩，帮扶带动产业面积 3 000 多亩，核心区规划设计“苗木花卉、设施蔬菜、设施果业、养殖、农业休闲观光”五大农业板块，把生态农业、有机产品作为基地建设的终极目标，把引领百姓科学种植、振兴经济作为重要任务。

绿韵现代农业科技示范基地自创立以来，坚持科学化种植、规模化生产、品牌化经营，合作社以服务社员为宗旨，总体发展势头良好。2016 年注册了“绿韵果蔬”商标，开展了“无公害”产品认证工作，推进了农产品追溯系统的建设，同时获得了咸阳市“现代农业园区”认定，获得了陕西省职业农民实训基地认定。

创业成功，不忘乡梓

张鹏炜的成功并非偶然，不仅因为他敢想敢做，更因为他对农业有一种发自内心的热爱和“达济天下”的情怀。他积极与农广校合作，在区域内建成职业农民蔬菜培训基地、乾县农业科技培训基地、乾县职业农民蔬菜专业协会，培养了 100 多名职业农民和农业科技带头人。同时，他还建立了残疾人就业扶贫基地，为残疾人就业提供了平台。他解决农村剩余劳动力就业200多人，其中精准脱贫户就业达到53人。

张鹏炜的成功，除了他个人的努力之外，还离不开专业的指导队伍。如果没有专家的跟踪培训和长期指导，他在创业之路上也许会经历更多坎坷。正如他自己所言："与其给我创业资金，不如给我一支专业的科技指导团队，只要有专家在，只要有科技扶持，我创业肯定能成功。"

创业不易，要想在投资回报周期较长的农业领域内实现成功创业更是难上加难。乾县农广校的新型职业农民培训为张鹏炜打开了致富的大门，让他越走越远，这不得不说是培训所起到的良好效果。课堂授课结束，课下培训不结束，后续服务不结束，师生关系不结束，这样的培训为像张鹏炜这样的创业者增加了更多的成功筹码。

张鹏炜的绿韵现代农业科技示范基地虽然刚刚开始，但他把引领百姓、科技兴农、振兴经济、共同致富作为发展理念，在当地竖起了一面旗帜，成了农民科学种植的榜样，带动和培训了不少农民兴业致富，受到广大农民群众的好评。

本篇撰稿人：陕西省乾县农广校　巨荣国　芮　敏

人物导读 李小锋，1968 年出生，延安绿谷田园食品有限责任公司董事长。1997 年下岗创业，2004 年成立了富县绿园果业专业合作社和延安绿谷田园食品有限公司，带动了 600 多农民脱贫致富，多次为下岗职工、社会待业人士提供再就业岗位，资助 6 名富县大学生。2014 年获得实用新型发酵箱发明专利证书，2016 年被评为延安市优秀农村科普带头人，2017 年获省农业厅“优秀职业农民”称号。

耕耘在希望的沃土上

——陕西省/延安市/李小锋

宝剑锋从磨砺出，梅花香自苦寒来。1997 年 6 月，李小锋下岗了，这一年，他 29 岁。像所有下岗工人一样，为了生计李小锋瞅着一切能赚钱的机会。他开过零售商店，干过餐饮，经营过果园……可都赔得血本无归。经过 7 年的磨炼，李小锋成功了，如今是延安绿谷田园食品有限责任公司的董事长，拥有一座储量为 2 500 多吨的保鲜储藏冷库，一座占地面积 4 000 多平方米的集办公、加工一体的经营场所，一块3 000 多亩的杂粮种植基地，1 000 多亩的水稻经营权。他带动致富的群众有 600 多人，是群众口碑中的“传奇人物”。那么，他是如何一步步走到现在的?

驽马十驾，功在不舍

李小锋没躲过“下岗潮”，面对一次又一次的转型失败并未退缩，他凭着一股劲，摸爬滚打 7 年，把目光瞄准了富县过大年家家都吃的黄米油糕。亲戚朋友们都劝他，这过年才吃的东西平常哪卖得出去，李小锋却犯起了拗劲：“只要有人卖就有人吃，平常不吃只是功夫没到。”

李小锋知道“吃食”口味是第一位的。他走访乡间拜名师学手艺，了解油糕的不同做法，集众家之长，改进工艺，完善加工过程。经过几十次的试验，他终于找到了自己满意的口味和制作方法。然后，和妻子二人用自家小院的两间房做了加工间，买了简单的设备，开始了小作坊加工。

第一批成品产出后，李小锋激动得一夜未睡。可好景不长，在第一批产品卖出不久，有客户投诉说油糕霉变胀袋，吃着发酸。这可吓坏了李小锋，他提着新鲜的油糕赶紧上门道歉、换货。拿着坏掉的油糕，李小锋郁闷着，步步按着生产工艺来，怎么会坏呢?

几天后，他和陕西省农产品研究院食品教授取得了联系，三下杨凌，终于找到了原因：油糕生产工艺简单，虽然是真空包装，但是没有杀菌设备，造成了霉变胀袋、产品变质。

这件事对李小锋来说是一次深刻的教训。高中毕业的他认识到，无论干什么事，都要相信科学、依靠科学。在延安市食品检验所的指导下，制定了企业标准和食品保质期，重新租赁场地建立了食品加工厂，更新了设备，扩大加工规模，销量也逐年增长。2004 年 9 月，他注册成立了富县绿园果业专业合作社，并成立了延安绿谷田园食品有限责任公司，公司注册资金达 500 万元。

勤于学习，增长“底气”

李小锋坚信金石可镂，他更坚信想要走得更远，就得不断“充电”。2014 年，他参加了延安市中级新型职业农民培训，经过两年学习，于 2016 年被市新型职业农民培育工作领导小组办公室认定为中级职业农民。2017 年初，又获省农业厅“优秀职业农民”称号。

“咱是农民的儿子，文化程度不高，所以只要有新型职业农民培育的学习机会，一个都不放过，用知识武装自己这话啥时候都不过时，咱也是从穷日子过来的人，所以回过头拉别人一把也是我现在和以后一直要做的事。”几句朴实的话道出了这个憨厚的陕北汉子不“朴实”的想法。

学成归来的李小锋更加有了“底气”和敢想就敢干的拼劲。在做油糕生意的同时也看到其他农产品的商机，于是他经过百般努力，多次在外参观学习，在自己的家乡富县交道镇建立了库量达 2 500 多吨的现代化自控冷库，以苹果收购、保鲜、储藏、外销为一体。在富县东站斜对面新建占地面积 4 000 多平方米、以农产品油糕、直罗贡米、杂粮生产加工、销售一体化的工厂。

敢拼、敢闯、好学，为李小锋带来了更多的成功。2016 年实现销售收入达 3 077 万元，利税 331 万元，总资产 3 234 万元。而成功后的李小锋还有一个想法，那就是带动大家一起致富。

回馈乡亲，达济天下

李小锋是个土生土长的富县人，他热爱这片土地，回报父老乡亲的厚爱一直是他的愿望，他也深知自己的成功离不开当地人民对他的帮助和关怀。

生意好了之后，李小锋便想着去帮助别人，直罗镇真庄村的刘志成说："我现在的日子过得这么好，那都离不开小锋，以前的日子不敢想，全家人的生活都指望着我，有时吃了上顿都没下顿。"刘志成打心眼里感激这个厚道人。他是村里有名的贫困户，这样的日子一直到 2014 年遇到李小锋才有了好转。

刘志成 2014 年加入李小锋的"百合水稻专业合作社"，李小锋起初建议他将家里的 2 亩玉米地改造成稻田，刘志成犹豫了，说种水稻比种玉米费时费力，还担心销售问题，李小锋便给他吃了个"定心丸"，他告诉刘志成，技术、物资他免费提供，完了合作社以高出市场价收购稻米。有了李小锋的"定心丸"，第一年，刘志成改水稻田 2 亩，到第三年，已改了 8 亩。每亩水稻的收成是玉米的 3 倍还多。农活闲暇时，他就在李小锋的公司打工。李小锋的"定心丸"也让刘志成的生活发生了很大变化，2015 年，家里盖了新房子，去年又买了一辆农用拖拉机。

说起李小锋，交道镇白家村的白智龙也有说不完的感激话："我现在的日子过得这么好，至少一半的功劳是李小锋的。"白智龙在遇到李小锋之前，日子过得经常捉襟见肘。李小锋主动去找白智龙，让他在交道镇自己的苹果储存冷库跟着一起干，这时储藏库的效益已经见效了，白智龙一开始还满脸的不信任，在李小锋几次上门后，白智龙也只是抱着试一试的态度跟着李小锋干。可这一试就是 4 年。现在，白智龙家里原来的破瓦房换成了现在宽敞明亮的平板房，出门代步是小轿车。原来李小锋在主动帮扶白智龙前，就已经替他想好了脱贫路子。白智龙到李小锋那打工不久，李小锋就从冷库的效益说服白智龙承包果园。白智龙一口气承包了7亩苹果园，加上李小锋的指导，3年后果园开始盈利。现在，白智龙每年的收入都不低于10万元。

在李小峰帮扶的贫困户中，他都亲自为他们“量身定做”脱贫措施，还专门建立了一次可以容纳100人的投影、音响及电脑设备齐全的培训教室，年培训量达1 000余人次。

创业二十余年，经过人生的坎坎坷坷，到现在成长为企业带头人，李小锋是成功的。未来，他将以更加饱满的热情，带动更多农民，不断向前，辛勤耕耘在富县这片沃土上。

本篇撰稿人：陕西省富县县委通讯组　杨淑瑞

人物导读 高祥太，男，汉族，生于1965年3月，中共党员，大专文化程度，静宁县仁大乡深沟村人，静宁县格瑞苹果专业合作社副理事长、党支部书记。作为一名地地道道的普通农民，在从事农业生产的30多年间，他耐心解答、细致讲解，传播果树种植的科学经验，在静宁这块充满生机的土地上，迈出了朴实而华丽的步伐。

“土专家”让苹果事业更甜了

——甘肃省/静宁县/高祥太

他是一名普通的农业生产者，还是一名合作社带头人，更是一名活跃在农民兄弟中的“乡土培训专家”。他坚持做“新型职业农民”，凭借自己在生产中的实践经验和在农广校学到的专业理论，带领周边村社广大群众发展果品种植业，不断改善生产生活条件，在四方乡邻中获得了赞誉。

用心传帮带，静宁果业茁壮起来

每到农闲时节或乡邻团聚时，总能看到他忙碌的身影。为了提高大伙的种植技能和管理水平，高祥太“见缝插针”地安排课程，为大家宣传讲解。

2007年，高祥太担任格瑞苹果专业合作社党支部书记以来，他带领合作社社员有计划地到静宁县果品种植专业村社学习，组织果农参加苹果生产和管理技术培训，还自备果树修剪工具和物资，亲自到果园里示范讲解，手把手地把自己掌握的修剪技术无私地传授给果农。依靠他丰富的理论功底、扎实的实践经验，吸引和带动了很多果农加入合作社。经济效益与日俱增。

高祥太坚持走“支部＋基地＋农户”的合作发展之路。多年来，他不断规范办社的原则，确立“依靠政策、依靠社员”“标准化、品牌化”的发展理念，在发展社员、注册商标、建立网站、创办会刊、技术培训、观摩交流、基地建设、有机认证、出国考察、“农超对接”、展会宣传、品牌推广、包装设计、专营门店、分红返利等方面做了大量工作。

“2007 年以来，我们先后邀请国内外专家举办过上百人的技术培训会 12 场，把最实用的苹果增收技术传授给了静宁果农”，高祥太介绍道。2009—2010 年，他分别组织农民参观团先后到北京、运城、烟台、杨凌参观学习，把最新的种植理念传递给了他们。高祥太还组织富裕起来的一批果农到泰国、日本以及我国台湾、香港观光旅游、考察市场，激励他们走出去，勇敢地开拓市场。

在他的带领下，合作社建成了在全国都有影响的有机苹果生产示范园，每年吸引省内外专家学者、合作社负责人、果农考察交流，使静宁的苹果产业闻名各个果区。高祥太注重培养苹果产业的乡土技术人员，在他的精心组织和带动下，一批富有实践经验的“田秀才”，在静宁果业技术进步中发挥了重要作用。

精心谋发展，静宁苹果走出国门

2007 年，高祥太借鉴省内外果展启示，在县内连续举办了 5 届“葫芦河”杯静宁苹果赛果会，通过国内主流媒体宣传报道，静宁苹果彻底“红了”。为了合作社生产最优质、最安全的有机农产品，他杜绝福美砷等各类违禁农药，积极实践有机栽培技术；坚持不用“水泥纸箱”，合作社的专用包装开始深入人心。

2008 年，高祥太组织合作社的党员和果农，把静宁苹果带到四川灾区，带到人民大会堂，带到日本、泰国，带到中国台湾、香港等地。上至两国总理、下到普通百姓，都品尝到了静宁苹果的甘甜。

格瑞合作社的工作成效得到了各级领导的肯定和支持，农业部、省市县领导先后莅临合作社视察指导工作，并授予格瑞合作社农业部“全国示范合作社”，中华全国供销合作总社“农民专业合作社示范社”，中国科学技术协会、财政部“科普惠农兴村先进单位”，甘肃省农牧厅“全省百强农民专业合作社”“全省农民合作社示范社”，甘肃省供销合作社“十佳专业合作社”，甘肃省工商局“甘肃省先进私营企业”，市委、市政府“科普惠农先进单位”，县委、县政府“服务果业先进单位”。

2011年12月，“静宁苹果”荣获全国农民专业合作社标准化农产品品牌，是甘肃省唯一获奖品牌，也是全国苹果类中唯一获奖品牌。温家宝总理给格瑞合作社12位社员的来信上亲笔作出批示，寄望静宁果农“连年增产增收，日子越过越好!”

潜心搞“教学”，为让果农笑开颜

高祥太从事农业生产和田间技术指导培训的同时，积极参加各类业务学习，不断丰富和提高自身技术素养。2008年，他参加杨凌职业技术学院生物工程系植物营养与保护培训班学习；2011年，参加农广校阳光工程苹果生产工技术培训；2012年，报读中央农广校农村经济管理专业学习；2014年，参加新型职业农民培训学习……

正是这些丰富的学习经历，让他具备了新型职业农民的素质，也让他始终在静宁这块土地上抓生产技术，开拓进取。

2011年，高祥太经过乡镇推荐和群众考评，先后被静宁县农广校、平凉市农广校特聘为兼职教师，成为一名活跃在陇东大地上的“土专家”。通过他在农广校兼职教师生涯，结合他自己在农村实际的实践经历，他感受到自己身上沉甸甸的责任和义务。他不计报酬高低，不顾路途远近，不管风霜雪雨，先后在静宁县7县区、通渭、天水、秦安、隆德等地参与果品生产的技术培训。

一分耕耘，一分收获。一分执著，一分回报。30多年农业生产的辛勤付出，换来了广大果农的喜爱和社会的认可。2010年，高祥太获得“杨凌示范区农民技术员”专业称号、中华全国供销合作总社职业技能鉴定中心“农产品经纪人”称号；这些专业领域的认可，激励着他不断积极奉献。2012年，凭借在全市农民教育培训工作中的突出成绩，平凉市农牧局授予他“教学能手”荣誉称号。

荣誉和名利不是奉献的目的。作为一名新型的职业农民，高祥太深深懂得，他是广大农民群体里最普通的一员，只有植根于农村，植根于静宁这块大地，才会让自己的人生谱写最华丽的篇章。

本篇撰稿人：甘肃省农广校静宁县分校　杨巧英　张宁洁

人物导读 郭万福，男，35 岁，凉州区清源镇曾家堡村六组农民，凉州区丰硕养殖农民专业合作社负责人，凉州区生产经营型职业农民。身为 80 后的他，苦学养殖技术、大胆创新模式，扎根肉牛养殖，靠着好学、肯干的精神，蹚出了一条“从无到有、由弱到强”的专业合作化发展道路。

阳光总在风雨后

——甘肃省/凉州区/郭万福

生长在凉州区清源镇曾家堡村的郭万福，是一个地地道道的农家子弟，祖祖辈辈以务农为生。1997 年中学毕业后，因家庭经济条件有限，郭万福无法再读书。得知很多人在新疆打工赚到了钱，年轻气盛的郭万福顿生了外出闯荡的念头。

在新疆郭万福发现，养殖企业遍地开花，许多老板搞养殖致富，他心动了。他一边打工一边开阔见识，闲暇时想尽办法走访养殖场和屠宰企业。最终，郭万福将自己的创业项目锁定在打工时最熟悉的肉牛养殖上，从此开启了养殖肉牛发家的致富门。

独自创业多艰辛，苦学技术回报来

俗话说：万事开头难。创业之初，郭万福走过了一段艰辛的道路。养殖场刚办起来，只有郭万福一个“光杆司令”，既是采购员、推销员，又是饲养工人和饲料搬运工。他常常为找优质肉牛品种，四处奔波。

“当初为了建设牛舍、购置设备筹资金，跑遍了银行找寻贷款，都因为我年纪小吃了闭门羹”。郭万福说。购买饲料要现金，订好的牛也要现金，把他急得团团转，最终靠亲友借给他的 2 万元，才解了燃眉之急。至今回想起来，郭万福对创业初期的经历依然唏嘘不已。靠着脚踏实地的拼搏，郭万福终于在1999年建起属于自己的第一座牛舍，150平方米的“养殖场”里仅有12头牛。

养殖场虽然建起来了，但随之而来发生的事却让他措手不及。由于没有畜牧兽医专业知识、饲料不会搭配、不会搞防疫、消毒工作，导致经济效益十分不佳，最终亏损。面对这些，郭万福没有退缩，他从书店购买了很多关于肉牛养殖和牛病防治方面的书籍专心学习，并且经常向周围有经验的养殖户请教。通过认真学习和努力实践，养牛场的效益逐渐好转，肉牛的发病率也越来越低。

到2002年时，郭万福的养殖规模已经达到80多头，并取得了可观的收入。

辗转多地推销路，产业规模上台阶

养牛场发展步入正轨后，郭万福并不满足于现状。凭借多年的养殖经验，他深知制约养殖企业发展的“瓶颈”——销售。和其他养殖户一样，他面临的问题往往是愁卖不愁养。

甘肃

为解决卖难的问题，2003年，他先后到新疆、宁夏、内蒙古等地考察学习，借鉴了外省一些养殖企业发展的模式，与新疆、内蒙古的客户建立起合作关系。郭万福当起了“经纪人”的角色，不但把自己养殖的肉牛销售到外地，而且把本村乃至清源镇的肉牛都推销到了外地，销路从此拓宽，推动了养殖业的发展壮大，经济效益明显提升。

2007年，在石羊河流域综合治理项目的支持下，郭万福新建了牛舍4栋，面积达2 500平方米，养殖规模达到600头以上。2012年，又配套新建了消毒室、消毒池、青贮池等设施。为更好地发展养牛业，他又跟同村的15个养牛大户注册成立了“凉州区丰硕养殖农民专业合作社”，郭万福担任合作社的负责人。

郭万福深知：知识就是财富。要想做大做强企业，只有不断更新自己的知识技能，才能迈上新的台阶。2016年，得知凉州区农广校开设了生产经营型肉牛养殖培训班，郭万福立即报名参加，他认真完成了集中理论培训、实训和外出观摩等学习环节。他虚心向畜牧专家及同行请教专业知识、方法和技术，不断规范操作规程，管理、经营能力大幅提高。

养殖模式谋升级，产销对接结硕果

通过学习交流，郭万福的视野更加开阔，理念也进一步更新。养殖场的效益也有了新变化。一年来，在凉州区农广校的帮助下，他告别传统养殖模式，逐步转型为“公司＋合作社＋农户”的绿色生态生产经营模式。

公司跟华润集团西安鑫大地农业公司签订肉牛供销合同，由凉州区丰硕养殖农民专业合作社组织，以凉州区范围内养牛大户为基础，为农业合作公司组织收购农户优质肉牛，彻底解决了肉牛“卖难”问题。同时，郭万福还常年聘请区内外知名畜牧专家，不定期对合作社社员和养牛大户进行培训和现场指导，从而解决了养殖户在生产经营过程中存在的一系列技术问题，解除了养殖户的后顾之忧。

2016 年至今，合作社已向深圳华润集团西安鑫大地农业公司输送肉牛 3 000 多头，辐射带动全区范围内养殖户 100 多户，养殖效益大幅提高，实现了合作社和农户“双赢”。郭万福合作社的发展，引起了区农广校关注，区农广校多次组织学员到凉州区丰硕养殖农民专业合作社观摩学习。

该合作社也得到了市、区农牧部门及有关单位的重视和支持，2016 年，凉州区草食畜发展项目在凉州区丰硕养殖农民专业合作社实施。2016 年底，项目通过验收，获省财政补助 30 万元。

“创业有起点，事业无终点”，郭万福深知，今天取得的一点小成绩只是明天事业的一个基点，只是人生的一小步，但创业的步伐永不停歇。

本篇撰稿人：甘肃省凉州区农广校　黄成奎

甘肃

人物导读 32岁的朵玉岗，是甘肃省肃南县明花乡的一个农家子弟。他身处贫困，却吃苦拼搏、勤于思考，大胆走上农机合作化道路，不仅化解了本地农机资源紧张匮乏的局面，而且帮助村民找到了规模化、精细化发展的出路。通过跨区联合作业、发展农产品收储和精加工，改变了当地粗放的发展方式，走上现代化的发展道路。

农机专业合作之路　架群众增收桥梁

——甘肃省/肃南县/朵玉岗

肃南县明花乡地处河西走廊中部，巴丹吉林沙漠边缘。这里交通不便，自然条件恶劣，裕固族诗人曾形象地概括为“草滩、碱滩、戈壁滩，举目四周望无边。交通不便行路难，抬头几回心也寒”。

就在这荒凉贫瘠的土地上，年仅32岁的农村小伙朵玉岗，在党的富民惠农政策鼓舞下，立足本村实际，用知识、勤劳和汗水去实现自己的人生价值，使他从过去的贫困户变成了当地小有名气的创业先锋。

拥抱科技，农机服务驶入正轨

由于家庭条件的限制，高中毕业后的朵玉岗便在家务农，帮父母减轻负担。家里生产资料较少，养殖牛、羊的收入入不敷出。面对困境，年轻的他不甘心就这样继续过着“吃不饱饿不死”的日子。因此，他和本村几名青年积极出谋划策并对周边市场进行调查，发现随着农牧业生产现代化水平的不断提高，广大农牧民群众对农业机械化的需求不断增加。他们认识到，最适合当地发展农业生产又能致富的途径就是农业机械化。

为实现农机资源有效共享，推动各类资金的合理配置，2012年12月，朵玉岗和本村的5位青年，通过创业贷款等渠道，筹集资金100万元，共同创建了振兴农机农民专业合作社。

合作社刚起步，各项制度尚不健全，缺乏经营管理经验和农机操作知识，导致合作社的发展十分缓慢，这让朵玉岗再次陷入发展困境。正在此时，肃南县农广校大力开展新型职业农民培育，各类培育培训宣传信息通过网络媒体和科技指导员进村入户，为他的创业之路带来了一束亮光。

2014 年，他报名参加了肃南县农广校举办的新型职业农民培训。虽然一次培训并不能够为他解决生产实际中遇到的所有问题，但培训使他打开了思路，提高了认识水平，他深深体会到，“要想创业致富，就必须要依靠科技的力量。”从此，只要是县里、乡里举办培训班，他都会主动参加，并且要求合作社成员参加，还动员周边的村民积极参加培训。

朵玉岗经常到村里的远程教站点查找最新的农机技术、市场行情等信息。县农广校也将他作为重点培育对象，加强后续跟踪服务，结合他的需求邀请市县相关专家从技术培训、政策落实、创业引导方面进行上门服务，为他排忧解难。

通过不断的学习，朵玉岗带领合作社慢慢步入正轨。他逐步建立了合作社股份让利、盈余利润分红等各项规章制度，合作社规模和农机作业服务区域也逐步扩大，经济效益也一天天看涨。

响应政策，跨区联合规模提升

眼看合作社的“驶入快车道”，朵玉岗并不满足，他说：“只有不断提高合作社精细化、规模化、品牌化水平，越来越多的客户才会慕名而来寻求合作，项目带动增收的能力才会越来越强。”

为此，他确立合作社紧紧围绕当地“立足通道、区位、土地、人文四大优势，构建跨区域借力发展和区域内合作经营‘两大经济体系’，着力发展设施养殖业、饲草加工业、特色种植业、劳务输转业、民族文化业‘五大产业’，走以农促牧、以牧带农、农牧结合的发展路子”的思路。

朵玉岗积极利用政策机遇，顺应区域经济发展需求，以“求效益、促发展，精服务、促转型”为经营理念，服务项目不断增加，辐射范围不断扩大。先后投入资金 300 多万元，申请建设用地 7 500 平方米，建成了集苜蓿、玉米秸秆加工于一体的饲草料加工生产基地，实现年收购苜蓿 1 000 吨、玉米秸秆 3 000 吨、甘草秧子 500 吨。

在市县农机局的大力支持下，在传统农机服务的基础上，合作社

2017 年深松面积达到 15 000 亩，建成了 5 000 亩的玉米种植全程机械化示范基地，农机作业服务区域从原来立足本乡扩展到了辐射周边高台、临泽、民乐、山丹等县区，合作社从事项目也从单一的农机服务扩展到了集农机服务、农作物秸秆加工、农场化种植为一体的综合性合作经济组织，取得了丰硕的成果。

长远规划，引领合作助农增收

朵玉岗虽然富起来了，但在他看来，带领全村一起致富才是他创业的初衷。“村里的不少家庭仍然处于贫困状态，还在贫困的道路上徘徊不前”，这一切，他看在眼里，急在心里。“最重要的还得依靠科技，这样才能使经济收入得到增收。”朵玉岗又一次看到了方向。

他组织部分村民共同参加合作社。朵玉岗认为，过去粗放的生产耕作方式只是一种传统产业，只能满足自用。另外，农村普遍存在劳动力缺乏的现象，留守的老人及妇女则不能从事重体力及大规模的生产劳动，生产力发展缓慢。面对这一问题，他让村民们以机械入股的形式加入合作社，改变过去粗放的生产耕作方式，积极发展科学种植、规模管理的现代农业。在他的带动下，全村先后共有 20 多户村民加入了合作社，使年均纯收入达到了 10 000 元以上。

村民都说，朵玉岗不只是给他们增加了家庭经济收入，更教会了他们作为一个新时期的农民，只有不断地学技术、学知识，才能走上致富路，才能改善自己的生存状况。

通过不断努力，合作社取得了让人欣喜的发展成果，为全县乃至全市农业机械化发展注入了一股活跃而新鲜的“养分”。展望未来，合作社计划再申请流转本村土地 3 700 多亩，进一步扩大全程机械化农业发展规模。同时，合作社申请了专用建设用地 10 000 平方米，计划投资建成谷物烘干塔 1 座，解决本地农作物售前初加工水平低的难题，提升农作物的销售附加值，在不断增加农民收入、提高农产品市场竞争力上求作为、谋发展。

朵玉岗作为一名普通的新型职业农民，扎根故土与家乡守望相依，用对美好生活的无比豪情，勾画出一幅致富的新图景。

本篇撰稿人：甘肃省肃南县农广校　安青春

人物导读 祖连全，是青海省湟源县城关镇涌兴村顺泰蔬菜水果基地的负责人，但他并不是“湟源人”。一个外乡来的“水果种植户”，却凭着责任和毅力留了下来，他结合自己20多年的水果种植销售经验，开创出的“高炉水渣无土栽培技术”及水肥一体化技术，让涌兴村的砂石地上长出了硕果，也让湟源有了自己的新鲜果蔬。作为合作社负责人，他胆大心细、传授技术，用农业科技带领涌兴村民走上致富路。

砂石地上结新果

——青海省/湟源县/祖连全

眼下，我国农业生产方式正向着现代农业转变，在湟源县城关镇涌兴村的顺泰蔬菜水果基地，一场由农业科技创新引领的现代农业转型大戏拉开帷幕。

技术创新突破天然“瓶颈”

祖连全，顺泰蔬菜水果基地的负责人，2012年来到青海的他，一直从事与农业有关的工作。“涌兴村地处湟源县北部，全村耕地近67公顷，但由于大部分耕地中多半都是砂石，所以农作物的产量一直不高，过去村民们只种一些土豆和油菜，一些没有劳动力外出务工的家庭生活十分拮据。”祖连全介绍道。

在这片砂石地上种不出希望，这是过去绝大多数村民的想法。要想改变这种现状，只能依靠引进人才与技术，转变原有的耕作模式。湟源县农牧与扶贫开发局副局长刘利青告诉我们，2015年，刘利青带着有近20年蔬菜水果种植销售经验的祖连全，第一次来到了涌兴村进行实地调研和分析。没想到，祖连全“来了就不打算走了”，他决定在这里打造一个湟源县的“菜篮子”，并以0.07公顷1 000多元的流转费，流转了 13 公顷土地。

祖连全结合湟源本地气候特点，对已荒废的日光温室进行改造，他坚持运用新技术并切不断改进，确保了日光温室冬季的保温效果。特别是在种植技术上，祖连全运用高炉水渣无土栽培技术及水肥一体化技术，解决了沙石地种植难度大和产量低的问题。这两项技术取得了 2 项国家发明专利和 1 项实用新型专利，不但自己的公司得到了实惠，还解决了沙石土地及荒漠化土地的种植难题，带动了周边土地的发展。

祖连全的高炉水渣无土栽培技术及水肥一体化技术使种植作物实现高产，每 0.07 公顷土地的蔬菜年均产量可达到 1 万千克，高产的黄瓜可以有 2 万千克以上；不但节约用水，还节约了化肥和人工，环保增效。

祖连全的几项“创新”，已在青海省海西蒙古族藏族自治州鸿锦荒漠化治理有限公司的 2 400 栋日光温室推广使用，高海拔地区以日照时数长和干旱著称，由于这些新技术的使用弥补了种植中的短板，取得了良好的经济效益和社会效益。

种植管理辟出鲜果市场

祖连全肯学习，他曾多次参加各类农民培训，通过书籍、网络、电视等多种渠道提高自身专业素质。2016 年 11 月，他积极参加青海省新型职业农民培训，系统学习了设施农业生产的相关知识。30 天的理论实践和观摩，让他着实开阔了眼界，他深深地看到了技术创新在农业生产中的重要性。

祖连全除了在种植技术上创新，还不断向农艺师沟通学习。结合沙石土地特点，2015 年至今，他在基地种植了葡萄、枣桃、大樱桃等多个新品种。他在果树管理工作中也不断寻求突破，尤其是葡萄的反季节上市管理技术取得成功。2016 年 11 月葡萄上市，打破了青海冬季无鲜葡萄上市的历史。期间，祖连全赴山东、陕西西安不断向葡萄种植大户学习管理技术，回基地后又不断地试验应用，使各项技术得到了有效提升。

通过不断创新，他的农业基地全年供应湟源县新鲜的蔬菜水果，真正让湟源县市民吃上了本地产的新鲜蔬菜水果，结束了湟源县在西宁市辖区无新鲜越冬蔬菜水果的劣势。

自 2015 年冬季至今，祖连全的基地已向湟源县市民供应新鲜蔬菜水果 2 000 余吨，丰富了湟源县市民的“菜篮子”。2017 年，通过绿色蔬菜种植管理技术，取得了6个蔬菜水果的绿色食品证书和品牌建设项目，不断提升他的农产品品牌影响力。

领办合作社带动富余劳动力

在湟源县农业主管部门和同行们眼中，祖连全绝对称得上是一个实干家。

因青海本地气候及生活特点，往常农闲季节有许多农民会在外地打工，但由于自身素质的局限，工作效率低、学习悟性差，高收入的岗位很少青睐他们。自从祖连全创建了湟源县顺泰蔬菜水果基地以后，有些周边农村的富余劳动力都会来基地找点事情做。祖连全针对本地农民工的特点，用其所长，自己手把手地教授农民工生产技术和工作方法，提高他们的从业技能。

为了让更多的农民兄弟尽快摆脱贫困，走向富余，祖连全拿出自己多年积蓄成立了营销公司，并且创办了专业合作社。目前，公司已有工人30余人，合作社社员85户，公司工人年均收入达到2.5万元，合作社每户社员年均分红0.5万元，公司员工和合作社社员每年收益保持10%以上的递增。

2017年8月，祖连全的蔬菜加工保鲜库建设完成，蔬菜加工保鲜库又增加了80余人的工作岗位，“采摘下来的蔬菜粗加工后就可以销往更远的地方，也可以暂时储存起来，解决蔬菜品种淡旺季供需的问题，不但带动农户增收，还解决了市民蔬菜淡季吃菜难的问题。”祖连全说。

祖连全的成功激发了临近几个村村民的积极性，希望可以在这里学到技术。湟源县农牧局顺势而为，将此地设为基层农技推广体系与建设项目培训基地和新型职业农民培育项目基地。仅新型职业农民培育项目2016年一年就培训了935人。祖连全既是湟源县蔬菜领域的下派技术指导员，还是现代青年农场主学员。来基地学习参观的人都说：“在电视上看到的东西，没想到在现实中实现了。”

“这个基地是湟源县农业实现由单一结构、分散布局、效率低下向复合结构、合理布局、效率提高转变的一个亮点，我们也要通过推广学习这种做法，实现老百姓传统观念的转变，促进现代农业的发展。”刘利青说。

本篇撰稿人：青海省湟源县农广校　许宗斌

人物导读 窦光明是青海省门源县西滩乡纳隆村一个地地道道的农民，他返乡创业，通过新型职业农民培训获得启发，在集约种植、科学管理上狠下功夫，如今已形成了令人羡慕的产业规模。

引领农户走上致富之路

——青海省/门源县/窦光明

窦光明生在农村、长在农村，是个地地道道的农民。但他不甘心这样过一辈子，于是和很多年轻人一样，早早就外出务工，想通过打工跳出农门，过上“城里人”的生活。

随着时间的不断推移，步入中年的他日渐成熟，人生理想也发生了变化。近些年，国家对返乡创业农民的扶持政策越来越“给力”，窦光明“回家自主创业”的念头越来越强烈。几经思考，他下决心回乡在农业上做文章，没想到，如今的他当上了新型职业农民，真的干出了一番事业。

返乡创业，农技培训注入活力

万事开头难，是发展养殖业还是种植业？

很长时间，窦光明一直拿不定主意，他找到县农牧和科技局的领导，请他们给些建议。当地有关部门十分重视他的想法，也支持他的做法，便先后选派他到山东、河南、甘肃、陕西等地的农业园区和养殖基地进行实地考察和学习。经过一番考察学习，他发现门源小油菜籽和门源青稞“大有可为”。

抱着试试看的心理，2014 年，窦光明在本村承包了 830 亩耕地，种植油菜和青稞，并自筹资金 20 万元成立了“门源县西滩光明家庭农牧场”和“门源县专业化防治队”。由于当时种植技术及经验不足，不懂管理，销售渠道又不畅通，一个生产周期下来只勉强保住了本。

明年还种吗？正当他犹豫不决时，听说县农广校举办新型职业农民培育现代农艺（油菜、青稞）技术培训班，他兴奋不已，积极报名参加了为期15天的培训班。通过15天的理论、实践及观摩学习，使他掌握了新型职业农民必须具备现代农业专业技能，懂技术、会经营、善管理，为他实现增产增收打下了基础。

集约种植，科学管理开“致富门”

“人的一生在坎坷中奋进，有了目标就要努力去实现”这是窦光明常说的一句话。2015年，随着门源县土地集约化经营的兴起，加上村里外出务工人员增加，闲散搁置土地较多。他利用这一契机，购置大型拖拉机、播种机、收割机、植保机械等农机具8台（套），流转承包本村耕地1 000多亩，农作物代耕代收500多亩；组织专业化防治队防治鼠害7.5万亩，小麦、油菜病虫害统防统治8 000亩。他的家庭农牧场慢慢走上了土地集约化、耕作机械化、生产规模化的路子，一年下来纯收入达到10万元。

为了提高科学种田水平，2016年，他在原有的基础上扩大种植规模，在西滩乡流转承包耕地1 200亩，其中种植油菜700亩，种植青稞500亩，先后从县农业技术推广中心聘请专业技术人员4名，进行长期技术指导。由于生产管理到位、技术指导得当，一个生产周期结束，他除去成本，净赚了21.6万元，这更加坚定了他从事种植业的信心和决心。

致富的“金钥匙”找到了，他信心百倍。2017年决定与青海互助青稞酒厂正式合作，扩大规模，依托门源青稞优良的品种、技术和市场优势，他进行规模生产。于是，他拿出了多年在外打工的全部积蓄20余万元，又通过亲朋好友借贷筹资15余万元，在西滩乡纳隆村承包耕地1 500亩，建成场房、榨油车间、青稞磨坊、种子晒场等1 100平方米。2017年初，他积极打造农产品电商平台，窦氏丝路飘香商标已注册成功，他准备将门源小油菜籽、门源青稞等加工后通过自己的网店销售到全国各地。

抱团发展，规模化强化发展动能

通过几年的发展，他认识到事业的发展不是一两个人能够完成的，必须要有一个大的龙头企业为引领，在品种、技术、市场上才能有保障，“要有广大的农户参与才能形成规模，否则很难持续发展。”窦光明说。

他一方面完善自身的生产功能，在青海互助青稞酒厂、门源县三福粮油加工厂的引领支持下，扩大规模，初步形成了统一购种、统一耕作、统一收割的生产模式，实现年生产青稞 100 多吨的生产能力；另一方面，加强周边对农户的引导，通过他的示范带动，为农民提供青稞、油菜优良品种和技术指导，让更多的农户参与进来，计划在 3 年内带动农户 100 户，把油菜、青稞产业进一步做大做强，增加农户收入，同时也让自己的事业不断壮大。

现在的他，又回归到了最初的农民。只是如今的“农民”已经成为了让人羡慕的职业，窦光明的身份也成为新型职业农民队伍中的“领头雁”，成为了带动全村乃至全乡发展现代农业致富的引路人。

本篇撰稿人：青海省门源县农广校　乔秀红

人物导读 张素芳，中卫市沙坡头区柔远镇柔远村农民，2005 年以来，从事日光温室蔬菜种植。她为人朴实、热情，素质高、业务精、能力强，在带领周边农户进行蔬菜种植、销售以及技术指导方面作出了突出贡献，先后获得柔远镇致富女能手称号、自治区城乡妇女“岗位建功”活动先进个人等多项荣誉称号，得到了群众的认可。

素心做人　芳满乡邻

——宁夏回族自治区/中卫市/张素芳

用事实说话——产量高、效益好打消村民顾虑

1995 年，从中卫三中毕业后，张素芳学过美容美发、卖过冷饮、卖过家电，虽然小有成就，却没有归属感。十年光阴，转瞬即逝。2005 年，村里要新建 100 座二代日光温室大棚，政府划地建温室墙体，并从农牧局请来蔬菜种植技术人员，但当时的群众不理解，他们认为建温室大棚投资大，担心亏本。所以，尽管镇干部苦口婆心做工作，响应者却寥寥无几。

正在城里工作的张素芳得知这个消息后，经过仔细斟酌考虑，她认为这是一个难得的好机会，她想大胆尝试一下。主动做好了丈夫的思想工作，毅然辞职返乡，拿出了 5 万元钱率先报名建起了 2 座二代日光温室大棚。

当时，村里准备看笑话、泼冷水的人不少，可是张素芳不为所动。

她这个人不服输、认死理，但又好琢磨、爱学习。她托人买来有关蔬菜种植技术方面的书籍，没日没夜地钻研，按照书本上的蔬菜种植技术大胆探索实践，遇到不懂的难题就虚心向农技人员请教。不到一年时间，不但揭帘、盖帘、喷药、施肥等体力活得心应手，连蘸花、施肥、病虫害防治等蔬菜管理技术也样样精通。辛勤的汗水终于有了回报，两

棚蔬菜长势喜人，周围的农户看在眼里，“痒”在心里。来她家串门的乡亲越来越多，询问种棚的经验和收入情况。

张素芳知道这里面有眼红的、有讨教的，但她一律大方接待，认真介绍。第二年，镇党委再规划建设500个大棚。她又投资建了4座温室大棚，在她的带动下周围的农户纷纷响应，都说：“跟着三芳走，干啥有盼头。”500多座温室大棚顺利建起来了，形成了当地有名的温室蔬菜种植园区。张素芳知道“一花独放不是春”，所以她毫无保留地把经验分享给大家。她所在村的大棚产量比其他几个村的都要高。

产量高了，就要解决销路问题。为切实帮村民解难题，她借助之前的销售经验，在自家成立了一个代办收购蔬菜的网点，先是向农户代收蔬菜，再联系客商销售出去。仅仅一年时间，就有了2万元的利润，这样的成绩让她干劲十足。随着规模不断扩大，2009年，张素芳牵头成立了“中卫市三芳果蔬流通农民专业合作社”和“中卫市柔远镇三芳流通协会”，都是以她的小名“三芳”命名，这是乡亲们认可她的最有力的证明。

靠科技换挡升级——无公害蔬菜卖得远、挣得多

规模扩大的同时，张素芳发现，种植户的管理水平参差不齐，她看在眼里，急在心里。为使种植户的种植水平提高，提升蔬菜品质和竞争力，几乎每天她都要与农业技术推广站的科技人员联系，隔三差五还要邀请专家举办培训班，并积极与农牧部门对接，借助基层农技推广服务对农民进行科学种植、栽培技术的培训，根据蔬菜不同季节定植，分期分批进行培训。

2014年，张素芳听说政府有新型职业农民培训，她立即联系了沙坡头区农业和科技委员会，主动与中卫市农广校对接，邀请他们来自己的合作社举办沙坡头区新型职业农民培训班。“一方面，是想让农户整体的种植水平上个新台阶；另一方面，也是想通过这次培训，引进些新品种、新技术、新理念。”她说，当老师讲到农产品质量安全时，张素芳敏锐地发现了新的经济增长点。

随着人们生活水平的提高，大家对安全健康的关注也越来越多。可怎么才能让人们放心，为大家种出无公害蔬菜呢？

为了达到种植无公害蔬菜标准，她给农户推广“秸秆生物堆技术”，

引进节水灌溉，开发新品种。她率先在自家大棚里做“秸秆生物堆技术”种植，同时节水滴灌、节水节肥也见到了实效，让农户真正去了解、接受新品种，从而全面了解、掌握新技术。

有了张素芳带头，农户们看到了收益，跟着张素芳一起干起来。2014 年，三芳合作社的蔬菜通过了无公害认证。为了使所销售的蔬菜全部达到无公害安全标准，她购置了农产品检验检测仪器设备，对所有蔬菜都要进行检验检测，合格的才能销售，严把质量关，年销售流通蔬菜 3 000 多吨。此外，合作社现有社员上百人，涉及柔远、沙渠、施庙周边数村，辐射带动周边农户上千户，增建大棚 1 000 多座，成为中卫市设施温室大棚最具规模的发展园区。

长期以来，张素芳带领合作社秉承“地位平等、服务农民、回报社会”的宗旨，引进新品种、新技术进行试验、示范推广，带动柔远镇设施园艺健康发展。现如今，张素芳还申请了“俏三姐”商标作为本协会的品牌，已形成区域化布局、规模化种植、集约化经营的发展模式。

通过张素芳开拓市场，合作社已在宁夏、陕西、甘肃等地建立了销售网络，并且拥有了一批稳定的销售客户，近 4 年来，她先后带动农民 458 户，实现人均收入 8 800 多元，切实提高了菜农的积极性，为广大菜农和商贩提供了稳定良好诚信的销售市场环境，为增加农民收入起到了积极带头作用。

张素芳自强不息，乐于助人。十多年来，她深深扎根农村与泥土为伴，牢记一名共产党员的责任与使命，让自己的美丽“田园梦”带动乡亲们共同实现“致富梦”。她用勤劳的双手播种出了累累硕果，她用踏实的脚步丈量出了一方广阔天地。她就是张素芳，素心做人，芳满乡邻。

本篇撰稿人：张素芳

宁夏回族自治区中卫市沙坡头区农业委员会　高　静

人物导读 马宏鑫，男，39 岁，宁夏回族自治区同心县预旺镇青羊泉村人，同心县钊苑种植合作社理事长，同心县农广校新型职业农民培育工程 2016 级学员。凭借一股永不服输的韧劲儿，在党的富民政策鼓舞下，带头发展中药材种植与深加工，为农民致富一路领跑，成为了远近闻名的“新农人”。

合作社现种植银柴胡 2 040 亩、黄芪等其他药材 540 亩，2016 年共投入资金 210 万元，收购加工银柴胡等药材 1 000 多吨。药材主要销往河北安国、安徽亳州、甘肃陇西等药材市场。

回乡致富的“领头雁”

——宁夏回族自治区/同心县/马宏鑫

尝败果，系统培训找寻出路

“说起当初搞中药材生产，是有一定偶然性的。”马宏鑫介绍说。2010 年，当时的预旺镇有几家农户种植银柴胡，正好赶上银柴胡市场涨价，赚了不少钱，他像“赶潮流”一样决定加入药材种植。无奈的是，当自己种植的 110 亩银柴胡收获时，恰好赶上新一期的银柴胡掉价，马宏鑫回忆道，“当年亩产万余元的药材，如今只有不足千元，当初投资的钱差点血本无归。”

许多种植户纷纷弃种，马宏鑫不甘心，哪里跌倒就从哪里爬起来！

2016 年，他参加了同心县农广校组织的新型职业农民培育理论培训，系统地学习常见中药材规范化种植技术、中药材覆膜穴播种植技术、中部干旱带中药材病虫害及其防治技术、中药材产地初加工技术等基础知识。同年，他还参加由县农广校组织到隆德中药材加工基地和陇西文峰、首阳中药材市场等观摩学习。

通过理论学习、实地观摩和实训，他不仅开阔了眼界，而且提高了实践操作的应用能力。掌握了中药材种植、加工及销售的先进技术、农产品营销基本技能和农村电子商务技术，使自己成为一个懂得实地营销和网络销售的新型职业农民。他意识到，必须走科学种植和规模经营的转型之路。

扩品种，改善加工打开市场

马宏鑫了解到，适合预旺镇种植的中药材不止银柴胡一个品种。他先后多次赴陇西、隆德、彭阳等地学习先进的种植技术，遴选出了适合当地种植的黄芪、黄芩、红柴胡等5个品种进行试种。他坚持科学化管理，从选购种子、种苗到平整土地、施肥下种都亲自动手。没想到，试验田当年就喜获丰收。

宁夏

他当即决定扩大种植规模，在青羊泉村流转了土地500亩种植黄芪、黄芩、红柴胡、银柴胡、板蓝根5个品种，一年生黄芪、板蓝根亩产值达到1 500元，多年生药材长势喜人。

针对本地中药材初加工过程中存在的干制技术落后、效率低、污染严重等问题，马宏鑫通过引进先进的烘干技术及设备，改进初加工生产环境和效率，实现提质增效和农民增收的目标。“不足10元的原药材，通过产地初加工可以卖到20多元，做到原药材价值的最大化。”马宏鑫说。

中药材产地初加工技术的投入使用，使同心县的银柴胡第一次吸引来了安徽亳州的客商，极大地提高了马宏鑫做中药材产地初加工的信心。从自己种植自己加工的简单模式，转变为“合作社＋农户”的模式，形成种植、加工、销售产业链，他的药材远销全国各地，成了当地小有名气的老板。

2016年秋季，马宏鑫联合同心县兰卉、富民、泉跃睿等中药材种植专业合作社共同扩大种植和加工规模，流转土地2 000多亩用于中药材规范化种植基地建设，从种植源头上保证中药材的品质。建成4 000平方米的钊苑合作社中药材产地初加工基地，购进先进的中药材清洗、切片、筛选、烘干设备，严防中药材初加工过程中不规范操作造成药材品质下降问题。他的药材加工业从简单的烘干、分级、出售转为烘干、分级、切片、筛选等精加工，高品质的药材在各个市场供不应求。

带乡邻，培训务工助农增收

合作社的发展越来越快，马宏鑫又把精力投入帮助周边群众共同致富上。在他的劝说和引导下，越来越多的农户加入合作社，种植中药材的农户队伍不断壮大，在农户选购种子、种苗，田间平整土地、施肥下种的各个场面都有他的身影。

哪家农户管理中遇到了难题，他就亲自跑去查看和指导，他们的种植地里一年生、多年生的药材层次交错，种植结构趋于合理。对于那些想发展中药材又苦于缺乏资金的农户，他提供种子和种苗帮助他们发展中药材。本着实用、实际、实效的原则，合作社利用田间课堂等多种形式，聘请专家给农户进行中药材知识培训，举办各种类型的技术培训班6场次，参训人员200多人次，接受技术咨询1 000多人次，发放技术资料1 000多份。

良好的效益，悉心的指导，热情的帮助，马宏鑫吸引了众多不能外出务工的留守人口，一个个都进入了他的合作社。2016年，合作社共有180多人次务工，工人工资支出达60万元。

一分耕耘，一分收获。

目前，同心县已成为宁夏最大的中药材种植县，中药材合作社、家庭农场、种植大户不断涌现。中药材种植成了促进农业增效、农民增收的新经济增长点。马宏鑫计划，“同心县钊苑种植合作社将在现有的基础上，建成集中药材新品种实验基地、种苗繁育基地、中药材规范化种植基地、中药材产地初加工基地、农村电子商务服务基地一体化的中药材企业，助力同心县中药材发展经济带，引领产业发展。”

本篇撰稿人：宁夏回族自治区同心县预旺镇农业服务中心　李海洋

人物导读 朱玉河，盐池县花马池镇深井村一位地地道道的农民，2013年，他经过培训成为新型职业农民，用掌握的科学养殖技术增收致富，带动养殖产业园的发展，成为了全县滩羊产业大军中的“领头雁”。

滩羊产业链上的“领头雁”

——宁夏回族自治区/盐池县/朱玉河

在盐池县，有一个老百姓祖祖辈辈赖以生存的产业——养殖滩羊。2016年，全县滩羊饲养量300万只，滩羊产业始终是当地的主导产业，农民三分之一的收入来自滩羊养殖。

为了壮大滩羊产业，一批批先行者为滩羊产业的转型发展前赴后继，摸着石头过河，引领了传统产业一步一个脚印向现代化迈进。

朱玉河，就是其中之一。他用自己辛勤的付出、独到的眼光和拼搏的精神，在增收致富的同时，带动了深井养殖业园区150户养殖户发展标准化规模养殖脱贫致富，为全县滩羊产业转型发展创出了一套可学习、可复制的经典样板，成为全县滩羊产业的“领头雁”。

满心欢喜忙投产，成效甚微“收入荒”

提起盐池县深井养殖专业合作社的朱玉河，盐池县花马池镇从事滩羊产业的养殖户和县农牧局的技术人员无人不知，人们都会竖起大拇指说上一句：“大能人!”

回想起创业的10多年，55岁的朱玉河有太多的感慨。2008年，盐池县整村规划建设深井20万只滩羊养殖园区，朱玉河也报名入园建设羊棚，从此开启了他从种地刨食迈向发展滩羊养殖的道路。“深井养殖园区是一家一户的入园模式，每户5座标准羊棚，实行集中饲养，分户经营。”朱玉河介绍说，2009年园区投产后，他像所有的养殖户一样，把自家原有的 20 多只生产母羊赶进园区，同时拿出了自己多年的积蓄从市场购买了 100 只架子羊，搞起了全舍饲规模养殖。

第一次发展规模养殖的他心里别提多高兴了，每天看着自家的羊，憧憬着赚一笔钱能过上富裕的日子。一家人辛辛苦苦地精心饲养，一年下来，出栏了 150 只育肥羊，可细细一算只赚了 5 000 元。第二年，朱玉河扩大规模，同时购买了 100 只基础母羊和 100 只育肥羊，谁知羊断断续续出现这样、那样的问题，羊只死亡率很高，并且出栏羊只销售不畅，一年下来竟赔了 6 000 元，朱玉河陷入了苦恼。

朱玉河是一个善于总结和思考的人，怎么样才能使羊只销售畅通？朱玉河开始认真思索。两年的养殖经验积累下来，他发觉一家一户单打独斗的经营方式有很多弊端。为此，他牵头组织园区的 95 户养殖户，于 2010 年成立盐池县深井滩羊养殖专业合作社，朱玉河收集积累各种相关信息，积极联系羊只销售，尽可能减少中间销售环节，增加大伙儿的养殖效益。

2011 年，针对养殖户缺乏周转资金的问题，朱玉河积极联系农村信用社，为社员担保贷款，缓解了养殖户资金短缺的问题。此后，深井园区出栏的育肥羊达到 10 万只。但是，与出栏规模比起来，效益却远远不尽如人意。“每只育肥羊纯利润仅为 40 元，饲养成本还不包括人工投入。”他说，汗水和回报没有画上等号。朱玉河又一次感到困惑，舍饲规模养殖出路在哪里？

产业困境待出路，职业培训迎转机

台子搭起来了，戏还得唱下去。2012—2013 年两年时间，朱玉河和园区养殖户一路磕磕绊绊，饲养管理好的稍有盈余，饲养管理粗放的依旧赔钱不少。谁知屋漏偏遇连阴雨，2014 年初，一场小反刍兽疫在深井园区暴发，给本来就处于下滑的事业重拳一击。羊只销售不出去，疫病频发，养殖户一个个叫苦连天，没了心气。

朱玉河不甘心，他开始主动去盐池县农牧局和盐池县农业经营管理站，咨询了解畜牧业扶持政策和现代化发展经营模式以及滩羊舍饲养殖技术。2013 年 10 月，听说县农广校在筛选新型职业农民，他主动报名参加学习，同时鼓励合作社其他社员参加新型职业农民培训班。经过一个学期的系统培训，朱玉河幡然醒悟：要依靠新技术，创新经营模式，除了建立完善的产业链否则没有出路！

朱玉河立即付诸行动。饲草料占养羊成本的70%，要从饲料环节降低成本。朱玉河决定首先解决饲料来源杂、成本高的问题。他提出由合作社统一联系供应饲料，经过多方调查和实地考察，他与内蒙古正大饲料公司签订合同，为园区养殖户直销饲料，大大降低了养殖成本。同时，他积极争取县农牧局在园区建设农民田间学校，每月组织养殖户相互交流、培训学习；争取项目资金完善园区疫病防治设施，硬化园区作业道路、修建病死羊无害化处理场、完善消毒防疫室。

在他的努力下，深井园区从基础设施到标准化新技术应用都有了翻天覆地的变化，合作化经营方式和科学技术应用显现了巨大的效力，深井养殖园区终于走出困境，走上“羊光大道”。

产业提速增效显，乡风文明日子甜

由于经营管理规范，示范带动作用和经营效益突出，深井滩羊养殖专业合作社先后被评为县级示范合作社和自治区级示范合作社。县内各个金融部门主动上门为深井滩羊养殖合作社的社员提供贷款，帮助扩大饲养规模，养殖户再也不用为资金的事情发愁了。朱玉河自己发家致富的同时，带动周边群众共同致富，成了远近闻名的大能人！

经济收入上去了，物质生活丰富了，朱玉河又在想：我们是农民，但是要提升整体素质，做现代农业发展潮流中的新型职业农民。他从花马池镇政府争取了一套音响设备，动员园区110户养殖户组成了深井滩羊养殖合作社广场舞队，聘请教练为养殖户培训学习跳广场舞，成为全县唯一一个有自己娱乐团队的合作社和养殖园区。每天茶余饭后，近百名养殖户纷纷集中到田间学校门前集体跳起了广场舞，同时也大大增加了交流学习、互通信息、增进感情的机会。酗酒、打牌、闹事等不文明行为大大减少了，村里人的精神面貌焕然一新。

“知识就是力量，信息就是财富，合作才能共赢。”这是朱玉河的座右铭，也是他的口头禅。每当问起他有什么感想，朱玉河常常说一句话：“感谢政府为我们传经送宝，没有政府的扶持和帮助，就不会有深井园区的今天，也没有我们如此幸福的生活。”这就是朱玉河，盐池县的一名名副其实的新型职业农民典型，在发家致富的同时，切切实实带领全村走出一条依靠养殖生产致富的道路。

本篇撰稿人：宁夏回族自治区盐池县农广校　刘彩凤

人物导读 侯建春，男，46岁，中共党员，宁夏回族自治区中卫市沙坡头区宣和镇永和村人，中卫市建春红枣流通农民专业合作社理事长。他潜心钻研红枣种植，引进改良适合当地种的红枣品种，推广示范先进的红枣种植技术，牵头成立果树技术服务队，为周边农户提供技术支持和服务。他成立了建春红枣流通农民专业合作社，免费为果农进行枣树管理培训，带动周边果农共同致富。

扬帆开启职业农人的征程

——宁夏回族自治区/中卫市/侯建春

“迎着旭日早已是习惯，为的是迎头赶上越来越大的差距。引进山西的西梅、彭阳的红梅杏、盐池的树莓，寄希望于自己那颗不安分的心，找寻职业农人的出路，汇出职业农人绚丽的人生色彩。”这段话摘自侯建春的微信朋友圈。46岁的侯建春在曾经贫瘠的土地上辛苦劳作了20多年，苦苦找寻着“农民的快乐，农民的希望”。他善于思考，敢于拼搏，勇于创新，终于在辛苦劳作中，找寻到了一条职业农人的发展之路。

苦学技术，引种示范

侯建春，是宁夏回族自治区中卫市沙坡头区宣和镇永和村人。1992年，侯建春高中毕业，怀着对家乡的热爱、对土地的眷恋，他毅然回到家乡，潜心钻研红枣种植技术。红枣是当地传统特色经济林树种，有悠久的栽培历史，“中卫大枣”是宁夏的优良枣树品种。20多年在红枣地里的摸爬滚打，侯建春掌握了丰富的红枣田间管理技术知识，积累大量实际生产操作经验，牵头成立果树技术服务队，为周边农户提供技术支持和服务。成为果农中名副其实的土专家、领头羊。

侯建春善于思考和总结，敢于创新。为了丰富当地的红枣品种，提高红枣产量、质量、增加红枣种植户们的收入，2006年，他开始尝试红枣引种，先后从全国各地引进多个名优红枣品种进行栽培试验，不仅有河南的灰枣、新疆的哈密大枣、山西的星光、金昌一号、山东的沾化冬枣，还有陕西的狗头枣、龙须枣、茶壶枣、胎里红、磨盘枣等景观品种。经过不断驯化、提纯，选育出了适宜当地条件的灰枣、沾化冬枣、金昌一号等优良品种。他引进了最先进的剪式嫁接技术、接穗沾蜡技术、红枣的冬夏季修剪技术、病虫害防治技术等，建立起了苗圃和采穗圃，开展红枣苗木及接穗的生产、经营。

2010 年，他成立了建春红枣流通农民专业合作社，担任理事长。他积极对合作社灰枣种植基地开展无公害产地认证，对灰枣进行了无公害产品认证，注册了南山台子商标。他所经营的合作社被中卫市沙坡头区农牧部门评为沙坡头区级示范合作社。侯建春也被中卫市科技局认定为科技特派员。

不断学习，提升自我

侯建春热爱学习。在他的朋友圈里会看到“SWOT”“高科技”“农残检测”这样的词，他的身边常有书籍陪伴。2015 年，宁夏现代青年农场主培育计划正式启动。侯建春得知消息后，第一时间报了名。培训中，他不仅学到了创业知识，还了解到了国家支持现代农业的相关优惠政策，并且享受了市劳动部门为现代青年农场主创业提供的免息贷款。这一年，他顺利贷到了 10 万元的款，修建了 1 500 平方米的晾晒场，翻新了办工场所，添置办公设备及生产机械，对苗圃进行了整理，改善了基础设施，为扩大生产规模打下了基础。

2016 年，他又参加了电商培训，到陕西杨凌高科技农业示范园区实地观摩和实训，学会了通过互联网，利用微博、微信等新兴媒体与外界互动，扩大了销售范围，开辟了网络销售新途径，尝试开通线上线下的销售渠道，建春红枣流通农民专业合作社的品质红枣销往广东、安徽、河北、浙江、河南等省市。由于他的宁夏灰枣品质好、口感佳，也因此成为外地人了解宁夏、认识宁夏的桥梁。

发家致富，不忘乡邻

经过几年的奋斗与拼搏，侯建春成了人们口中“先富起来的人”。

知道感恩社会的侯建春，并没有仅仅满足自己能够发展壮大起来，而是心系周边的果农们。他建成了高标准的灰枣种植示范园区，成立了技术服务小队，免费为果农进行灰枣管理的培训，提供灰枣修剪嫁接技术服务，在当地果农当中创下了好口碑。特别是对种植基地附近的搬迁农民，侯建春和他的服务小组手把手、免费教他们栽植、嫁接、修剪和日常的管理工作。看着乡邻们从开始的不会，到现在的有板有眼，经济收入提高了，侯建春的心里也敞亮了。他说："自己是个农民，也是一名党员，带动相邻一起发家致富，正是一个党员先锋模范作用的最好体现。"

侯建春是个有梦想的人。他说："做农业的人得有长心。"辛苦和收成是统一的，累在身，喜于心，只要有希望，梦想总会实现。2016 年，在自治区级的现代青年农场主培训班上，侯建春作为特邀嘉宾来到培训班里，用自己的亲身经历，与全区有梦想、有希望的青年农场主们分享创业的艰辛、快乐和收获，感染了一批人。他说，有梦想就要去努力实现。2017 年，他的合作社又引进了美国西梅、东北的树莓、彭阳的红梅杏，在合作社基地试种，计划试种成功之后，他将建立示范基地，带领果农，在国家惠农政策的指引下，扬帆启程，再创佳绩。

本篇撰稿人：宁夏回族自治区中卫市农广校　刘丽敏

人物导读 权龙，出生于1990年1月16日，汉族，大专学历，现任哈密市敕勒川农副产品专业合作社理事长。权龙坚持科技创新和产品升级，通过改扩建厂区，对畜产品精深加工，合作社年产肉制品规模达到260吨，在当地农牧民中形成了良好的示范作用，为带动农户增收开辟了新路径。

互联网上的"牧羊人"

——新疆维吾尔自治区/哈密市/权龙

2013年，在北京餐饮业打工时，权龙发现新疆的优质农畜产品在北京等大城市很受欢迎。想到哈密放养的上好牛羊肉没有好的加工和运输手段，只能销售初级产品，他看到了商机。

经过思考，他选择回乡创业。

2013年6月，他创办了"哈密市敕勒川养殖专业合作社"，因为对政策理解不透彻、管理不规范，合作社的效益不温不火。2016年12月，权龙参加了新疆农广校哈密市伊州区分校举办的2016级新型经营主体带头人培训班，这次培训班让他的事业往前迈了一大步。

借商机搞建设，合作社运行入正轨

权龙知道，传统的养殖和交易方式不能摆脱低价。想让产品走向中高端市场，只有通过科技创新和产品升级，利用好"互联网+"这个渠道，才能让好肉卖上好价钱。他立即决定更改合作社名称为"哈密市敕勒川农副产品专业合作社"，改扩建厂区，进行畜产品的精深加工。

"作为一个新型职业农民，还要具备市场信息采集与分析能力、建立客户与谈判定约、农产品品级鉴定、农产品储藏运输和了解财务等技能。"权龙说。

2016 年 5 月，权龙代表合作社，以汉月胡饼这个项目参加哈密市“龙之缘”杯创新创业大赛，并取得大赛三等奖。2017 年 3 月，他被评为哈密市“百味羊”密作师。权龙紧紧把握住这难得的机会，积极联系律师，在律师的指导和帮助下，重新确立了合作社的章程、各项规章制度、各种订单协议合同书，并开始建立和完善会计制度。他从学习中明白，合作社经营的有模有样，不是说出来的，而是学出来、干出来的，这些基础建设是合作社成长起来的根基，必须稳固。

权龙又有了刚创业时的激情，不光和之前的社员重新确立了新型合作社关系，还为合作社融入了很多新鲜的血液。截至目前，合作社已有社员 56 人，每个人都是合作社的股东。年底合作社成员都有分红，社员的收入平均提高了 10%。逐渐规范起来的账目，清清楚楚地记着每一笔开支，一点点累积起来的数字，正是权龙带着众多农户付出的心血。

学政策学理念，带动就业促农增收

为了推动农牧业的发展，增加农民收入，促进农牧业向规模化经营转变，国家制定了很多惠农政策，而大多数农民掌握消息并不全面。培训班精心安排了老师讲解各种政策，使权龙和社员们对合作社的发展方向、经营理念、产品定位等都有了全新的认识。

合作社在发展过程中逐渐扩大规模。权龙说：“社员在货源方面给予了保障，而农畜产品加工还需要一双‘巧手’。”牛羊肉串，是合作社的主打产品之一。竹签羊肉串可以进行机器操作，而红柳肉串只能通过人工穿串。精细分割的排酸羊排是合作社销量最大的产品，机器分割之后需要人工装袋，再进行真空包装。因此，权龙从社员内部开始，给社员家中的妇女做思想工作，希望她们能到合作社来工作。经过积极引领，目前与合作社签订协议的女职工人数已经达到 16 人，其中有 3 人是经过严格管理和技能培训的，成为技能好手。

此外，他还积极致力于解决少数民族同胞的就业工作。合作社现有的 56 名社员中，回族 12 名、哈萨克族 1 名，少数民族社员数占总社员数的 23.2%。此外，他还积极推动合作社收购本地维吾尔族、哈萨克族、回族等少数民族放养的散养羊累计 1 000 余头，在帮助少数民族贫困户脱贫脱困方面贡献着自己的微薄之力。

搭平台做电商，网上销售成果丰硕

通过系统地学习农业企业创办基础知识、农产品营销基本知识与技巧和现代信息技术应用课程，权龙认识到，农业也要走向信息化，也要拥抱电子商务。

网络平台的搭建，需要有专业技能的人才。权龙在培训班系统地学习了电子商务平台，学习了如何开通店铺、管理运营店铺，也掌握了一些作图技巧。为了更规范地运营，权龙在市区成立了合作社电子商务运营部，他联系了天津有电子商务专业技术的公司，为合作社打造网络商铺，进行产品包装和宣传，并安排了专职的售前售后客服，做好网络交易服务工作。

目前，合作社已经拓宽了互联网销售渠道，开通的网上店铺有淘宝店、手机微店、微商城等，并在多家商城平台开通商铺，如哈密街、优品贡社。通过网络渠道，合作社拥有了很多固定的客户，网络营业额达到40%。

本篇撰稿人：新疆维吾尔自治区哈密市伊州区农广校　朱丽红

人物导读 王强，今年51岁，新疆生产建设兵团第一师六团四连的一名普通职工。凭着一股不服输、不认命、敢于拼搏的精神，他用10年的光阴和汗水不仅使自己获得成功，更以自身的行动感染着身边的人。在他的带领下，全连职工相继走上一条发家致富的康庄大道。

垦区致富树的守护人

——新疆生产建设兵团/王强

年过半百，本该一切都安定下来安逸地享受生活，但他却感觉“一切才刚刚上路”。王强说，在他的胸膛里，始终跳跃着一颗屯垦人不甘平凡的心。

盲目种植尝败果，培训辟出新业态

1989年，王强从重庆老家来到了新疆生产建设兵团第一师六团四连，成为了一名光荣的屯垦职工。由于为人踏实肯干，很快他就被连队安排到了机务排工作，当上了一名农机手。几年后，脑筋活络的王强在团场职工小额贷款的辅助下，自筹资金15万元，搞起了家庭养殖，先后养过牛、养过鸡，但由于技术条件差，再加上对市场行情的了解不足，没几年养殖场就陷入了困境。

眼看着辛苦养殖的牛和鸡卖不上好价钱，还要不断往里面投钱，而银行的贷款又要到期了，这可把一向不服输的王强给急坏了。就在这时，六团党委开展了以农业增效、农民增收为目标的农业产业结构调整，大力开发以林果业为主的绿色生态水果产业。王强就从中看出了一条能使自己走出困顿、实现致富梦想的途径来，在团里的优惠政策的大力支持下，他不顾家人的极力反对，四处筹借资金，承包了连队50亩果园地，全部种上了苹果和枣树苗。

屋漏偏逢连阴雨。由于冬季寒冷、春季大风干旱，近三分之一的果树没能经受住严冬的考验，果树大面积冻死，王强的心如同落入三九天的冰窟中。为了挽回损失，他找来了连队的农技员，虚心请教起果树的越冬防护和幼龄果树种植的管理技术，并买回了大量书籍认真自学起了果树的种植管理技术。单位领导在了解了王强的困难之后，积极为其垫付了资金，重新为他买来了树苗，组织单位干部义务帮他补种，王强的50亩果园再次焕发出生机。

为了能更好地管理果园，他干脆就住在果园看护房里，把家搬到了地头上，把全部的心思和精力都用在果园的管理种植上。连队的分管干部和技术人员每周也会定期来到他的果园，认真查看果树的生长情况，及时提供农业技术上的支持。慢慢的，果树的生长终于逐步走上了正轨。

2016年，王强在参加了新型职业农工培育学习后，善于总结的他发现了一个果园经营管理中的新起点，那就是将家禽养殖与果树的种植相结合。“在树下放养鸡鸭等家禽，以此来减少病虫害对果树的危害，而家禽的粪便又可作为果树的肥料使用。”王强说，这样不仅节省了农药化肥的开支，还最大限度地保障了水果的绿色无公害品质，而且家禽养殖还可获得一笔可观的收入，真正使果园管理形成绿色生态的产业模式，“树上累累果，树下群群鸡”。

热心帮扶教技术，无私播撒致富经

10年的艰辛历程，终于换来了金秋时节那枝头的累累硕果。逐渐走上致富道路的王强，并没有忘记单位里其他种植果树的同志，他热心为连队其他果园承包户们提供帮助，积极响应团里提出的“手拉手”结对子帮贫扶困活动，从资金、技术、种苗上扶持单位里的困难职工。

有的职工种了果树后，因为不懂技术而出现各种问题，他会放下自己手上的工作，跑到职工的果园里手把手传授技术，直至对方完全掌握。每当农闲之时，王强所承包的果园里总是连队里最为热闹的地方，因为大家已经形成了习惯，一有时间就会去王强家请教各种果树种植技术。

为了更好地帮助连队职工致富，他干脆从果树的种植到水果收获全程向职工提供一条龙免费服务，逐步成为单位职工致富路上的领头雁。

如今，当我们再走进王强家的果园时，呈现在眼前的是一幅如诗一般的田园景观。坐在茂密的葡萄荫下，吃着刚从树上摘下的新鲜水果，看着挂满枝头的苹果红枣，闻着飘荡的浓郁果香，听着树下那阵阵鸡鸭的欢鸣声，我们不禁为眼前的这位朴实、勤劳，又极富奋斗精神的兵团职工，感到由衷敬佩。

本篇撰稿人：新疆生产建设兵团第一师六团四连　彭　力

人物导读 宋健，男，1988 年 9 月出生，本科学历。2013 年，他参加农场组织的新型职业农民培训计划。2014 年，在农场科技科地帮助下，创办了黑龙江省建三江农垦民意金谷粮食收储有限公司。公司先后 3 期投资 4 500 万元，建成日处理能力 1 000 吨的烘干塔和储备能力 20 万吨的储粮仓。二期仓储是目前国内最高规格的钢包混凝土恒温储粮仓。公司拥有员工 40 余名，年缴税额 200 余万元，在当地形成了良好的带动示范作用。

创业带就业 共圆“致富梦”

——黑龙江建三江农垦/宋健

他，怀揣自主创业梦想，实现学业、就业、创业职业生涯跃迁。

他，白手起家，创造了几十个就业岗位，成为大学生自立自强的典范。

他就是第三代北大荒人，宋健。

积极创业，责任心带来“第一桶金”

20 世纪 80 年代出生的宋健，可以说是地道的第三代北大荒人。自小在农场长大的他，熟悉和了解这里的一草一木。“当时农场底子薄，基础建设相对较差，父辈们一年到头辛勤耕作，收获的粮食总是卖不上好的价钱，不是因为小贩压价、假称，就是运输困难。”宋健说，卖粮难，一直困扰着这里的每个家庭。

2011 年，以优异成绩毕业于中国人民公安大学的他，放弃了在大城市发展的机会，带着满腔热情回到农场就业，成为一名农垦法庭书记员。不甘平凡的他决心创业，有所作为，改变农场人的生活面貌。“大学生创业，既要有事业心还要有责任心，不仅着眼于经济效益，还要有社会效益。”宋健说。2013 年，他参加农场组织的新型职业农民培训，了解国家关于农民创业的各项政策。近年，国家鼓励社会资本建仓增容的消息，让宋健看到了希望与机遇。

2014 年，在农场的帮助下，经过多方进行考察，宋健辞去公职，创办了粮食收储公司，兴建粮食烘干、储存设备，一来可以帮助国家代储粮食，减轻仓储负担；二来可以缓解广大种植户“卖粮难、粮难卖”的难题。

发展的项目是确定了，可对于年仅 26 岁的他，无资金、无场地、无经验的问题摆在眼前。但他没有被困难吓倒。无资金，他说服了父母拿出了家里所有的积蓄，向朋友融资，向银行贷款，千方筹措；无场地，经过多次实地考察调研，在农场领导的大力支持下，他租用了第四管理区原家属区拆迁后的 4 万平方米的空闲场地；无经验，他虚心向农场科技人员请教，向市场学习，最终投资 1 300 万元，兴建了日处理能力 1 000 吨的烘干塔和储备能力 6 万吨的储粮仓等设备，正式成立了黑龙江建三江农垦民意金谷粮食收储有限公司，并于当年开秤收粮 6 万吨，以实惠的价格和良好的信誉解决了农场种植户“卖粮难”的问题，一举赢得了周边种植户的认可，宋健也收获了人生的“第一桶金”。

带动就业，有担当托起群众“致富梦”

收获面前宋健没有止步，他想的是如何继续让更多的农民受益。

2015 年，在农场支持下，宋健又自筹资金 800 万元，协调贷款 400 万元开始二期建设，再次扩建仓容 6 万吨。二期储粮仓在农场技术人员的帮培下，选用目前国内最高规格的钢包混凝土恒温储粮仓，虽然建设成本每平方米造价比板式粮仓要多出 400 元，但是新的储粮仓可保持仓内温度不因季节变化而改变，有效地保障了粮食存放的安全。

宋健的亲身经历告诉我们，“勇气是动力，毅力是坚持，汗水是过程，创业是收获”。怀着感恩社会的心态，他成为了大学生创业兴业的典范。当被问起为何创业时，他是这样回答的：“如果我自己能吃饱饭，那我得尽量让别人吃饱饭。”

公司发展驶入正轨，面对新的挑战环境，宋健又仔细地规划着设想，“选址要靠地，公司在选址上要充分考虑到种植户运输上的条件，这样可以覆盖农场北片 4 个管理区的 48 万亩水稻种植面积，能为种植户节省了运粮时间和费用。”

宋健坚持地头收粮，他的公司秉承“诚实做人，诚信经商”的原则，为有卖粮意愿的种植户提供上门服务，坚持不压等、不压价，到晒场、地头为种植户测水验米，并且负责粮食运输的全程运费，当日现金结算，把更多的利润空间留给农户，与广大种植户建立了诚信可靠的合作关系。

宋健不忘创业的初衷，公司发展路上他尽可能地带动乡亲就业。“厂址选在管理区，既可以解决公司所用的人力，也可以解决部分种植户就业问题。”宋健告诉我们，现在公司有员工40余名，基本都是农场青年或者附近管理区的职工群众，种好地的同时还可以增加一项收入。对于困难家庭，宋健总是大力扶持，帮助他们购买小型货车和炮车，组成公司的专职“服务车队”，从事粮食装卸和运输工作，进一步拓宽了他们的增收渠道。

如今，民意金谷粮食收储有限公司凭借良好的信誉在前锋农场享有盛誉，宋健也凭借着求真务实的作风和勇于拼搏的精神放飞梦想，攀上了事业的高峰。

本篇撰稿人：黑龙江省前锋农场科技科　周庆华

人物导读 朱景，广东南光分公司十五队队长兼书记。他既是生产队干部，也是农业生产管理者，又是农业生产经营者；他兢兢业业，不怕苦不怕累，学好农业生产技术，带领大家走上富裕之路；他发挥党员的先锋模范作用，先人后己，心系群众职工的利益；他带领大家做好生产管理，职工收入逐年提高，用实际行动诠释了一个生产队队长的责任与担当。

兴业有方　勇于担当

——广东南光分公司/朱景

他身材不高，却有着宽广的胸怀，勤奋、用心、关心职工等都是他的标签；他其貌不扬，却有着博大的爱，处处为职工着想，在默默地奉献中换来职工们的尊重和敬佩；他是一名普普通通的农业分公司生产队干部，但对红土地有着特别的赤诚。他就是南光分公司十五队队长兼书记朱景。朱景说，工作必须要做一行爱一行，爱一行就要努力将职责范围内的工作尽力做到最好，让职工群众满意才是最终目的。

肯学肯干，成为生产的行家里手

朱景作为生产队干部，既是农业生产管理者，又是农业生产经营者。为了更好地管理队里甘蔗的生产，增加自身和职工们的经济收入，他注重农业知识的学习，积极摸索积累农业生产经验。还没参加新型农工培训之前，他对生产队里的甘蔗生产管理不是很在行，在面对怎样提高甘蔗的产量，怎样更好地破垄除草等一系列的问题前，他不知所措；对公司实行的土地管理的“五统一”，更是一头雾水，不知从何下手，每天行走在工地上，看着那片红土地上勃勃生长的甘蔗菠萝，却一筹莫展。

湛江农垦局举办的新型农工培训，使朱景得到了一个很好的生产管理能力提升机会。平日里的朱景，不忘向兄弟单位、兄弟生产队学习有效的生产管理经验后，积极努力提升自身的生产经营管理业务水平，特别是参加湛江农垦举办的新型农工培训后，思想观念和农业技术水平得到了较大的提高。

2015 年，受台风灾害的影响，当许多职工面对自然、市场风险而处于观望态度，不敢前进时，朱景耐心做职工思想教育工作，向职工讲解："风险是无时不在的，我们不能完全抵御和预见，但可以通过科学种植和管理去降低它，让科学管理经验为我们赢得更大效益。"一言既出，就要言必出、行必果，干出模样来。

在党为民，当好致富领头人

调任十五队当干部至今，朱景兢兢业业，不怕苦不怕累，在党组织的带领下充分发挥党员的先锋模范作用，积极带领职工投入生产队的农业创新发展建设中去，为生产队农业创新发展作出了贡献。他不放松政治学习，按时参加组织活动，以一个共产党员的标准严格要求自己，继续发挥好党员的先锋模范作用。

2016 年初，十五队承包劳力缺乏，在岗位甘蔗任务难落实的情况下，朱景主动承包种植甘蔗 104 亩。灵活运用所学的农业栽培知识和积累的生产经验，合理调整甘蔗品种结构，推行宿根性好、发芽高、产量稳的 136 甘蔗品种，充分利用农业机械化种植甘蔗，在用肥方面也舍得投入，实行化学除草，进行赤眼蜂防治病虫害，实行甘蔗的科学种植管理。

功夫不负有心人，在朱景的精心管理下，他自己种植的甘蔗，共砍蔗 600 吨，平均亩产达 5.77 吨，由于他工作性质的原因，甘蔗种植和管理的各项工作几乎都是花钱请工人来完成的，成本支出较大，2016 年经营收入 4 万元。

为提高生产队作物管理的经济效益，实现甘蔗"五统一"，朱景本着"工作求真务实，精益求精，不断总结经验，富而思进"的工作原则，认真将甘蔗"五统一"计划落到实处。生产经营管理中，无论是品种、地块、冬春种还是冬管、榨季管理，他都精心抓好每一个生产作业环节，严格把好质量关，坚持高标准、严要求的原则，确保每个环节管理不出差错。朱景勤走工地，探察地块，科学决策，耐心做职工思想工作，将甘蔗种植地块有效地划分，坚持宿根、新植不混种，早熟蔗与晚熟蔗不插花，统一备耕种植，努力做到地块、甘蔗品种的统一。经过2年来的调整，优化甘蔗种植结构，认真谋划，合理规划，科学管理，生产队成功实行甘蔗“五统一”，提高了十五队甘蔗生产管理水平。

在做好甘蔗生产管理的同时，朱景还积极动员鼓励职工种植菠萝、种桑养蚕发展自营经济，有利于农业轮作。2017年榨季期间，他在百忙之中还抽空去安排人员收摘菠萝苗，为的是将菠萝地尽快腾空出来，提高土地利用效率，方便职工春种甘蔗，更好更快地完成分公司下达的春种任务。

无私忘我，赢得敬佩和认可

缺少劳力是生产队一个普遍存在的难题，朱景发动职工挖掘社会关系，并回农村动员村民到农场承包，想方设法招收农工，2016年，在他努力下，新招7名农工承包岗位，解决了生产队劳力不足的问题。

作为生产队的管理干部，办事总是以“公平、公正、公开”为原则，不以权谋私。一直以来，朱景在生产队分解岗位甘蔗种植任务的过程中，总是以整个生产队的大局为重，合理安排岗位地块，每个岗位的好地、差地合理分配，不会因为感情好而出现徇私情、多分好地的情况。在安排砍蔗任务上，根据队每天的砍蔗任务，做到按职工存蔗量公平分配砍蔗。

朱景处处为职工着想，宁可自己吃亏，也不愿职工的利益受损。榨季前期，砍蔗的民工较多，砍蔗进度快，生产队按计划安排砍蔗，民工砍蔗有时需停工，为了留住民工，他主动留下自己承包的30亩甘蔗在后期，在民工无计划砍蔗时砍收，以稳定民工队伍。

此外，朱景还主动帮助有困难的职工，如将自己承包的40亩宿根性好、发芽高、产量稳的136宿根甘蔗免费转给新岗大包户谭芝冲经营，帮助新岗发展生产；而他重新在生产队职工不愿承包的、相对偏远的、地质较差的14亩零星地块新植甘蔗。

作为党员干部，朱景充分发挥党员先锋模范作用，主动站出来承包种植，做到不丢荒空地。在生产队任职的每一天，他都心系群众职工的利益，职工提出的每一个问题他都会认真地解答，职工们在生产生活上遇到的困难，他都像是自己的困难一样，耐心、细心地去解决。

正是这样的一个朱景，“身为一个生产队干部，不顾自己，而是整个队的利益。”一个身怀大家的队长，宁可舍弃自己的利益，也要保证职工的利益，赢得了职工们的敬佩与认可。

在朱景的带领下，十五队生产管理蒸蒸日上，职工收入逐年提高。2016跨2017年榨季生产队的甘蔗产量喜人，个别地块亩产甚至达到7吨以上，生产队甘蔗总产5 721吨，平均亩产达5.3吨，职工劳均收入达5万元。2017年种植甘蔗面积1 459亩，超额完成了甘蔗生产任务，且甘蔗长势良好，生长旺盛。他兴业有方，用实际行动诠释了一个生产队队长的责任与担当。

本篇撰稿人：广东省丰收糖业发展有限公司　王英倩

人物导读 林济业，是广东湛江广前公司水利队副队长，一个地地道道的湛江人。他从承包种植甘蔗林，到尝试种植香蕉、中药材，一路上勤学善思，敢于求变，带领生产队员走股份制经营道路，率先采用机械化种植技术，在现代农业的道路上深耕细作、努力挖掘，成为了垦区创业兴业的致富典型。

躬耕蔗林济发展　创新经营业始精

——广东湛江广前公司/林济业

林济业是土生土长的湛江人，中专毕业后就在广前公司承包土地种甘蔗。当他还是一名普通职工的时候，就常主动学习、勤于思考，对如何提高甘蔗产量、降低甘蔗种植成本不断地钻研。也正是他这股“求新、求变”的韧劲儿，促使了他事业的成功。

求学思变，股份制经营出效益

2012 年，林济业被选为广前公司水利队副队长，职位的变化让他开始着手谋求改变，期待在新的平台上有所作为。但苦于“书到用时方恨少”，要将“好点子”变为具体实施的措施并得到职工的认可，还有一段距离。

新型职业农民培训，为林济业打开了一扇认知的“窗户”。

2014 年，他主动报名参加了广东省农垦湛江垦区新型职业农民培训，他学到了如何做一名合格的经营管理者，成为一名称职的生产队长。走出教室，来到田间，他在认真思考应用新的甘蔗种植、机械操作等实用技术提升产量，同时尝试了各种有效组合生产要素的方式，带领垦区群众成功突破了现有的生产“瓶颈”，实现规模经营效益。

他召集生产队的职工开会，提出了采用股份制经营的模式来种植甘蔗。他耐心向职工们讲解新的合作经营模式，把零散的土地整合起来，形成规模，能使成本更低、效益更好的机械化生产要素发挥最大效用。在他的极力倡导和努力下，职工入股经营的合作社顺利组建。

改良种植，机械化解放劳动力

合作社成立后，如何调动职工的积极性创造经营效益，成了摆在林济业面前的难题。

为了降低甘蔗种植成本，他采用了留宿根的种植方法，大幅度地减少甘蔗再种植成本；同时，严格保证甘蔗的出苗率，控制好甘蔗种植的间距，优化甘蔗的田间管理，不断对土壤进行改良……新的种植模式，使甘蔗单产很快提高。2016 年，甘蔗产量达到了历史最高纪录的水平——亩产 6 吨，比上年增长近 150%，可喜的成绩振奋了每个职工的信心。

在林济业看来，甘蔗种植完全可以大胆采用全程机械化的方式。机械化操作不仅可以减少劳动力的投入，还可以提高工作效率。敢为人先的他，积极说服职工拿出 605 亩土地进行全程机械化种植。经过与广垦农机公司反复协调，队里终于迎来了第一台机械作业设备。设备问题解决了，他又亲自去田里指导、把关甘蔗的种植间距。职工们不解，增加种植间距不是会减少土地使用率，降低甘蔗产量吗？“机械化种植是需要提高种植间距的，而且种植间距的合理增加，将有利于甘蔗的生长，并不会降低产量”。这一句简单的话，林济业不知道说过多少次，但每次都是那样的耐心。

在整个种植过程中，林济业一点也不敢掉以轻心，一直关注着甘蔗的生长动态，不管遇到什么困难，他都是第一时间亲自带领职工去解决。“功夫不负有心人”，在他的精心呵护下，这片机械化作业区的甘蔗产量也达到了亩产 6 吨的水平，但人力等成本等大大降低。

拓展经营，搞自营带富垦区职工

在机械化种植取得成功经验后，林济业又有了新的想法：“在保证完成公司甘蔗种植任务的同时，是否能够通过多元化经营来分散风险、增加收入呢?”他想带领职工发展自营经济。

以往自营经济由于资金量少，能够用来种植的土地面积也少，很难产生规模效应，销售环节也处于弱势，自营经济仅仅停留在“补贴零花”。林济业解释说，以股份制经营模式发展自营经济，更加能够突出规模优势。

2014 年，林济业带领职工种植的 300 亩香蕉喜获丰收，取得良好效益。他还不满足。有一天，他在报纸上看了一篇文章，得知种植药材可以取得丰厚的利润，他似乎嗅到了商机。

从未种植过药材的他，对于如何种植药材完全是“门外汉”。但这并不能阻挡他想要发展自营经济的决心。“不懂可以学，从头学起”，林济业说，“在新品种面前，怎么看自己都是一个新农民。”朴素的话语道出了林济业进取的心。为了尽快掌握药材种植技术，他再一次参加了职业农民培训，虚心向他人请教，认真钻研种植药材相关的书籍。半年后，林济业感觉可以尝试种植了，便开始了首次试种。

“纸上得来终觉浅”，通过不断的试种，在积累了种植药材的成功经验后，他果断在合作社内“全面铺开”。药材种植也让他“名声大噪”，周边生产队的职工跑来向他请教经验，他也耐心地向他们传授，并鼓励周边生产队积极参与到药材种植队伍中来。

新的经济作物，新的种植模式，让林济业带领自己生产队的职工走上了致富道路，林济业也成了职工中的红人、公司的模范人物。2015 年、2016 年，林济业连续获得公司规模种植能手荣誉称号。

2012 年，林济业任副队长以来，已经历了 5 个年头。他说：“一路走来，并非一帆风顺，严峻的考验一直都有。”2016 年，整个广前公司数次被强台风袭击，导致甘蔗产量降低，糖业不景气也使得甘蔗的收购价格处于低位。在最艰难的一年，由于亏损严重，很多职工都失去了信心。为让大家继续加入合作社，林济业到每个职工家里向他们说明情况，听取他们的意见。职工遇到资金方面的困难时，他毫不犹豫地出资帮助大家。当资金缺口比较大时，他就想方设法去贷款。正是他的这份执著与真心打动了职工，原先准备放弃的职工又重新投入工作。

“心有多大，舞台就有多大。只要你播种，就会有收获；只要你奋斗，就可能成功。”如今，林济业和他的团队的事业正蒸蒸日上。展望未来，林济业充满信心。

本篇撰稿人：广东湛江广前公司　叶晓玲

人物导读 柯福广，男，38岁，辽宁省庄河市鞍子山乡人，大连众联果蔬专业合作社理事长。他在家乡自主创业，从事设施西红柿生产，由于管理到位、质量一流，取得良好的经济效益。他带动周边群众建棚种西红柿，在市场价格低迷的情况下，他以保护价收购群众的西红柿，赢得信任。他创办的大连众联果蔬专业合作社，实行品种选择、育苗管理、生产技术、采摘销售一条龙服务，带领社员共同抵御市场风险共同致富。

合作社里的新型职业农民当家人

——大连市/庄河市/柯福广

他是一个地地道道、朴朴实实、勤勤恳恳的东北辽南山乡农民，生在农村，长在农村。他不甘心一辈子面朝黄土背朝天，成为日出而作、日落而息、平平静静打发光阴的传统农民；但他又不想撇家舍业、随波逐流进城打工，起早贪黑、千辛万苦赚取微薄的收入；他就想在家乡自主创业，为家乡做点事情。经过仔细考察论证，他发现设施农业前景广阔，于是他决定从事设施西红柿生产。几经风雨、几度春秋，他成功了，他就是辽宁省庄河市鞍子山乡“大连众联果蔬专业合作社”理事长柯福广。

艰苦创业，实现梦想，干事业要敢“闯”

2002年春，柯福广经过艰难抉择，抛开一切阻拦，不顾家人反对，东筹西借建起了第一栋温室大棚，开始进行本地新兴产业——设施西红柿生产。

万事开头难，刚进入这个行业，柯福广一头雾水，一窍不通，他就查阅资料，虚心请教技术人员，哪里有培训就往哪里跑，自费到多地参加培训10余场，鞍子山乡组织的农民培训也是场场不落。经过半年努力，西红柿长势良好，果实累累，他心中充满喜悦。这一年，设施大棚给他创造 1.1 万元收入，成为当地屈指可数的“万元户”。致富金钥匙找到了，他信心满满，第二年他又买了一栋大棚，经过努力，收入增加到 3.8 万元，更增强他创业的信心。2004 年，他拿出所有积蓄，又借了 10 万元，买了 6 栋温室大棚，进行温室育苗。由于种苗好、管理到位，产品质量一流，远近客商慕名前来收购。看到客商挣钱，他也跟客商学着收货发货，成了半个农民经纪人。但是问题也来了，农民分散经营，各自为政，没有统一管理、没有形成规模、没有竞争力。怎么办？急需有人把农民组织起来，走共同富裕的道路。

一心做致富“领头雁”，对待百姓要有“信”

2005 年，鞍子山地区西红柿大丰收，供大于求，收购价格一路下滑至每斤 0.2～0.3 元。看着大家辛辛苦苦起早贪黑种出西红柿卖不出去，柯福广心急如焚。这些大棚户是在他的带领下建棚的，如今都来找他想办法，百姓无助的眼神掺杂埋怨的表情他至今难忘。于是，他果断作出改变自身命运决定：自己收货，自己卖货，减少中间环节，诚信经营，让百姓减少损失增加收入。经过锲而不舍努力，柯福广成为一名独立自主的收购商。

2011 年，由于西红柿质量一般，竞争力不强，收购价格一路下滑，商贩故意压低收购价，棚农收入锐减。为了保护家乡百姓利益，他以高出市场价每斤 0.3～0.4 元价格收购西红柿。其他商贩对他评头论足，说三道四，说他不是傻了就是脑子进水了。但他义无反顾，坚持到底，赢得了百姓的信赖，百姓都愿意把西红柿卖给他。在赔了 20 多万元后，市场回暖，西红柿价格回升，百姓都愿意把西红柿交给他出售，他在市场站稳了脚跟，创造收购业一个奇迹。

圆梦成真，建立合作社要体现“联”

只有把百姓集中起来，才能做大做强，抵御市场风险，实现共同富裕。2012 年，柯福广成立“大连众联果蔬专业合作社”“众联设施西红柿示范园”和“众联农资经销处”，如今加入合作社大棚种植户累计 290 户，设施大棚 500 多栋，占地 1 500 亩。合作社实行品种选择、育苗管理、生产技术、采摘销售一条龙；技术讲座、专家现场指导、病虫害防治、土壤改良新技术推广一条龙。鞍子山职业技术学校也多年无偿为柯福广合作社成员免费搞培训。拥有了天时、地利、人和，2013 年合作社成员设施大棚每亩收入达到 3 万～5 万元，即使 2014 年西红柿价格偏低，仍然保持较好收益。

由于鞍子山地区西红柿多年重茬种植，2016 年合作社部分老棚病害严重，特别是死棵、打蔫、枯萎等现象严重。柯福广为此出资特聘请知名农业专家讲解预防西红柿死棵技术，现场演示西红柿嫁接技术。他又投资更新合作社生产设备，花了 1 万多元买了台土壤测试机，免费为家乡及周围大棚户检测土壤，配方施肥，改良土壤结构。由于对症下药、补救措施得当，棚户降低了费用，增加收入。每个棚内面积 1.5 亩的大棚，增加效益 2 000 元，合作社有 100 栋这样大棚利用此项技术，增加效益 20 万元。

多年来，他重视知识技能再提高，2005 年 4 月参加鞍子山乡人民政府组织的食用菌生产培训，并获得辽宁食用菌技术开发有限公司培训结业证书；2012 年 3 月，参加北京农广校组织的第十四届农民专业合作社实用人才培训班学习，并取得结业证书。由于工作业绩突出，2014 年 9 月，辽宁聚农农作物种植合作社联合社聘任他为副理事长。

探索深造，新型职业农民要突出“学”

生产实践中，柯福广总感觉自己知识技能不足，学识粗浅。没有真正系统地学习，为百姓服务总感觉茶壶煮饺子，有嘴说不出。他强烈要求学习进修，想去远地方学习，可合作社一大摊事又缠住了他。

学习机会终于来了，2014—2015 年庄河市开展新型职业农民培育工作，确定鞍子山乡职业技术学校为实施单位，培训百姓生产技能，把生产知识系统、完整、有针对性送到百姓的田间地头。及时雨来了，柯福广首先报名参加，他主动反馈农民对生产技能的渴望，为新型农民培育献计献策。这段经历是柯福广思想观念转变、专业技术水平进步最快时期。当职校把大专院校、科研院所专家请进来，讲解现代农业与新型农业经营体系、农产品质量安全与市场营销有关知识，他听得津津有味，反复琢磨；当听到了辽宁农业职业技术学院、大连市农业科学研究院、沈阳聚农联盟、庄河市农业技术推广中心的专家进行现场授课和指导后，他思想观念、学识水平、生产技能有了日新月异的变化。培训中，他跟随职校走出去，走进农业院校、科研院所，听权威专家授课，让整日面朝黄土背朝天的柯福广大开了眼界，增长了见识，这也是他生平第一次走进大学校园，圆了他的“大学梦”。听到辽宁农业职业技术学院教授说“脱毒种苗过了2代以后就不能再用了，即使用了产量不但不会增加，病害反而会增多”，柯福广终于找到了有些社员出了不少力，收益却不高的原因。他意识到要想带领合作社走得更远，必须强化社员自身素质，提升专业技术能力，只有靠科技才能致富。回来后，他推出新的举措——强化“跟踪服务”。定期聘请专家给合作社成员搞培训，聘请5名技术员到社员家负责跟踪指导，谁家生产出问题随叫随到。

柯福广经过新型职业农民培育，通过自学、参观考察、与兄弟合作社合作，已成为一名有文化、懂技术、会经营的当代新型职业农民。他用先进技术、最新理念、农民的质朴为合作社成员提供全新高效服务，成为本地区数一数二的农民专家和科技致富带头人。为此，他感到特别的自豪。有一次省市专家来鞍子山乡进行农民培训，柯福广紧跟专家身边，虚心听取专家讲学。当现场教学来到庄河市鞍子山乡山海丰村新建棚区时，专家发现20多栋大棚灰霉病较严重，提问棚户应该怎样解决。有的棚户一脸茫然，有的反复唠叨农药不好使。柯福广根据自己多年生产实践经验和新型职业农民培育学来的技能，有理有据地解答问题。他说：“春季灰霉病高发是棚内潮气太大、温度较低造成。我的建议是：太阳上来时，打开大棚去湿气；在棚内湿气不大、温度适宜情况下，连续施药3天；到我们合作社拿防治灰霉病的新药，先别给钱，治好病了再给钱，治不好不要钱。”一周后，他收到了药钱，还收到了一箩筐感激话语。许多棚户表示，以后买药到你合作社来，柯福广说：“不光是我的药好用，主要是我学的新技术好用，这几年农发局组织的农民培育我收获太大了，把以往所有零碎学习的技能都穿插到一起啦。你们也去学学吧，下次组织新型职业农民培训，我估计鞍子山乡职校门槛要被挤破了。”

通过多年不断努力和探索，柯福广更新了自己专业合作社口号：“踏踏实实种地，诚诚信信做人，摸着良心赚钱，食品安全消费。”他由衷地感慨新型职业农民培育让农民插上发家致富的“金色翅膀”，新型职业农民培育学习是“真值”。

本篇撰稿人：大连市庄河市农村经济发展局　孙晓燕

人物导读 胶州市新型职业农民吴占嘉，通过带领群众努力学习新知识、新技术，打造出胶东半岛最大的文玩核桃种植基地、山东省农业旅游示范点。他创办的青岛吴家核桃种植专业合作社被评为山东省林业示范社、青岛市农业示范社和胶州市农业星级示范社。吴占嘉，致力于把小核桃做成大产业，成了远近闻名的“新农人”。

小核桃“玩出”大产业

——青岛市/胶州市/吴占嘉

他，曾经是个南闯北的商人，如今成为了起早贪黑的农民。今年47岁的吴占嘉，在创业兴业的道路上乐此不疲。他对梦想执著追求，对新知识极其渴求，凭借着一股吃苦耐劳、永不服输的创业精神，靠种植核桃引领群众走上了致富增收的道路。

弃商务农，核桃林结出致富果

年轻时，吴占嘉坚持用自己独特的视角看问题，使他在外贸生意中如鱼得水。但他对土地有着深深的情愫，骨子里仍是一位农民。他回忆道：“在俄罗斯考察市场时，大片的生态林让人震撼。再联想到老家的那片荒地，我萌生了发展林业种植的念头。”

放下手中红火的生意，不顾家人的反对，吴占嘉毅然回到老家。

刚开始，他选择了种植速生杨，结果收益并不理想。苦恼之际，他发现了一个机遇：2010年春季，胶州市大力推广种植薄皮核桃。吴占嘉迅速完成“挑头”，将原先种植的300亩速生杨改成核桃树，试图扭转局面。

但天有不测风云，第二年，满怀期待的吴占嘉再受打击。他种植的部分核桃树奄奄一息，眼看就要不行了却找不出对策。在市农业农村部门的帮助下，他请来了专家“把脉”，终于找出了症结所在——由于没有挖排水沟导致部分核桃树受涝。吃一堑，长一智。他立即组织人员在核桃园挖好排水沟，才保住了那片核桃林。就这样，经过反复“试错”，多年精心培育，吴占嘉的核桃基地迎来丰收。他的基地年产出核桃干果15 000千克，每千克市场可达50元。

随着核桃产业迅猛发展，周边不少农户看好这一经济收入可观、有着良好效益和前景的种植产业，打算跟他一起干。吴占嘉热情欢迎，“一人富了不算富，大家富了才叫富”。

2013年春，青岛吴家核桃种植专业合作社正式成立。吴占嘉将种植嫁接技术无偿传授给种植户。胶北街道后屯的几户村民家庭困难，吴占嘉主动把核桃苗送到村民家里，在田间地头指导种植，传授干果加工工艺等，帮助他们实现年收入10多万元。

吴占嘉提出“基地＋科技专家＋农户”的想法，走出去，请进来。合作社与青岛农业大学“强强联合”，吴家核桃园成为青岛几所大学的教学科研与学生就业实践基地。通过不断调整产业结构，优化资源配置，吴占嘉将核桃园形成林果产业、苗木花卉培育、生态观光、园林工程、产品精深加工的新格局。如今，合作社已有成员100多人，核桃种植面积达2 600亩，年产干果核桃75万斤，产值达1 875万元。

独辟蹊径，核桃不吃“卖着玩”

“普通核桃按斤称，文玩核桃论对卖。肯定赚!”在全国大力规模推广薄皮核桃的背景下，具有经商头脑的吴占嘉独辟蹊径，全面发展文玩核桃，“不走寻常路”。

他多次去河北等地考察，花10多万元买回一批“官帽”核桃芽，嫁接到自家的薄壳核桃树上，成立了吴家文玩核桃观光园。刚开始，这些嫩芽“水土不服”，嫁接上百个核桃芽仅成活了两成。吴占嘉及时请来技术专家一起研究，摸清核桃苗的“脾气秉性”，重新嫁接。经过调整种植方式，翌年，核桃便开始挂果，种植的文玩核桃个头、品相、纹理都不比原产地差。他逐渐认识到，内陆夏天热、冬天冷，制约核桃生长，而沿海地区的气候非常适合核桃的生长。便开始了大范围的种植。

截至目前，吴占嘉已从太行山、北京平谷、天津盘山等地引进“三菱”“虎头”等17个文玩核桃稀缺品种，数量多、规模大，在全国也属稀有。占地100亩、种植了2 000多棵核桃树的吴家文玩核桃观光园，成了山东半岛最大的文玩核桃基地。

“2016 年，我们成功培育出官帽、虎头、四座楼等 5 个品种的文玩核桃苗，客户买回去之后，我们给予技术指导，3 年见果，收益可观。”吴占嘉介绍说，文玩核桃收益远远高于薄皮核桃，以目前的市场行情来看，一棵薄皮核桃收益 200 元，而一棵文玩核桃收益上千元。

“近期，我开始着手筹建全省第一个文化核桃博物馆，让更多的人全方位了解文玩核桃溯源、历史和发展，宣传和推介核桃的收藏把玩知识，挖掘文化积淀和内涵。”吴占嘉说，通过与青岛农业大学建立合作关系，发挥科研优势，深耕核桃产业，将利用文玩核桃加工笔筒、花瓶、装饰物等工艺品，进一步增加核桃的附加值。

职业培训，产业化格局再提升

2016 年，吴占嘉报名参加了胶州市农广校组织的新型职业农民培育，系统学习新时代农民生产、经营管理等理论知识，并多次到周边市区基地参观学习，了解他们综合发展的园区成果。同时，通过与农广校老师、农业专家交流沟通，分享自己的创业经历，不断提升自己的经营理念。

“从开始种植核桃，我就多次得到农业农村部门的帮助。作为新时期的农民，要用知识和文化武装自己，所以我报名参加新型职业农民培训班。”吴占嘉说，培训使他的眼界更加开阔，他开始构思创新发展多元化田园综合体，构建种植文化产业新体系。

“核桃不仅是我一个人的事业，更是一个地区的产业。”多年来，吴占嘉一直致力于实现核桃产业化。在当地农业农村部门的大力推动下，胶州市核桃种植面积达到上万亩，带动农户上千户。

为进一步发展壮大核桃产业，保护种植户和从业者的共同利益，2016 年 8 月，53 家企业和个体商户共同在吴家核桃基地组建了胶州市核桃商会，吴占嘉当选为会长。吴占嘉说：“抱团闯市场才能获取更高的效益，加快核桃的产业化发展进程。”

本篇撰稿人：青岛市胶州市农广校　宋姗姗
青岛市胶州市新闻中心　陈　凯

人物导读 杨同林，1967 年 4 月出生，中共党员，大专文化。现任平度市蓼兰镇杨家顶子村主任、党支部书记。2016 年，杨同林参加平度市新型经营主体带头人培训，成为一名新型职业农民。围绕生产发展，杨同林在招商引资、设施栽培、订单农业、品牌营销等方面下功夫，件件事有“实招”，为加快杨家顶子村的新农村建设步伐作出了贡献。

现代农业创新实践的“先行者”

——青岛市/平度市/杨同林

抓经济迸发活力，整村容文明彰显

过去的杨家顶子村，村民上访不断，环境脏乱不堪，贫困笼罩着村里的每个家庭。2003 年，杨同林当选村主任后下定决心：一定要闯出一条致富路，摆脱村庄的贫困面貌。他争取到镇党委、政府的支持后，带领村“两委”成员排查村中多年积压问题，排除村中不稳定因素。

“我们将村中的土地均分，账务公开，下大气力整治村容村貌，带领全村群众一门心思搞经济建设。”杨同林回忆道。在任职初期，为了给村民找出一条适合本村本土发展的经济模式，他带着党员和群众代表去寿光、胶州等地取经。经过一番考察后，村里确定了发展高效农业的目标，先后与青岛福生公司、青岛顺昌食品有限责任公司等签订了蔬菜种植合同。全村大葱种植面积突破 1 200 亩，亩增收入 2 000 多元，仅此一项全村增收了 300 多万元，村集体收入大幅提高，村民也得到了实惠。

村级经济搞上去了的同时，杨同林不骄不躁，坚持物质文明精神文明两手抓，带领村民大搞村容村貌建设，清理垃圾 12 万立方米，绿化树木 5 万余棵，硬化路面 2 万多平方米。杨同林的努力得到了村民的拥护，也得到了当地党委、政府的肯定，杨家顶子村被山东省旅游局列为“山东省旅游示范村”。

“合作化”产业提速，“走出去”效益倍增

2007年，《中华人民共和国农民专业合作社法》正式施行，杨同林敏锐地意识到这将是村庄调整产业结构、带领群众致富的千载难逢的好机会。他通过积极争取，成立了杨家顶子蔬菜种植专业合作社，杨同林任合作社理事长，吸纳了本村及周边村庄的141户农民入社。

“合作社以种植大葱、韭菜、土豆、西红柿、草莓等无公害果蔬为主，努力为社员提供产前、产中、产后一条龙服务，组织社员开展生产经营、扩大产业规模，提升蔬菜品质、打响产品品牌。”为了解决产品销路问题，杨同林想到了发展订单式农业，经过多方牵线搭桥，成功引进了青岛福生食品有限公司的蔬菜生产基地，生产加工的农副产品全部出口至日本，百姓足不出户就把产品销到了国外，增加了社员收入，推动了农业生产提质增效。

为了广大社员群众收入持续稳定的增长，杨同林和村“两委”积极拓宽思路，陆续引进了青岛金利五矿有限公司、青岛盛跃农业科技发展有限公司和青岛东盛绿源农业科技有限公司，总投资超3 000万元，为周边实现蔬菜种植的规模化和标准化，走高产、高效、优质之路奠定了优良的基础。合作社和盛跃农业科技有限公司对农户的种植和经营进行统一供苗、统一销售，专业化管理，完善了农业产业化链条，促进了当地农业产业化发展。

目前，合作社和公司已与周围众多农户签订蔬菜种植收购合同，与合作社签订产销合同的农户达1 000余户，涉及蔬菜种植面积10 000余亩。众多公司的引进直接带动了周边农户新增优质蔬菜种植基地4 500亩，按每户种植3亩计算，可直接带动1 500户，按每亩蔬菜种植比种植粮食作物增收5 250元计算，户均增收15 750元计算，可直接带动农户增收2 362.5万元。通过合作社和公司的示范带头作用，间接带动周边1 100户农户从事优质蔬菜分拣、包装、购销、运输等业务，间接带动农户增收近440万元。

农旅融合链生产，扶贫创业助增收

2016 年，杨同林参加了平度市新型经营主体带头人轮训班学习，他发现，“大力推进标准化生产、品牌化营销，把农产品生产、加工、流通和旅游融合起来发展适度规模经营才是现代农业的新路子。”

于是，杨同林带领村民重点打造了园区生态园、婚纱摄影基地、观光采摘园、水库垂钓区、绿色餐饮等旅游产业项目，并开通青岛—杨家顶子扶贫旅游专线，全年接待游客 5 万余人次，乡村旅游业越来越火爆，被国家旅游局评为“中国乡村旅游模范户”“中国乡村旅游金牌‘农家乐’”“青岛市精品采摘园”“青岛市旅游示范村”。

同时，通过成立电商经营网点、农产品精选包装、品牌宣传推介等形式，合作社开始网售散鸡蛋、笨磨面粉、地瓜干、小米、绿豆等农副产品，让外地顾客也能尝到蓼兰的特色农产品。立足种业小镇的发展优势，村里不断挖掘具有本土特色的食养文化和产品，倾力打造杨家顶子“蓼兰大馒头”美食品牌，实现“美食＋食材”“美食＋旅游”“美食＋养生”的有机融合。

一花独放不是春，万紫千红春满园。富裕起来的杨同林并没有忘记周边村庄的贫困户。2016 年，蔬菜合作社领办成立了杨家顶子扶贫创业园，先后发展社员 192 户，其中贫困户社员 50 户。通过与市农广校联合成立了农民田间学校，定期对贫困人口和当地农民进行种植、养殖、电商知识等方面的培训，不断提高脱贫致富的内生动力；对帮包的 12 个村庄、50 户贫困户制定了“优先收购贫困户小麦，优先吸纳贫困户进园务工，无偿为贫困户农业生产提供农机作业服务，免费提供蔬菜育苗，免费提供科技服务”等系列优惠政策。

此外，杨同利还将农业供给侧结构性改革与精准扶贫相结合，创新实践，统筹贫困（经济薄弱）村扶贫资金、青岛市南区帮扶资金和合作社筹集资金共计 350 万元，新建一座“智能育苗温室大棚”，引进国内外负氢水设备、智能化生产设备等先进设备设施，实现温度湿度控制一体化、种苗播种移栽一体化、水肥管理一体化，年可提供种苗 2 400 万株，实现利润 100 万元以上。

“以大葱为例，与传统种植模式相比，采用全程机械化种植可节约大葱种苗、水、肥投入 80％以上，节约用地、人工费等 90％以上，亩均节本 929 元，全村 1 200 亩大葱可实现节本增收 100 万元以上。”杨同林介绍说。

杨同林的付出，群众看在眼里、赞在心里。他先后荣获市委组织部“乡村之星”“农村致富能人”“岛城最美家庭”“青岛文明家庭”“平度市优秀党员”“平度市劳模”等荣誉称号。如今，杨家顶子村的产业发展成果丰硕，而杨同林的“实践”也为推动平度现代农业发展，作出了巨大贡献。

本篇撰稿人：青岛市平度市农广校　付丽亚　焦富玉

图书在版编目（CIP）数据

乡村振兴的生力军：全国百名新型职业农民创业兴业事迹 / 向朝阳主编. —北京：中国农业出版社，2018.10（2019.1 重印）

ISBN 978-7-109-24725-3

Ⅰ.①乡… Ⅱ.①向… Ⅲ.①农民-创业-先进事迹-中国 Ⅳ.①F323.6

中国版本图书馆 CIP 数据核字（2018）第 229697 号

中国农业出版社出版

（北京市朝阳区麦子店街 18 号楼）

（邮政编码 100125）

责任编辑 刘 伟 杨晓改

中国农业出版社印刷厂印刷 新华书店北京发行所发行

2018 年 10 月第 1 版 2019 年 1 月北京第 2 次印刷

开本：700mm×1000mm 1/16 印张：22.5

字数：550 千字

定价：68.00 元